T0254027

Zum Frühstück gibt's Apps

Gerald Lembke · Ingo Leipner

Zum Frühstück gibt's Apps

Mehr Durchblick in der digitalen Welt

2. Auflage

 Springer

Gerald Lembke
Medienmanagement und
Kommunikation
Duale Hochschule
Baden-Württemberg
Mannheim, Deutschland

Ingo Leipner
Lorsch, Deutschland

ISBN 978-3-662-61799-1   ISBN 978-3-662-61800-4   (eBook)
https://doi.org/10.1007/978-3-662-61800-4

Die Deutsche Nationalbibliothek verzeichnet diese Publikation in der Deutschen Nationalbibliografie; detaillierte bibliografische Daten sind im Internet über http://dnb.d-nb.de abrufbar.

Einbandabbildung: © blocberry/stock.adobe.com, © Visual Generation/stock. adobe.com

Planung/Lektorat: Simon Rohlfs
Springer ist ein Imprint der eingetragenen Gesellschaft Springer-Verlag GmbH, DE und ist ein Teil von Springer Nature.
Die Anschrift der Gesellschaft ist: Heidelberger Platz 3, 14197 Berlin, Germany

Inhaltsverzeichnis

Über die Autoren

Ingo Leipner, Dipl.-Volksw. Der Wirtschaftsjournalist ist ein gefragter Referent in Sachen Digital-Kritik und leitet die eigene Textagentur EcoWords. (www.ecowords.de). Autor verschiedener Bücher zur digitalen Transformation: „Die Lüge der digitalen Bildung"/Redline, 2015 (mit Gerald Lembke). „Heute mal bildschirmfrei", Knaur, 2018 (mit Paula Bleckmann). Aktuell: „Verschwörungstheorien – eine Frage der Perspektive", Redline, 2019 (mit Joachim Stall). Außerdem Lehraufträge an der „Duale Hochschule Baden-Württemberg" (DHBW). Journalistische Themen: Unternehmenskultur, Ökonomie/ Ökologie oder Erneuerbare Energie (u. a. Wirtschaftsmagazin „econo", „forum Nachhaltig Wirtschaften").

Gerald Lembke (gerald-lembke. de) wurde geboren am 30.04.1966 in Wolfsburg, Niedersachsen. Nach seinem Abitur absolvierte er eine Berufsausbildung zum Industriekaufmann. Anschließend studierte er Wirtschaftspädagogik und wurde in Wirtschafts- und Sozialwissenschaften promoviert. 1991 gründete er bereits seine erste Digitalagentur. Heute ist er Professor für Digitale Medien und Medienmanagement an der Dualen Hochschule Baden-Württemberg, Mannheim. Er setzt sich für einen produktiven und verantwortungsvollen Umgang und Einsatz von digitalen Technologien ein. Dazu hält er Vorträge, publiziert Videos und Podcasts unter „PROFCAST" und hilft dem Einzelnen in Online-Kursen (mein-digitalberater.de).

1

Einblick

Am Anfang wurde das Universum erschaffen. Das machte viele
Leute sehr wütend und wurde allenthalben als Schritt in die falsche
Richtung angesehen.

Douglas Adams (Das Restaurant am Ende des Universums)

Liebe Veganer ... halten Sie sich bitte jetzt die Nase zu!

Sie tauchen langsam auf, verlassen die Welt der Träume –
und ein leises Brutzeln liegt in der Luft. So hört sich Speck
an, der in der Bratpfanne schmort. Bereits im Halbschlaf
läuft Ihnen das Wasser im Munde zusammen: Aufwachen
wie im Paradies der Wurstwaren! Denn Ihr Smartphone
erzeugt diese Illusion, es spuckt die verführerischen Töne
aus. Mit ihm ist eine kleine schwarze Box verbunden,

© Springer-Verlag GmbH Deutschland, ein Teil von Springer
Nature 2020
G. Lembke und I. Leipner, *Zum Frühstück gibt's Apps,*
https://doi.org/10.1007/978-3-662-61800-4_1

sie zaubert den Duft des brutzelnden Specks ins Schlafzimmer. Ihr alter Wecker hat ausgedient …

Zum Frühstück gibt's in Zukunft Apps! Allerdings nur, wenn Sie zu den Gewinnern des Wettbewerbs zählen, den der amerikanische Wursthersteller Oscar Meyer ausgeschrieben hatte. Immerhin: Die App gab es kostenlos. Stellt sich nur die Frage, ob die Duftmaschine als Gewinn ein reiner Marketing-Gag war – und nie gebaut worden ist. Mit Speck fängt man ja bekanntlich Kunden.

Fake oder Fakt? Diese Frage lenkt den Blick genau auf unser Thema: Fluch oder Segen unseres immer digitaleren Lebens! Doch das gibt es gar nicht, genauso wie es keine digitale Bildung gibt: Unser Leben ist real, unser Denken und Fühlen sind eine Realität, die sich nicht aus Bits und Bytes speist. Daher scheint es fragwürdig zu sein, wenn mit priesterlichem Anspruch verkündet wird: Digitale Systeme würden der Menschheit Heil und Segen bringen. Auf diese Weise beten Digitalfans ihren IT-Gott an – ganz im Sinne der Marketingabteilungen von Google und Co.

Gegen diese Form der Verblendung richtet sich dieses Buch. Wir wollen die Leser auffordern, nicht alle Versprechen zu schlucken, die Wirtschaft und Politik in die Welt schleudern. Fluch oder Segen? Reflexion und Nachdenken sind gefragt, um einen Weg in dieser Polarität zu finden. Denn: Smartphones, Computer und Internet verschwinden nicht einfach, auch wenn Hans Magnus Enzensberger [1] fordert: „Wer ein Mobiltelefon besitzt, werfe es weg. Es hat ein Leben vor diesem Gerät gegeben, und die Spezies wird auch weiter existieren, wenn es wieder verschwunden ist."

So wollen wir Sie einladen, eine gesunde Skepsis gegenüber den Verheißungen des Digitalen zu pflegen. Dabei geht es nicht um Verteufelung, sondern um einen realistischen Blick auf die digitale Welt – und ihre

vielfältigen Facetten. War die Duftmaschine des Wurst-
herstellers nur ein Werbegag? Wir wissen es nicht, aber bei
unseren Recherchen sind wir auf das spannende Kunstwort Phubbing gestoßen.

Tolles Thema, dachten wir … steht doch Phubbing
für die grassierende Unhöflichkeit, mitten in einem
Gespräch zum Smartphone zu greifen. 561.000 Google-
Treffer für „Phubbing" können sich nicht irren. Doch es
war kein pfiffiger Student aus Australien, der mit diesem
Begriff eine Kampagne startete. Nein, es war eine pfiffige
Werbeagentur, die den Studenten erfunden hatte, um
eine virale Kampagne für Wörterbücher loszutreten. Weltweit sprangen große Medien auf diesen Zug auf – und der
erfundene Student wurde zum Helden des Internets.

Solche Geschichten stimmen nachdenklich, besonders
wenn wir an die traurige Karriere des Begriffs Fake News
denken. Trump, Brexit, rechte Propaganda … inzwischen
werden die Trennlinien zwischen Lüge und Wahrheit
immer bewusster verwischt. Fake oder Fakt? Diese zentrale
Frage stellt sich überall im Internet, zumal es inzwischen
die Technologie des *deep fake* gibt: Ganze Videosequenzen
lassen sich so verfälschen, dass etwa Politiker das Gegenteil
von dem sagen, wofür sie eintreten. So können Fälscher
beliebige Überzeugungen in Umlauf bringen – und wir
merken es kaum beim ersten Hinschauen.

So viel zur gesellschaftlichen Dimension, auch aus
individueller Perspektive steht die Welt Kopf:

- Warum sind „Likes" ein neuer Suchtstoff wie Alkohol
  oder Zigaretten?
- Warum teilen wir private Bilder im Internet – und
  lassen abends die Rollläden herunter?
- Warum diktieren uns synthetische Stimmen wie
  „Alexa", wie wir zu leben haben?

Wir kommen aus der vertrauten Welt analoger Abläufe –
und sind plötzlich konfrontiert mit digitalen Herausforderungen, die alle Lebensbereiche durchdringen.
Unsicherheit, Angst und Skepsis treten neben Faszination
und Fortschrittsglaube. Wir taumeln zwischen Extremen
und suchen nach Orientierung, um die „schöne neue
Welt" zu begreifen.

Das Internet hat unsere Gesellschaft radikal verändert:
ökonomisch, sozial und medial. Dazu waren nur 30 Jahre
notwendig; von Leonardos Skizzen bis zum ersten Hub-
schrauberflug vergingen 400 Jahre. Die digitale Revolution
ist rasant, die Chancen werden gefeiert, die gewaltigen
Risiken oft unter den Teppich gekehrt.

So zeigen sich exponentielle Schockwellen, wohin der
Blick am Bildschirm schweift. Und wir sind nicht mehr in
der Lage, ihre globale Wirkung zu verstehen. Oder haben
Sie sich einmal klargemacht, was wirklich passiert, wenn
ein Trump-Tweet millionenfach geteilt wird? Wie das Netz
zu glühen beginnt, vor lauter elektronischen Impulsen
zwischen Los Angeles und Moskau? Oder was es heißt,
dass ein Hackerangriff ganze Stadtverwaltungen oder Universitäten lahmlegt, wie im Dezember 2019 in Deutschland geschehen?

Hinzu kommt: Das digitale Feuerwerk überstrahlt
oft das reale Leben, ja stellt es durch seine funkelnde
Attraktivität in den Schatten. Schade! Genau bei dieser
Einsicht beginnt unsere Reise, die Sie durch die Welt
der Virtualität führt. Dabei lernen Sie sehr unterschiedliche Menschen kennen, die alle unserer Fantasie ent-
sprungen sind. Aber Frank, Sabine und ihre Freunde
erleben Dinge in der digitalen Welt, die viele von uns
kennen: E-Mail-Fluten, Handy-Wahn, Online-Dates oder
Shopping-Glück. Oft sind es zweischneidige Erfahrungen,
Geschichten des Stolperns und Scheiterns. Wir müssen

jedoch lernen, mit Digitalität bewusst umzugehen, denn sie bestimmt immer mehr unser Leben. Das heißt: Wir müssen uns in ein bewusstes Verhältnis zur digitalen Welt setzen – und dürfen niemals unsere evolutionären Wurzeln in der realen Welt vergessen.

Selbst wenn uns digitale Apologeten gerne einreden: Alles ist eins! Der Unterschied „real" vs. „virtuell" existiere nur in der verstaubten Gedankenwelt von Technologiefeinden und Kulturpessimisten. Welch ein Irrtum! Millionen Jahre der Evolution und kognitiver Reifungsprozesse des Menschen lassen sich nicht einfach ausblenden, weil es seit drei Sekunden digitale Systeme gibt, betrachtet aus einer erdgeschichtlichen Perspektive. Gerade weil die digitalen Medien so mächtig erscheinen, dürfen wir nicht vor lauter Euphorie die reale Welt aus den Augen verlieren! Besonders unsere Kinder brauchen eine tiefe Verwurzelung in realen Lebenserfahrungen. Das zeigen viele Erkenntnisse der Neurobiologie und Entwicklungspsychologie.

Generell sollten wir uns in diesem Zusammenhang über drei Aspekte Gedanken machen:

- Verführung zur Oberflächlichkeit
- Wachsende Abhängigkeit von komplexen Systemen
- Steigender Kontrollverlust im eigenen Leben

Das alles sind Schattenseiten der „schönen neuen Welt", die wir in unserem Buch beleuchten. Daher begegnen Ihnen auf unserer Reise große Geister wie Kant oder Aristoteles, denn unsere Recherchen haben gezeigt: Eigentlich ergeben sich in der digitalen Welt dieselben grundsätzlichen Fragen, die Menschen seit Jahrtausenden bewegen. Der Unterschied: In unserer Zeit treten sie verschärft auf – als besondere Herausforderung, die Welt bewusst und willentlich zu gestalten, ohne unsere Verantwortung bequem bei „Big Mother" (Max Celko [2]) abzugeben.

So wird Digitalität auch ein Übungsfeld, auf dem wir um das Ideal einer nachhaltigen Gesellschaft ringen können. Effizienz durch Technik stößt an Grenzen, gerade der Hype um Smartphones mit immer kürzeren Nutzungsintervallen wirft die Frage auf: Brauchen wir das wirklich? Lässt sich Lebensglück durch raffinierte Hardware erreichen? Nachhaltigkeit ohne Suffizienz scheint uns zum Scheitern verurteilt. Dabei bedeutet Suffizienz, einen maßvollen Lebensstil zu wählen. Allerdings entspringt suffizientes Handeln keiner Verzichtslogik, sondern stellt in unserem Kontext den Versuch dar, der Entsinnlichung der Welt entgegenzutreten, die durch digitale Medien droht.

Wer wieder Freude am Buchengrün im Frühlingswald empfindet, kann auf das neueste Smartphone verzichten – und schont auf diese Weise kritische Ressourcen, die immer knapper werden. Ein gezähmter Konsum fördert ebenfalls den Klimaschutz (Kap. 10). Und: Wer so seine Prioritäten neu sortiert, findet wahrscheinlich leichter sein Lebensglück, als wenn er sich in (digitale) Konsumorgien stürzt, wie sie der Black Friday seit kurzer Zeit auch online anheizt – trotz der millionenfachen Forderungen nach Klimaschutz, für die weltweit die Bewegung „Fridays for Future" auf die Straße geht. Welche Ironie bei der Namensgebung!

Naiv? Wirklichkeitsfremd? Das trifft eher auf die Glücksverheißungen der IT-Industrie zu, die bei uns einen schrägen Eindruck hinterlassen. Klar, Technologie kann nützlich sein, wenn sie der Gestaltung der realen Welt dient. Das Wort „dienen" haben wir bewusst gewählt, denn der Mensch muss Herr in seinem Haus bleiben, kein Smart Home der Welt sollte seine Autonomie gefährden. Doch diese Gefahren werden schnell ignoriert.

Daher wollen wir zeigen, wie digitale Hürden heute aussehen – und wie sie besser zu überwinden sind: Jedes Kapitel schließt mit praktischen Tipps zum Umgang mit digitalen Systemen. Dazu erzählen wir Geschichten aus dem modernen Alltag, die zum Nachdenken anregen sollen. Prüfen Sie selbst, ob uns das gelungen ist. Außerdem haben wir uns die Rubrik „Übung macht den Loser" als Anti-Übung ausgedacht. Da schildern wir aus einer satirischen Perspektive, wie Sie bei jedem unserer Themen kinderleicht in den digitalen Abgrund stürzen.

Auf diese Weise illustriert Fiktion viele Fakten, die wir über unsere „schöne neue Welt" zusammengetragen haben. Das ist nützlich für Multiplikatoren wie Lehrer, Eltern, Erzieher oder Hochschullehrer. Sie erhalten mit diesem Buch auch einen Einblick in die Generation der Digital Natives, also der jungen Menschen, die selbstverständlich mit Smartphone und Co. aufwachsen. Die Leser bekommen so die Chance, ein Stück weit proaktiv zu handeln – statt nur von der digitalen Welle weggespült zu werden.

Bei aller Kritik – wir sind keine Maschinenstürmer! Wir wollen die Zeit nicht zurückdrehen, wir halten selbst unsere Smartphones für nützliche Werkzeuge. Aber wir möchten mit unseren Zeilen zu einem verantwortungsvollen Umgang mit digitalen Medien aufrufen, besonders wenn es um unsere Kinder geht (Kap. 13). So leben wir selbst mit den Herausforderungen der Digitalität – und freuen uns darauf, mit Ihnen unsere Erfahrungen zu teilen.

Ingo Leipner und Gerald Lembke.

Literatur

1. Enzensberger HM (2014) Wehrt Euch! in: https://www.faz.
   net/aktuell/feuilleton/debatten/enzensbergers-regeln-fuer-
   die-digitale-welt-wehrteuch-12826195.html vom 22.12.2019
2. Celko M (2008) Hyperlocality: Die Neuschöpfung der
   Wirklichkeit GDI IMPULS, Bd. 2

2

Lüge vom Multitasking

Dampf in allen Gassen – oder wie unser Gehirn verdampft

© Springer-Verlag GmbH Deutschland, ein Teil von Springer Nature 2020
G. Lembke und I. Leipner, *Zum Frühstück gibt's Apps*,
https://doi.org/10.1007/978-3-662-61800-4_2

Während Thomas wild in die Pedale des Mountain-
bikes tritt, rasen seine Gedanken zurück an die Uni: Was
hat er bloß falsch gemacht? Warum hat der Professor ihn
durchfallen lassen? „Sie sind dem Marketing eines Ver-
sicherungsvertreters auf den Leim gegangen", hatte Prof.
Unrat festgestellt. Dabei sah die Website von makler22.
com so seriös aus: viel blaue Farbe wie bei der *Tagesschau,*
ein Experte mit ernstem Blick und randloser Brille – und
die Zahlen zur Altersvorsorge hatte Thomas ganz einfach
herunterladen können. Eine Modellrechnung, die dem
Besucher der Seite schnell klarmacht: Wer privat in eine
Rentenversicherung investiert, hat im Alter ausgesorgt.
Und das war doch genau das Thema seiner Präsentation
gewesen: „Die private Rentenversicherung als neue Form
der Altersvorsorge." Das missglückte Referat hatte er im
Rahmen seines BWL-Studiums zu halten, mit Schwer-
punkt auf Marketing. Thomas war jetzt im dritten
Semester, also kein Anfänger mehr.

Außerdem beherrschte Thomas PowerPoint seit der
Grundschule. Seine Folien waren tadellos: in warmen
Farben gestaltet, klar gegliedert und voller guter Schau-
bilder … wie bei Profis in der Werbeagentur. Darunter
auch die Tabelle mit den Daten von makler22.com.
Kaum war sie auf der Leinwand erschienen, fragte Prof.
Unrat: „Haben Sie eigentlich die Annahmen geprüft,
die zu diesem Traumergebnis führen?" Annahmen? Der
Experte hatte doch so ernsthaft gelächelt … Doch der
Professor ließ nicht locker: „Da muss ein Angestellter
45 Jahre astronomische Summen einzahlen …, und
Sie müssen leider Ihr Referat noch einmal halten. Tolle
PowerPoint-Präsentationen reichen nicht aus, um solide
Wissenschaft zu betreiben."

Über den letzten Satz des Professors hatte sich Thomas
besonders geärgert: „Typisch Facebook-Generation:
immer abgelenkt, immer am Zappeln und Daddeln. Kein

Wunder, dass Sie Schein und Sein nicht unterscheiden können", hatte ihm der Professor an den Kopf geworfen. Das wurmte ihn immer noch, denn er hatte echt viel Arbeit investiert – und bis morgens um 5 Uhr an den Charts gefeilt.

Zu Hause angekommen, knallt Thomas die Tasche in die Ecke. Gekocht hat heute sein Vater Frank, der als Buchhalter halbtags für einen Lattenrosthersteller arbeitet. Das Abendessen steht auf dem Tisch, ein Nudelauflauf. Thomas beginnt über Prof. Unrat zu schimpfen. Der habe ja keine Ahnung, wie Studenten heute arbeiten: „Wir holen uns *alles* aus dem Internet und können total gut googeln. Bücher und Bibliotheken sind von gestern." „Ok", erwidert sein Vater, „aber als ich gestern Abend bei dir vorbeischaute, warst du nur auf Facebook unterwegs!" Den Vorwurf kann Thomas nicht akzeptieren: „Es ist heute völlig normal, vieles gleichzeitig zu machen. Das nennt man Multitasking!" – „Ja, wenn das so ist, warum hat sich der Professor so angestellt?", staunt der Vater und fragt, ob Thomas immer so arbeitet.

„Na klar", sagt sein Sohn und erzählt von der letzten Nacht. Mit WhatsApp war er ständig in Kontakt mit seinen Freunden. So bekam er mit, dass sie sich am nächsten Tag bei Bernd treffen, um Champions League zu schauen. Und gerade gestern haben sie ihm die tollen Bilder von der letzten Party geschickt, die er gleich auf Facebook gepostet hat. Kein Problem, zwischendrin mit Google nach Daten für sein Referat zu suchen … bis das Chatfenster von Facebook aufpoppt: Julian will kurz seinen Liebeskummer loswerden. Für seine Freunde ist Thomas immer da, deshalb heißt das ja soziales Netzwerk. Eine weitere halbe Stunde vergeht, Julian ist getröstet, und die Recherchen gehen weiter. Die ersten Zahlen sind schnell heruntergeladen, die edle Website von makler22. com hat sie geliefert. Und wieder meldet sich Facebook mit einer Nachricht: ein süßes Katzenvideo. Anschauen, liken und teilen – und dann weiter mit der Präsentation.

Da zwitschert das Smartphone wie eine Schar Spatzen. Dieser Klingelton, denkt sich Thomas, ist irgendwie blöde. Seine Freunde wollen jetzt lieber zu Julian, um Bayern München anzufeuern. Gut, dass er das gleich erfährt. Und einen neuen Klingelton lädt sich Thomas sofort runter. Wie wäre es mit dem brüllenden Ochsen? Oder doch lieber die Luftschutzsirene aus dem Zweiten Weltkrieg? Egal … weiter mit den Recherchen: Was behauptet dieser Experte in einem wissenschaftlichen Aufsatz? Die private Altersvorsorge sei vor allem Geschäftemacherei der Versicherungskonzerne? Inzwischen ist es kurz vor Mitternacht, also keine Zeit mehr für gegenläufige Recherchen. Der seriöse Herr von makler22.com wird schon keinen Unsinn ins Netz stellen – mit so vielen Zahlen! Jetzt sind die Folien an der Reihe, geschickt wählt Thomas ein passendes Design, dezentes Grau für die Buchstaben, eine orangefarbene Basislinie – das überzeugt mit Sicherheit.

Da brüllt der Ochse – und eine lebenswichtige Nachricht über WhatsApp ist eingetrudelt: keine Champions League! Lieber Kino! Der letzte Teil der dritten *Star Wars*-Trilogie, *Der Aufstieg Skywalkers* … wow! Schnell bei YouTube nach dem Film suchen. Mal sehen, was der Werbetrailer zu bieten hat! Das Referat ist fast fertig – und der Trailer sorgt für ein wahres Feuerwerk, die Storm-Trooper purzeln nur so durch die Luft. Das müssen auch die anderen sehen: schnell den Button „Teilen" drücken und über Facebook den tollen Trailer den Freunden schicken. Langsam fallen Thomas vor dem Rechner die Augen zu, die Uhr am Bildschirm zeigt 2:38. Kopfhörer auf, iTunes hochgefahren – mit dem richtigen Rhythmus im Blut fliegen die Finger leicht über die

Tastatur. Natürlich mit Bon Jovi. Tippfehler? Es kommt doch auf den Inhalt an ...

Nun fehlt der Präsentation noch der letzte Schliff. Was waren die zentralen Argumente für die private Vorsorge? Ein YouTube-Video hilft auf die Sprünge, sponsored by Allianz. „Macht nichts", denkt sich Thomas, „so ein Video bringt es auf den Punkt, viel besser als wissenschaftliche Aufsätze!" Und wieder brüllt der Ochse, der Klingelton fängt an zu nerven. Ein Foto aus der Disco hängt an der WhatsApp-Nachricht, seine Kumpel grinsen in die Kamera, Bierflaschen in der Hand. „Ihr habt's gut, bin fast fertig mit der Präsi", schreibt Thomas dazu – und postet das Bild bei Facebook.

„Da staunt ihr, was wir jungen Leute alles in einer Nacht erledigen. Mein Professor hat das einfach nicht gecheckt!" Inzwischen ist auch Sabine nach Hause gekommen, die Mutter von Thomas. Sie ist erschöpft, Tausende E-Mails und fünf nervige Meetings hat sie heute hinter sich gebracht. Sie arbeitet Vollzeit in der PR-Abteilung einer Großbank – und hört gerade die letzten Worte ihres Sohnes. Dabei runzelt Sabine immer mehr die Stirn. „So, so, das nennst du Multitasking ...", setzt sie an, als eine Luftschutzsirene über den Tisch schrillt. Thomas greift zum Handy, den brüllenden Ochsen hat er noch in der Nacht zurück in seinen App-Stall geschickt. Er versinkt in seinen Nachrichten und tippt gleich drei Antworten. Nach *Star Wars* wollen die Freunde noch ins *Rocky-Café*, das er nicht ausstehen kann. Da muss er sofort in die virtuelle Diskussion eingreifen ... „Erde an Thomas", fängt Sabine wieder an – und widerwillig legt ihr Sohn das Smartphone zur Seite. „Multitasking ist ein großes Märchen", sagt sie. „Wir leben in einer Zeit der großen Ablenkung: der Nachrichtenbildschirm in der Arztpraxis oder Apotheke, flimmernde Werbung im Supermarkt, Smartphones und iPads im Auto, auf Sofas und im Laufstall der Kleinkinder."

Genau dieser Eindruck drängt sich heute auf. Die Unterhaltungsindustrie verbündet sich mit Computerherstellern, um in immer kürzeren Zyklen neue Wunderwaffen auf den Markt zu werfen – Geräte mit hohem Nutzfaktor, die immer leichter zu bedienen sind und überall zum Einsatz kommen. So ist es nur konsequent, dass der Begriff „Multitasking" aus dem IT-Bereich kommt. Ursprünglich ist damit die Fähigkeit eines Betriebssystems gemeint, mehrere Aufgaben gleichzeitig auszuführen … und statt Maschinen an Menschen anzupassen, geschieht das Gegenteil: Wir kopieren ihre technischen Eigenschaften, indem wir zum Hansdampf in allen digitalen Gassen werden.

Was ist daran verwerflich? Die Zeiten ändern sich – und unser Leben findet immer häufiger auf der Überholspur statt. Klasse! Tempo, Action, Abwechslung. Prof. Unrat pflegt nur ein antiquiertes Bild der Welt, wenn er Thomas durchfallen lässt. Von wegen „Generation abgelenkt" … Jede technische Revolution ruft Maschinenstürmer wie Unrat auf die Barrikaden. Multitasking gehört heute einfach zu den basalen Kompetenzen, um mit digitalen Medien produktiv umzugehen – so eine oft gehörte Aussage, die Hersteller digitaler Wunderkisten gerne kultivieren.

„Moment!", würde nun die Mutter von Thomas einwerfen. „Was für ein Mythos." Sie klopft auf ihre Tageszeitung, die sie nach dem Essen aufgeschlagen hat. „Oft ist etwas ganz anderes zu lesen: Wissenschaftler haben herausgefunden, dass Leistungen durch Multitasking in der Regel schlechter werden."

Beispiel

Wer mit dem Auto an einer Ampel steht und dabei E-Mails checkt, senkt seine fahrerischen Fähigkeiten um mindestens 40 %. Der Stresspegel geht nach oben und die Fehlerquote ebenfalls – auf ein Niveau, das sonst Fahrer erreichen, die 0,8 Promille im Blut haben [1].

Das stimmt, denn die Mehrheit der Studien zeigt: Leistungen steigen nicht, wenn Menschen parallel zahlreiche Informationskanäle nutzen und gleichzeitig versuchen, eine komplexe Aufgabe zu lösen. Selbst bei einfachen Aufgaben klappt das kaum. Der Grund: Das Gehirn sieht sich mit einer völlig neuen Form der Wahrnehmung konfrontiert. Multitasker glauben zwar subjektiv, besonders leistungsstark zu sein, so wie Thomas in seiner Nacht ohne Schlaf. Allein die Zeitersparnis! Aber die Realität sieht anders aus. Beim aktiven Multitasking sinkt die Effizienz der Arbeit, und die Fehlerquote geht nach oben. Das Gehirn teilt nämlich seine Ressourcen auf mehrere Aufgaben auf, wobei es Denkleistungen von der zentralen „Task" abzieht, um die nebensächlichen Aufgaben parallel zu bearbeiten. „Wir können unser Großhirn ausquetschen wie Zitronen und müssen dennoch schmerzlich feststellen, dass Konzentration und Ergebnis beim mehrfach parallelen Arbeiten unweigerlich leiden", stellt Joachim Müller-Jung [2] in der *FAZ* fest.

Handelt es sich um Routineaufgaben, fällt das nicht weiter auf, etwa bei der beliebten Kombination aus Bügeln und Fernsehen. Geht es aber um anspruchsvolle Aufgaben, schleichen sich schnell Fehler ein. Das ist auch Thomas passiert, der keine Zeit mehr für gründliche Recherchen hatte. Er wurde immer wieder aus seiner Konzentration

gerissen, durch Champions League, Katzenvideos, Liebeskummer auf Facebook und brüllende Ochsen.

Hätten Gehirnforscher in dieser Nacht den Kopf von
Thomas gescannt, wäre deutlich geworden: Wer unterschiedliche Aufgaben parallel erledigt, beansprucht verschiedene Gehirnregionen. Je unterschiedlicher diese
Aufgaben sind, desto weiter liegen die aktivierten Bereiche
auseinander. Das stört nicht weiter, solange es sich um
einfache Aufgaben handelt und die gesamte Kapazität
des Gehirns nicht überschritten wird. Der Haken dabei:
Werden die Aufgaben komplexer, fällt es uns nicht mehr
leicht, zwischen den Gehirnregionen zu wechseln. Der
Arbeitsprozess wird ineffizient!

In eine ähnliche Richtung gehen die Arbeiten von
Etienne Koechlin [3], Gehirnforscher an der École
normale supérieure in Paris. Er beschreibt in einer Studie,
wie unser Gehirn scheinbar parallel arbeitet. Dafür ist
der präfrontale Kortex zuständig, die Steuerzentrale für
Sensorik, Gedächtnis und Motivation. Er gehört zum
Stirnlappen, der mit allen Bereichen konzentriert arbeitet,
wenn eine einzige Aufgabe zu bewältigen ist. Geht es
beim Multitasking um zwei Aufgaben, wird die Arbeit
aufgeteilt: jeweils eine Aufgabe in einer Hälfte des Stirn-
lappens. Mehr ist physiologisch nicht möglich! Die beiden
Hirnhälften funktionieren dabei nicht parallel, sondern
arbeiten im Wechsel, Ergebnisse werden zwischen-
gespeichert. Damit stößt das Multitasking beim Menschen
auf eine klare Barriere: „Die menschlichen Fähigkeiten
scheinen begrenzt zu sein, zwei konkurrierende Ziele
zugleich zu verfolgen", stellt Koechlin fest. Seine Erkenntnisse gewann er übrigens, indem er Probanden im Hirn-
scanner zwei oder mehr Buchstabenrätsel lösen ließ.

Unser Gehirn kann sich also zeitgleich nur auf eine,
maximal zwei komplexe Tätigkeiten konzentrieren – sonst
wird es vom Sturm der Informationen durchgeschüttelt, es

beginnt zu „verdampfen". So kann es passieren, dass unsere Arbeit immer seltener eine geistige Tiefe erreicht, die der Komplexität der modernen Welt gerecht wird. Die Figur des „Hansdampf in allen Gassen" entpuppt sich als Illusion – und Multitasking als Lüge modernen Marketings.

Kaum mehr auszuhalten: Langeweile!

Beim langweiligen *Tatort* E-Mails auf dem Smartphone checken ... ok. Eine WhatsApp schreiben, während der Professor dröge Theorie im Hörsaal verbreitet ... gerade noch ok, aber auch schade, weil heute für viele Menschen Langeweile unerträglich geworden ist. Stattdessen rennen wir im digitalen Hamsterrad, unsere Smartphones halten uns auf Trab, akustische und visuelle Reize überfluten uns ständig – verbunden mit der Illusion, den ganzen Tag beschäftigt zu sein. Egal, wie sinnlos die Postings bei WhatsApp und Co. sind.

Aber: Die Grenzen der Digitalität werden spürbar, wenn es um anspruchsvolle Arbeit am Rechner geht. Millionen Optionen für Recherchen aller Art – Daten, Fakten, Statistiken in Hülle und Fülle ... und zugleich tausend digitale Klippen, an denen wir Schiffbruch erleiden können, genau wie es Thomas erlebt hat.

Der große Bruder des Multitaskings ist die Oberflächlichkeit der Wahrnehmung. Das Interesse an tieferen Erkenntnissen kann verloren gehen; ein kurzer Kitzel reicht aus, um beim Konsum moderner Medienprodukte „glücklich" zu sein. Daher die hohe Schlagzahl in unserer medial geprägten Gesellschaft. Gestern noch Pferdefleisch in der Lasagne, heute Tweets von Trump – und morgen? Oberflächlich wird unsere Wahrnehmung der Welt – und die Wahrnehmung der eigenen Arbeit. Multitasking führt zu schwachen Ergebnissen, die zwar an der

Oberfläche funkeln wie manche PowerPoint-Präsentation. Doch die Identifikation mit unserer Arbeit sinkt, da wir dem raschen Ergebnis unsere Fähigkeit zur tieferen Konzentration opfern.

Dieser Welt setzt der buddhistische Mönch Thích Nhát Hanh [4] die These entgegen: „Achtsamkeit wirft ihr Licht auf alle Dinge. Achtsamkeit bringt die Kraft der Konzentration. Achtsamkeit führt zu tiefer Einsicht." Doch diese seelische Fähigkeit entsteht nicht durch Multitasking, das einen oberflächlichen Umgang mit der Welt fördert. Natürlich bedarf es nicht immer der „Kraft der Konzentration". Entspannung als Kontrapunkt ist genauso wichtig, etwa im Fernsehsessel, wenn Oliver Welke zur *heute-show* begrüßt.

Im Alltag aber ist Achtsamkeit unverzichtbar, egal ob es ums Autofahren, um Gespräche mit Geschäftspartnern oder Telefonaten mit Freunden geht, die ihren Liebeskummer ausschütten wollen. Achtsamkeit fördert die Konzentration, das Smartphone sollte Urlaub im „Flugmodus" machen. So entwickeln Menschen geistige Präsenz, um sich ganz dem Gegenüber zuzuwenden – oder eine Aufgabe ohne äußere Störungen zu lösen. Eine Einsicht, die Thomas in seinem Studium noch gewinnen kann.

Vielleicht hilft auch ein Blick in das Leben von Odysseus. Der Held Homers wusste, wie gefährlich die Sirenen sind. Daher ließ er sich an einen Mast des Schiffes binden, als die verführerischen Sirenen ihren Gesang anstimmten. Seinen Kumpels am Ruder befahl er, sich Wachs in die Ohren zu stopfen. So entgingen alle der Gefahr, von den Sirenen auf die Klippen gelockt zu werden. Doch Odysseus selbst konnte den bezaubernden Gesang genießen … und heute? Da erklingen gerade in der digitalen Welt süße Sirenengesänge, die das Bewusstsein betäuben wollen. Wir müssen uns viel öfter „virtuelles

Wachs" in die Ohren stopfen, um unser Glück in der analogen Welt zu suchen.

Es geht auch um die Entdeckung der Langeweile! Als Ressource der Ruhe und inneren Stärke, damit wir nicht ständig ein digitales Feuerwerk abbrennen, um von unserer inneren Leere abzulenken. Dann reduzieren wir digitale Werkzeuge auf ihren instrumentellen Charakter; sie verlieren ihren verführerischen Selbstzweck. Und: Die modernen Sirenen des IT-Marketings lassen unser Schiff nicht an Klippen zerschellen, weil wir souverän an ihnen vorbeisteuern, um glücklich unseren Hafen zu erreichen.

Praktische Tipps für die digitale Welt

- Ziel für heute: Konzentration. Versuchen Sie einmal, sich in der Freizeit für 20 min nur auf eine Sache zu konzentrieren. Hilfestellung könnte beispielsweise ein Buchkapitel oder ein längerer Zeitungsausschnitt sein. Schaffen Sie das? Wenn nein, dann vollziehen Sie die nächsten Schritte.
- Blockieren Sie Banner, Pop-ups und Videowerbung (z. B. https://adblockplus.org).
- Stellen Sie die Pop-up-Funktion Ihres E-Mail-Programms ab (E-Mails lassen sich auch ein paar Stunden später bearbeiten).
- Schließen Sie alle Fenster, in denen Sie nicht aktiv arbeiten.
- Beenden Sie Ihre ständige Erreichbarkeit, indem Sie Anrufe auf den Anrufbeantworter und/oder die Mailbox laufen lassen (ein späterer Rückruf ist immer möglich).
- Stoppen Sie Push-Mitteilungen aus sozialen Netzwerken (Sie bleiben auch so auf dem Laufenden, wenn Sie bewusst auf Facebook gehen).

Übung macht den Loser

Wie dich Multitasking sicher ins Grab bringt Mit einer einfachen Trainingseinheit findest du heraus, wie Multitasking dich sicher ins Grab bringt. Eigentlich willst du das neue Buch lesen, das du diese Woche gekauft hast. Eine viel zu kümmerliche Herausforderung. Greife daher zum Smartphone und rufe drei Freunde an, um eine Telefonkonferenz über den nächsten Grillabend abzuhalten! Schalte zusätzlich Netflix ein, um ein paar Folgen deiner Lieblingsserie zu sehen! Vergiss nicht die aktuelle Verkaufssendung – auf einem zweiten Bildschirm deiner Wahl! Dann greifst du während der Telefonkonferenz zum Smartphone und bestellst, was gerade gezeigt wird, z. B. ein Lichtschwert. Klar, als *Star Wars*-Fan wolltest du das schon immer haben.

Kommentiere parallel die Sendung auf Twitter, lade ein Bild des Lichtschwertes auf Facebook hoch (Urheberrechte sind dir egal). Und vergiss dabei nicht, in der Tageszeitung den Kommentar des Tages zu lesen. Wechsle zeitgleich die Filter deiner Kaffeemaschine! Die brauchst du für den Grillabend, die Telefonkonferenz läuft auf Hochtouren. Thema: Pils oder Weizen? Klappe jetzt auf jeden Fall den Laptop auf und checke neue Mails … keine da? Egal – scrolle durch die alten! Bedingung für den Erfolg: Wirklich alles gleichzeitig machen, sonst wirst du kein Multitasking-Experte! Halte diese Übung mindestens 15 min durch und wiederhole sie täglich alle zwei Stunden – auch auf der Arbeit. Im Zweifelsfall lass dir weitere Arme implantieren, damit du dieses Pensum schaffst. Es ist erst der Anfang …

Literatur

1. Heibl J (2008) Effizientes Lernen: Risikofaktor Multitasking. https://www.focus.de/wissen/mensch/campus/tid-10159/effizientes-lernen-risikofaktor-multitasking_aid_305173.html. Zugegriffen: 6. Dez. 2019

2. Müller-Jung J (2010) Multitasking ist ungesund. https://www. faz.net/aktuell/feuilleton/debatten/digitales-denken/resultat-der-hirnforschung-multitasking-ist-ungesund-1967880.html. Zugegriffen: 6. Dez. 2019

3. Koechlin E, Charron S (2010) Divided representation of concurrent goals in the human frontal lobes. Science 16 (328. no. 5976):360–363

4. Hanh TN (2006) Das Wunder der Achtsamkeit. Einführung in die Meditation, Theseus, Bielefeld

3

Virtueller Rummelplatz

Warum wir Fotos aus Ballons abwerfen – und Facebook und Co. unsere Eitelkeit kitzeln

© Springer-Verlag GmbH Deutschland, ein Teil von Springer
Nature 2020
G. Lembke und I. Leipner, *Zum Frühstück gibt's Apps*,
https://doi.org/10.1007/978-3-662-61800-4_3

Matthias scrollt noch schnell durch seine Nachrichten, klickt auf ein Video: Ein junger Mann kuschelt mit seiner Freundin, die am Einschlafen ist … kaum sind ihr die Augen zugefallen, greift er zum Smartphone und checkt die neuesten Mails … Schnitt … glühend roter Sonnenuntergang am Meer, drei junge Leute genießen den romantischen Augenblick – mit einem Blick durch die Linsen ihrer Smartphones … Schnitt … ein Paar sitzt wortlos in der Kneipe; er daddelt auf dem Smartphone, sie daddelt auf dem Smartphone … Schnitt … Matthias ist begeistert, das Video liefert weitere Ideen für seine Kurzgeschichte. Zweimal kurz geklickt, und schon hat das Video ein Like mehr, und Matthias hat es „geteilt" mit allen 675 „Freunden", die er bei Facebook gesammelt hat. Teilen – das ist der magische Facebook-Mechanismus, der explosionsartig Botschaften durchs Internet jagt. Ein Gedankenexperiment macht das deutlich: Vielleicht finden 100 Freunde von Matthias das Video genauso spannend, dann teilen sie es mit ihren Freunden. Wenn jeder wiederum 100 Freunde hat, erreicht der kleine Film bereits 10.000 Menschen, die ihrerseits wieder Freunde haben. So entstehen virtuelle Lawinen, die exponentiell die Erde mehrfach überrollen. Wie in den Alpen: Ein winziger Klumpen Eis löst sich an einem Steilhang, und wenige Sekunden später stürzt eine gewaltige Lawine ins Tal. Und wer nicht aufpasst, wird auch im Internet mitgerissen. Wir können zwar unsere eigenen Privateinstellungen pflegen, aber wir haben es nicht in der Hand, durch welche Hände unser schönes Bild vom Kindergeburtstag wandert – von Freund zu Freund zu Freund … Oder würden Sie auf der Straße einen Satz Polaroids mit Ihren Kindern verteilen, an jeden Passanten, der zufällig vorbeigeht? Das ist übrigens genau die Idee, die Matthias für seine Geschichte hat: Stell dir vor, es gibt kein Internet – und du verhältst dich genauso wie heute! Eine Zeitreise in die 1980er Jahre.

Ein GAU für den Datenschutz?

WhatsApp-Gründer Jan Koum versicherte 2009, dass sein Unternehmen persönliche Daten niemals an andere verkaufen würde. Inzwischen gehört aber WhatsApp zum Facebook-Imperium, genauso wie das beliebte Instagram. Facebook-Gründer Mark Zuckerberg denkt über eine Fusion der drei Dienste nach. Welche Gefahren bedeutet das für den Datenschutz der Kunden? Stiftung Warentest [1] bringt das April 2019 in einem Artikel auf den Punkt: „Unter Datenschutzgesichtspunkten wäre das Verschmelzen der drei Social-Media-Dienste verheerend. Facebook kann dann die Daten von Milliarden Nutzern mühelos verknüpfen, auswerten und daraus Gewinn schlagen. Werbetreibende würden auf einen Schlag eine gigantische Nutzerzahl erreichen, ein unglaublich profitables Geschäft für Facebook. Und obendrein stärkt der Anbieter seine Marktmacht im Bereich Messenger-Dienste. Die Fusion der drei Dienste bringt vor allem einem Vorteile: Mark Zuckerberg. Wie weit er damit kommt, entscheiden vor allem die Nutzer seiner Dienste."

Matthias ist vor seinen Freunden im *Blueline* und bestellt einen Eisbecher, auf dem sich Mango-, Ananas- und Papayastückchen türmen. Das gefällt ihm so gut, dass er schnell ein Foto mit seinem Smartphone schießt, es bei Facebook postet und dazu schreibt: „Wer heute nicht kommt, hat Pech gehabt." Ein Klick – und schon wissen 675 + x Menschen wieder mehr über seine kulinarischen Präferenzen … „Komisch", denkt er sich dabei, „hätten es die Menschen vor 40 Jahren wichtig gefunden, aller Welt ihren Eisgeschmack mitzuteilen?" Seit Matthias über seine Kurzgeschichte nachdenkt, stößt er immer wieder auf solche Fragen. Er ist gespannt, was seine Freunde dazu sagen.

Zuerst trudelt Mike ein, dann kommt Sophie. Beide können ohne Smartphone nicht leben, routiniert greifen sie danach, um sich auf den neuesten Stand zu bringen. Facebook und Co. poppen auf. Sophies Schwester findet ein neues Pony süß, das ist ein Like wert. Und Mike teilt mit 1457 Freunden ein Bild, das die gute Stimmung auf der letzten Party transportiert, eine Batterie leerer Wodkaflaschen im Vordergrund. „Merkt ihr eigentlich, was wir da täglich machen?", fragt Matthias seine Freunde. „Stellt euch vor, wir leben in den 1980er Jahren und verhalten uns wie heute, nur ohne Internet." Schweigen in der Runde, Sophie kichert leise, Mike löst langsam den Blick vom Display, auf dem eine Push-Meldung von Twitter aufgetaucht ist. So bekommt er alles immer und überall mit. „Wie meinst du das?", fragt Mike skeptisch, „ganz ohne Internet?" „Ja", sagt Matthias, „ich will darüber eine Kurzgeschichte schreiben."

Mike greift als Erster die Idee auf: „Dann müsste ich 1457 Abzüge vom Partybild aus dem Fotoladen mitnehmen und jedem Freund persönlich überreichen." „Oder du legst es in ein Faxgerät", sagt Sophie, „und tippst 1457-mal die entsprechende Faxnummer." Reicht das aber? „Eigentlich müsste er mit einem Ballon über die Stadt fliegen und Tausende von Fotos abwerfen", fügt Matthias hinzu, der daran denkt, wie sich heute Bilder und Texte unkontrolliert im Netz verbreiten, sobald sie im Speicher eines Smartphones gelandet sind. „Oder wir fangen an, auf allen Werbetafeln der Welt zu plakatieren, dass du gerade einen Mango-Ananas-Eisbecher gegessen hast", grinst Mike, der gerade den letzten Post seines Freundes anschaut. „Das ist doch völlig durchgeknallt", protestiert Sophie, „kein normaler Mensch hätte das gemacht!" „Aber wir machen das ständig", wendet Matthias ein, „nur verwenden wir keine Werbetafeln, sondern Facebook oder Instagram."

Und auch dieses Gedankenexperiment lässt sich auf die Spitze treiben: Keine Peinlichkeit ist zu peinlich, keine

Dummheit zu groß, dass sie nicht den Weg ins Netz finden würde. Es wird gepostet, was das Zeug hält – und viele natürliche Schamgrenzen sind gefallen. Wer hätte vor 30 Jahren Spaß daran gehabt, seinen Freunden zweimal am Tag ein neues „Profilbild" in die Hand zu drücken? Einmal im edlen Smoking, dann als braun gebrannter Segelheld vor den griechischen Kykladen? Wer hätte einen Film drehen lassen über die Geburtstagsfeier seines Kindes? Und diesen Film weltweit im Kino gezeigt? Wer hätte mit dem Megafon lauthals seinen „Beziehungsstatus" verkündet oder sich im Fernsehen als Single präsentiert? Welche junge Frau hätte sich jederzeit im Bikini auf einem Baumstamm geräkelt, um so alle Lolita-Klischees zu bedienen? Klar, eine überzogene Selbstdarstellung war auch im Printzeitalter möglich, doch die inflationäre Flut infantiler Bilder ergießt sich erst auf die Menschen, seit sie durch digitale Kanäle strömt. Und: Unsere Zeitreise in die 1980er Jahre zeigt, wie sehr sich die Grenzen zwischen Öffentlichkeit und Privatheit verschoben haben. Tragisch: Viele Nutzer lassen ihre Hosen noch viel weiter runter – und merken gar nicht, wie sie oft die eigene Menschenwürde mit Füßen treten.

Beispiel

1,2 Billionen digitale Fotos wurden allein 2017 geschossen, davon 85 % per Smartphone. Die Bilder werden in der Regel in sozialen Netzwerke hochgeladen und mit Freunden geteilt – bei den vier wichtigsten sozialen Netzwerken Facebook, Snapchat, Instagram und Flickr.

Apropos „Beziehungsstatus". Die Zeitschrift *Vanity Fair* [2] fragte Mark Zuckerberg, den Facebook-Gründer, ob er das Netzwerk nur ins Leben gerufen habe, um Mädchen kennenzulernen. Seine lapidare Antwort: „Falsch."

Aber wozu entwickelte er dann die Website facemash.com, die für einen dicken Skandal in Harvard sorgte? Diese Website war der Vorläufer von Facebook und ging am 28. Oktober 2003 nur wenige Stunden online.

Zuckerberg gilt in der öffentlichen Wahrnehmung als schüchtern. Dieser Charakterzug war die Grundlage zu seinem globalen Erfolg, denn die Idee von Facemash baute auf Hot-or-Not-Spielen im Internet auf. Fotos von Frauen und Männern werden mit Punkten bewertet, ausschlaggebend ist ihr Aussehen. Von wegen innere Werte ... schüchterne Nerds waren so in der Lage, sich aus sicherer Distanz dem Objekt ihrer Träume zu nähern. Zuckerberg ging einen Schritt weiter und organisierte sich Bilder von Harvard-Studentinnen. Dabei „vergaß" er, die betroffenen Frauen um Erlaubnis zu fragen. Die Nutzer sahen immer zwei Studentinnen und entschieden, welche attraktiver war.

Die Nachricht von diesem speziellen Hot-or-Not-Spiel verbreitete sich in Windeseile an der Universität, bald wurde der Website der Saft abgedreht. Doch Zuckerberg war auf den Geschmack gekommen und dachte sich: Bilder? Schön und gut. Aber ist die Frau auch Single? Welches Lieblingseis schleckt sie? Was für Musik hört sie? Und, und, und ... Zuckerberg erfand Facebook, damit Menschen ihr gesamtes Leben im Internet ausbreiten und die Informationen jederzeit ergänzen und aktualisieren können. Die reale Vorlage waren die Jahresbücher seiner Universität, in denen sich alle Studierenden mit einem Foto vorstellten. „Als Kind interessierte ich mich sehr für Computer, später auch für Menschen. Ich studierte also Informatik und Psychologie. Facebook ist der Schnittpunkt dieser beiden Fächer", sagte der Internetpionier zu Simon Garfield [3] vom *Observer*.

Diese Schnittmenge aus zwei Wissenschaften zahlt sich heute aus: 18,5 Mrd. Dollar betrug 2019 der Gewinn von Facebook, der Umsatz lag bei 70,7 Mrd. $ [4]. Und: Mehr als 2,7 Mrd. Menschen beteiligen sich an Zuckerbergs Netzwerk (Oktober 2019), dessen Keimzelle ein pubertärer Gag an der Uni war. Schätzungen ergeben für Deutschland 32 Mio. Nutzer (letzter Börsenbericht für Deutschland, März 2019).

In demselben Gespräch mit dem *Observer* behauptet der Facebook-Erfinder: „Die Idee war immer, den Menschen zu sagen: Teile mehr Informationen mit anderen. Die Leute könnten dann besser verstehen, was mit den Menschen um sie herum passiert." „Sharing" sei das inflationäre Lieblingswort von Zuckerberg, stellt Garfield in seinem Artikel fest.

Sicher – wer Leute auf der Straße fragt, warum sie bei Facebook sind, bekommt oft als Antwort: Kontakt halten mit Freunden und Verwandten, rund um die Erde. Doch diese ehrenwerten Motive treiben nur an der Oberfläche unserer Psyche, in deren Tiefe finden sich ganz andere Triebfedern. Und damit kommen wir wieder zur Keimzelle von Facebook, dem Hot-or-Not-Spiel in Harvard, Facemash genannt. Ein schüchterner Nerd bastelt sich eine Brücke zur Welt: Was in der Studentenkneipe nicht gelingt, entfaltet im virtuellen Raum eine ungeahnte Dynamik. Bisher unerreichbare Menschen werden „angestupst", Bekanntschaften geknüpft, und das klassische Spiel der Geschlechter findet in einem neuen Universum statt. Aber: Das geschieht in der Sicherheit vor dem eigenen Computer, geborgen in der Anonymität des Internets.

Kein Wunder, dass eine Studie der York University (Kanada) zu dem Ergebnis kommt: Wer häufig sein Profil bei Facebook aktualisiert, hat eine narzisstische Persönlichkeit oder kämpft mit einem geringen Selbstbewusstsein. So polar ist die Aussage, wobei es sicher Grautöne zwischen den Extremen gibt. Dazu sagt die Autorin Soraya

Mehdizadeh [5]: „Diese Menschen machen alle fünf Minuten ein Update von ihrem Status, und ihre Fotos wirken sorgfältig inszeniert. Handelt es sich dabei um eine wahrhaftige Darstellung ihrer Persönlichkeit – oder sind das lediglich Projektionen einer Person, die sie gerne sein würden?"

Schein oder Sein – das ist hier die Frage! Mehdizadeh wählte als Maßstab, ob Nutzer auf ihren Bildern Posen einnehmen, Grimassen schneiden oder Fotos mit Software aufhübschen. Außerdem hielt sie Ausschau nach bestimmten Schlüsselwörtern: Wer seine Aktivitäten mit positiven Adjektiven herausstrich, wurde von der Autorin herausgepickt.

Mangelndes Selbstbewusstsein – das leuchtet ein: Die glitzernde Fassade im Internet wertet die eigene Persönlichkeit auf, bis zur vollständigen Identifikation mit einer Scheinwelt. Diese Erfahrungen machte wohl auch der junge Zuckerberg. Er schuf mit Facebook ein mächtiges Instrument, um virtuell Hindernisse zu überwinden, die im realen Leben nicht aus dem Weg zu räumen waren. Einfach genial! Aber Narzissmus? Ja, gerade für Narzissten sind soziale Netzwerke ein wunderbarer Tummelplatz, wobei nicht jeder Facebook-Nutzer ein Narzisst sein muss. Aber für diese Menschen bietet das soziale Netzwerk eine ideale Bühne, die schon im antiken Griechenland hätte stehen können.

Biespiel

Der griechische Mythos von Narkissos erzählt: Narkissos war stolz auf die eigene Schönheit, kein Mensch konnte sein Herz erobern. Dafür straften ihn die Götter mit einer Selbstliebe, die keine Erfüllung finden konnte. Narkissos setzte sich ans Wasser, verliebte sich in sein eigenes Spiegelbild – und starb völlig vereinsamt.

Und heute? „Es geht darum, das eigene Bild zu pflegen, und wie wir in der Öffentlichkeit wahrgenommen werden", sagt Elliot Panek, Wissenschaftler an Universität von Michigan in Ann Arbor. „Genauso wichtig ist es zu registrieren, wir andere auf dieses Bild reagieren." Die heutige Währung der Eitelkeit besteht aus Likes, geteilten Bildern, subjektiven Meinungen und möglichst vielen Kommentaren. Ein solches Echo gab es früher nur in Leserbriefen, und zwar für Publizisten, die einen privilegierten Zugang zu Kommunikationskanälen hatten. Das Internet hat diese Kanäle weit geöffnet, was sich als Demokratisierung der Medienlandschaft deuten lässt – oder als Möglichkeit, ungefiltert hinauszuschreien, was gerade im Kopf wabert. Auf jeden Fall ist so eine Bühne entstanden, auf der Selbstdarsteller ihr eigenes Bild pflegen können – und wir alle sind das virtuelle Publikum, das den Daumen hebt oder senkt.

Manipulationsmaschine Social Media

Narzisstische Impulse brauchen wir alle einmal – und Wertschätzung im Job sowieso. Sie wird inzwischen in vielen Unternehmen zur Mangelware. Das zeigt der aktuelle Gallup Engagement Index [6] für Deutschland: 2019 empfanden 15 % der Beschäftigten gar keine Bindung an ihren Arbeitsplatz, sie haben bereits innerlich gekündigt. Gallup hat auch den Anteil der Arbeitnehmer ermittelt, die eine geringe Bindung zu ihrem Unternehmen haben: 69 %. Diese Gruppe steht für einen „Dienst nach Vorschrift". Und: Lediglich 16 % zeigten eine hohe emotionale Bindung an ihren Arbeitsplatz, das sind die engagierten „High-Performer".

Diese Zahlen dokumentieren, wie der Verlust an Engagement eine ungeahnte Dimension erreicht.

Das könnte u. a. an mangelhafter Wertschätzung im Job liegt, die sich kompensieren lässt – durch Aktivitäten in sozialen Netzwerken. Doch nur wenige Menschen packt ein publizistischer Ehrgeiz. Die große Mehrheit klettert in Ballons, steigt in den Himmel auf und schüttet Milliarden Bilder über den Metropolen der Welt aus – von Säuglingen in Windeln, weinseligen Betriebsausflügen, Weihnachtsfeiern oder Abenteuern in den Anden. Stets auf der Suche nach Anerkennung, die sich scheinbar in Likes messen lässt. Das klingt recht harmlos, doch inzwischen hat Facebook seine Unschuld verloren (falls Zuckerberg diesen Zustand jemals gekannt haben sollte!).

Ein kleiner Rückblick: Noch 2002 waren bei der ersten „Jahrhundertflut" SMS eine praktikable Methode, sich über Handys zu vernetzen. Sonst gab es vor allem Durchsagen mit dem Lautsprecher. Diese Form der Kommunikation stellte Facebook bei der Elbeflut 2013 weit in den Schatten: 130.000 Menschen tauschten sich über die Seite „Fluthilfe Dresden" aus, für die es fast 50.000 Likes gab. Und eine Fluthelferhymne hatte nach drei Tagen über 23.000 Klicks auf YouTube: „Wir halten zusammen und beweisen den Mut", sang Leo mit knarzig-rauer Stimme, „denn gemeinsam sind wir stark, stärker als die Flut" [7].

Facebook als Katalysator sozialen Engagements … ein Image, das Zuckerbergs Konzern längst verloren hat. So empörend ist inzwischen die Reihe der Datenskandale, für die das Netzwerk verantwortlich ist. Ein prominenter Fall: Das Unternehmen Cambridge Analytica betrieb „Micro-Targeting" mit Daten von Facebook, also die individuelle Manipulation von Menschen. Allerdings nicht fürs neueste Waschmittel, nein! Facebook wurde zur politischen Manipulationsmaschine.

Es ging 2016 um den Brexit in Großbritannien und die Präsidentenwahl in den USA. Trump wurde Präsident durch eine geschickte Wahlwerbung, die einzelne Wähler gezielt in ihren politischen Präferenzen angesprochen hat, so die berechtigte Vermutung. Daher der Begriff „Micro-Targeting"! Das englische *target* heißt auf Deutsch „Ziel" – und Cambridge Analytica hat wohl digital ins Schwarze getroffen. In den Worten des ehemaligen Chefs Alexander Nix hört sich das so an: „Wir versuchen, die Grundsätze zu verstehen, die das Verhalten der Wähler steuern und damit die Wahlentscheidung. Es geht nicht so sehr darum zu begreifen, für wen er stimmen will und welche Themen ihn interessieren." Nix will dem Wähler tiefer in die Seele blicken: „Wir wollen begreifen, warum ein Wähler so denkt, wie er denkt."

Ein Bürger könnte sich sehr mit dem Thema Einwanderung beschäftigen. „Aber warum ist es für ihn wichtig?", fragt sich Nix. „Geht es ihm um Sicherheit? Fürchtet er um seinen Job? Sie können nicht jemanden, dem es um Sicherheit geht, mit einem wirtschaftsbezogenen Slogan berühren." Diese Erkenntnis aus dem Online-Marketing ist der Schlüssel zum Erfolg: Jeder Wähler erhält über Social Media nur Nachrichten, die exakt in seine Filterblase passen – und sie stabilisieren, im Sinne einer passenden Stimmabgabe. Nix: „In den Vereinigten Staaten können wir für jeden einzelnen Wähler herausfinden, was ihn bewegt. Wir haben die Daten." Grundlage für diese Strategie war ein Datenleck bei Facebook, durch das Millionen Nutzerprofile in die Hand von Cambridge Analytica fielen [8].

So lässt sich trefflich streiten, wie gefährlich Facebook für unsere Gesellschaft geworden ist. Plötzlich scheint die Spiegelfunktion für Narzissten nicht mehr so wichtig zu sein – angesichts der Enthüllungen um die die digitale Manipulation von Wahlkämpfen. Soziales Engagement wie bei der Elbeflut? Ein längst vergessenes Kapitel, wenn Demokratien in ihren Grundfesten erschüttert sind. Sicher: Unsere Motive sind vielschichtig, wenn wir bei Facebook aktiv sind. Zuckerberg hat mehrere Nerven getroffen, als er sein Netzwerk aus der Taufe hob. Egal, ob wir bei unserer Eitelkeit gepackt werden oder die Welt verbessern wollen. Aber heute stellt sich die Frage: Wie viel Macht darf ein einzelner Mensch global ausüben, wenn er einen Social-Media-Konzern kontrolliert? Wer sorgt für eine demokratische Kontrolle? Wie lassen sich digitale Kanäle gegen politischen Missbrauch schützen? Wahrscheinlich muss es bald eine Debatte geben, ob Datenkraken wie Facebook nicht zu zerlegen sind – damit sie ihr Monopol aus Geld und Macht nicht missbrauchen können, um die Basis autoritärer Herrschaft aufzubauen!

Praktische Tipps für die digitale Welt

- Wissen Sie, wie viel Zeit Sie auf Facebook verbringen? Das können Sie auf der Website des Magazins *Time* erfahren, dort gibt es den Facebook-Rechner „How much time have you wasted on Facebook?" (https://techland.time.com/2014/01/27/how-much-time-have-you-wasted-on-facebook/).
- Grundsätzlich gilt für soziale Netzwerke: Aus Gründen der Authentizität sollten Sie immer Ihren bürgerlichen Namen nennen. Ein echtes Foto Ihrer Person sollte als Profilbild dienen.
- Überlegen Sie, welche Freundschaftsanfragen Sie bestätigen. Oft ist ein potenzieller Freund mehr an Ihren Daten als an einem persönlichen Kontakt interessiert (z. B. bei Xing).
- Legen Sie genaue Listen Ihrer Kontakte an. So können Sie gezielt Nachrichten an einen ausgewählten Kreis verschicken. Wirkliche Online-Freunde sollten auch im realen Leben zum tatsächlichen Freundeskreis zählen.

- Prüfen Sie regelmäßig, welche Angaben Sie auf Ihrem Profil machen. Überlegen Sie, ob diese Angaben wirklich notwendig sind. Achten Sie darauf, welche Kontakte welche Informationen über Sie erhalten.
- So halten Sie Fremde aus den privaten Freundeslisten heraus: Konto → Privatsphäre-Einstellungen → Auf Facebook   vernetzen → Einstellungen   anzeigen → den Button „Deine Freundesliste anzeigen" drücken und entsprechende Einstellungen vornehmen.
- Organisieren Sie Ihre Fotorechte bei Facebook, indem Sie das Weiterleiten von Fotos eingrenzen: Klicken Sie auf   Konto → Privatsphäre-Einstellungen → Benutzerdefinierte Einstellungen → „Dinge, die ich teilen möchte" → Fotos und Videos, in denen Sie markiert wurden → Einstellungen bearbeiten.
- Blocken Sie die Facebook-Pinnwand für Dritte: Konto → Privatsphäre-Einstellungen → Benutzerdefinierte Einstellungen → Dinge, die andere Personen teilen.

Übung macht den Loser

Wie du an deinem eigenen Ruf scheiterst So gehst du als Hochstapler unter: Wer heute keinen Expertenstatus genießt, hat verloren. Baue dir eine Reputation als Experte auf, egal auf welchem Gebiet: vergleichende Tautologie, Schmetterlingskunde oder tantrische Kosmologie … Hauptsache, du kannst den Namen deiner Wissenschaft fehlerfrei aussprechen. Der nächste Schritt: Überzeuge die Netzgemeinde von deinem Expertenstatus! Rede dabei nie von Dingen, bei denen du dich auskennst. Das machen schon so viele, die viel schlauer sind als du. Lege einen Blog an, der anderen Menschen die Welt erklärt. Poste täglich mindestens zehn Links, am besten automatisiert über alle gängigen Netzwerke: Facebook, Twitter, Xing, LinkedIn etc. Diese Links verweisen ausschließlich auf deinen Blog, den du mit gewaltigem Expertenwissen füllst: unverständlicher Satzbau, inflationärer Gebrauch von Fremdwörtern, Plagiate, gewagte Thesen – und vor allem Tabubruch!

Propagiere Pädophilie unter Schmetterlingen, setze dich für tantrische Rituale im Bundestag ein. Möge der Shitstorm mit dir sein … Dann hast du es geschafft! Verschanze dich zur Sicherheit hinter deinem Facebook-Account. Lässt du dich aber zu einer echten Podiumsdiskussion einladen, bist du selbst schuld an deinem Untergang. Jemand zückt sicher eine Nadel – und schon zerplatzt dein hübscher Ballon aus heißer Luft. Dann hilft auch Mark Twain nichts mehr, der gesagt hat: „Alles, was man im Leben braucht, sind Ignoranz und Selbstvertrauen."

Literatur

1. o. V. (2019) WhatsApp, Instagram, Facebook – Was bringt die Verschmelzung der Social-Media-Dienste? https://www.test.de/WhatsApp-Instagram-Facebook-Was-bringt-die-Verschmelzung-der-Social-Media-Dienste-5458034-0/. Zugegriffen: 4. Jan. 2020
2. CBNC (2018) Mark Zuckerberg's 2004 Interview: see how Far He and Facebook have come. https://www.youtube.com/watch?v=cUNX3azkZyk. Zugegriffen: 6. Dez. 2019
3. Garfield S (2009) Mann ohne Profil. https://www.freitag.de/autoren/the-guardian/mann-ohne-profil. Zugegriffen: 6. Dez. 2019
4. Statista (2020) Umsatz und Nettoergebnis von Facebook weltweit bis 2019. https://de.statista.com/statistik/daten/studie/217061/umfrage/umsatz-gewinn-von-facebook-weltweit/. Zugegriffen: 23. Febr. 2020
5. Mehdizadeh S (2010) Self-Presentation 2.0: Narcissism and self-esteem on Facebook. Cyberpsychology, Behavior, and Social Networking. August 2010, 13(4): 357–364. (Autorin zitiert nach Cook R (2010) Study: Facebook fanatics vain, insecure. In: ajc.com (The Atlanta Journal-Constitution)).

6. GALLUP (2019) Gallup Engagement Index 2019: Deutschlands Unternehmen lassen Mitarbeiter bei der Digitalisierung häufig allein. https://onedrive.live.com/?authkey=%21AAD RZIqHgN4lEfI&id=27ECDF831EC187F7%21267433&c id=27ECDF831EC187F7. Zugegriffen: 6. Dez. 2019

7. Leipner I (2013) Was Konzerne von Fluthelfern lernen können. https://www.berliner-zeitung.de/karriere/-fluthelfer-engagieren-freiwillig-ehrenamtlich-hilfe-hochwasser,10808620, 23411466.html. Zugegriffen: 6. Dez. 2019

8. Von Blumencron M (2017) Alexander Nix im Gespräch: „Wir wollen die Persönlichkeit dechiffrieren". https://www. faz.net/aktuell/politik/ausland/wie-cambridge-analytica-den-wahlkampf-beeinflusst-14921616.html. Zugegriffen: 6. Jan. 2020

4

Digitales Partner(un)glück

Nach dem Date ist vor dem Date – oder wie Statistik die Liebe ökonomisiert

G. Lembke und I. Leipner, *Zum Frühstück gibt's Apps*, https://doi.org/10.1007/978-3-662-61800-4_4

„Heute hätte ich dir am liebsten Umberto vorgestellt", platzt es aus Sandra heraus, kaum dass ihre Freundin Sabine auf dem Stuhl sitzt. Die beiden treffen sich in der Pizzeria *Casa di Amore,* um sich ein „Update" aus ihrem Leben zu geben. Legendär dabei Sandras Erfahrungen mit Männern … Die Arzthelferin ist froh, nicht mehr auf Annoncen in Zeitungen antworten zu müssen. Voller Begeisterung hat sie sich in die neue Welt der Digitalität gestürzt. Ausgestattet mit Smartphone und Tablet, erobert sie das Internet – und ab und zu ein Männerherz.

„Er sah echt süß aus", fährt Sandra fort, „schwarze Haare, glutvolle Augen und Dreitagebart." „War wohl nur die hübsche Verpackung", antwortet Sabine, die schon ahnt, was kommt. „Na ja, am Telefon hat er nur über sich geredet, beim ersten Date hat er auch nur über sich …" „Und beim zweiten Date?", unterbricht sie Sabine. „Da wollte er nach zwei Stunden lediglich wissen, ob ich eine gute Lasagne mache!", empört sich Sandra. „Und schon wolltest du gar nichts mehr von ihm wissen", stellt ihre Freundin fest. Wieder einmal war Sandra gescheitert – auf der Suche nach „Mr. Right" im Internet.

Dabei ist sie in bester Gesellschaft: 8,6 Mio. Menschen suchten bis Ende 2017 aktiv (!) ihr Glück auf Online-Dating-Portalen in Deutschland. Wer nur auf schnellen Sex aus ist oder als reiner Beobachter am Rechner sitzt, wurde in dieser Statistik nicht erfasst. Über 80 Mio. Mitglieder konnten diese Portale in den letzten Jahren gewinnen; von ihnen fristen gewiss einige ein Dasein als Karteileiche. Jeder dritte Nutzer jagt der großen Liebe hinterher. Dieses lukrative Geschäft betreiben mehr als 3000 Singlebörsen, Partnervermittlungen, Chat- oder Seitensprungportale. Sie heißen: Baboo, Parship, ElitePartner, Tinder oder LoveScout24. Ganz vorn ist der Dienst Lovoo.de, ein Dienst für Menschen über 45.

Sie nennen sich aber auch DatingCafe oder KissNoFrog, wobei die Website mit dem Frosch sogar ein „Live-Dating" bietet: Es wird sichtbar, wer gerade online ist – und per Video- oder Textchat sollen Mitglieder davor bewahrt werden, im echten Leben einen Frosch zu küssen. So weit die Werbebotschaft! Online-Dating ist längst raus aus der Schmuddelecke, jeder kennt inzwischen Paare, die sich im Internet kennengelernt haben. Kein Wunder, denn das Geschäft mit Glück und Liebe boomt; 2020 wird ein Umsatz von 212 Mio. EUR erwartet [1].

In dessen Schatten sprießen auch skurrile Blüten. Das hat Sabine gerade auf einem Seminar ihrer PR-Abteilung erlebt: Es ging um Öffentlichkeitsarbeit im Internet, und der Dozent erzählte nebenbei: Wer 100 Kontakte bei Facebook anstupst, kann im Durchschnitt zehn Dates „generieren" – kostenfrei und mobil übers Handy. „Er sprach wirklich von generieren", erzählt Sabine, „als wären es Geschäftskontakte oder neue Kunden." – „Das ist inzwischen eine echte Industrie", meint Sandra, „da findet sich für jeden Topf der richtige Deckel!" Ihr Optimismus ist ungebrochen – trotz Umberto.

„Anstupsen" ist übrigens eine Funktion von Facebook, von der niemand weiß, welchen Sinn sie hat. Ein Mausklick, und schon pocht ein Nutzer einem anderen an die „Tür". Die Bandbreite ist dabei groß: vom harmlosen Anstupsen bis zum Cyber-Stalking. Besonders Frauen reagieren genervt auf diese Funktion. Eigentlich ist sie nur eine digitale Variante des Klassikers „Hast du mal Feuer?". Eine Adaption des Zeitgeistes, zumal die Nichtraucher auf dem Vormarsch sind.

Wie bei den zwei Freundinnen: Sandra greift jetzt zur elektrischen Zigarette, Sabine kaut ein Nikotinkaugummi. Die Zeiten verrauchter Partys sind vorbei – und damit auch die Zeit, unbeschwert nach einem Partner Ausschau zu halten? Sandra sieht das pragmatisch: Sie hat einen

Vollzeitjob in einer Zahnarztpraxis, auf Discos oder Clubs hat sie abends keine Lust mehr. Und Singlepartys findet sie furchtbar, seit sie sich dabei einen speziellen „Verehrer" eingehandelt hatte. Jeden Tag eine schrille Pavarotti-Arie vor dem Fenster. Wenn er wenigstens die Floristikbranche gefördert hätte … „Weißt du noch, dieser schräge Opernsänger?", wendet sich Sandra an ihre Freundin, „da finde ich Dating-Portale viel besser: Du sitzt bequem auf dem Sofa und kannst dir alle Typen in Ruhe anschauen."

Dabei glaubt Sandra an das Parship-Prinzip, aufgeladen mit einer gewaltigen Portion Wissenschaft: Da finden Ansätze Verwendung, die „Fischers Fritz" Konkurrenz machen: verhaltenstheoretisch, sozialpsychologisch, psychoanalytisch und gestaltpsychologisch – so klingt die pompöse Aufzählung von Adjektiven für Theorien, die dieses Prinzip untermauern. Angereichert mit Erkenntnissen von Georg Simmel, H. J. Eysenck, Sigmund Freud und C. G. Jung, einer Ahnenreihe der modernen Psychologie. Das Sahnehäubchen bilden mehrere kommunikationstheoretische Modelle, die ebenfalls in die Glücksformel einfließen.

Noch Fragen? Diese beantwortet der Psychologe Hugo Schmale [2], Emeritus der Universität Hamburg. Er hat Parship mit gegründet, weshalb er optimistisch verkündet: „Die ‚Formel' lautet auf den Punkt gebracht: so viel Übereinstimmung wie möglich und so viel Verschiedenheit wie notwendig." Die Grundlagen dafür seien theoretisch und empirisch abgesichert und würden die „wissenschaftliche Basis für ein erfolgreiches Matching" liefern. Das Menschenbild dahinter entspricht dem Denken in Algorithmen – berechenbar, mechanistisch, zweckdienlich! Der Mensch wird zum Datenprofil: Die Suche nach dem Traumpartner erfolgt auf „Teufel komm raus", als würde es einen Anspruch aufs perfekte Glück im Leben geben. Dabei steckt der Teufel im Zauberwort

„Matching": Sandras Umberto kam auf eine hohe Zahl von Matching-Punkten, eigentlich ein hoffnungsvoller Kandidat. Denn: Wer bei Parship ins Rennen geht, muss 79 Fragen beantworten; 400 mögliche Antworten stehen zur Verfügung. So werden 32 Merkmale seiner „Partnerschaftspersönlichkeit" erfasst – Werte, Verhaltensweisen und Einstellungen, die bei der Partnersuche den Ausschlag geben. Außerdem geht es um tägliche Gewohnheiten und Interessen.

Und noch eine Zahl: Der Algorithmus der „Liebesformel" arbeitet mit 136 Regeln. Mit ihrer Hilfe vergleicht Parship die Profile seiner Kunden – und vergibt die entscheidenden Matching-Punkte. Je mehr, desto besser! Wenn Sandra auf dem Sofa sitzt, blättert sie in ihrem Tablet und kann die Kandidaten mit den höchsten Matching-Punkten unter die Lupe nehmen. Vorsortiert durch eine Software, ausgedacht und programmiert von IT-Spezialisten.

Wie anders die Verhältnisse im 19. Jahrhundert: Der Theaterautor Edmond Rostand schickte seinen Helden Cyrano de Bergerac ins Rennen, um Menschen in der Liebe zusammenzuführen, ähnlich wie die Programmierer der Dating-Seiten. Allerdings schrieb de Bergerac als „Ghostwriter" Liebesgedichte, um einem Kameraden bei den Gascogner Kadetten die Möglichkeit zu schaffen, seine große Liebe zu erobern. Ausgang? Sehr tragisch … einfach mal googeln.

So weit der Blick in die Geschichte und auf die Matching-Theorie. Denn selbst Schmale [2] gibt zu: „Mit Glück ist das so eine Sache. Glück lässt sich nicht berechnen. Es passiert einfach." Glück garantiert nämlich keine Formel, kein Algorithmus. Dass aber Menschen glücklich werden, sei durch das Parship-Prinzip viel wahrscheinlicher, so Schmale. Wirklich? Eine Allensbach-Umfrage kommt schon 2013 zu folgendem Ergebnis:

27 % aller Paare lernten sich im Freundeskreis kennen, 16 % trafen sich in einer Kneipe, 11 % fanden ihr Glück im Büro – und gerade einmal 2 % stießen auf ihre Partner über Dating-Portale. Ein ernüchternder Befund, auch wenn Parship behauptet, 38 % seiner Premiummitglieder würden einen passenden Partner finden (Mitgliederbefragung).

Dann scheint Sandra zu den übrigen 62 % zu gehören – was kein Problem für sie ist, denn Sandra glaubt immer noch an das „große Glück"! Selbst wenn Sabine etwas Salz in ihre Wunden streut: „Umberto ist ja nicht die erste Niete, die du gezogen hast. Was war mit dem erfolgreichen Rechtsanwalt, der seit drei Jahren in einer Umorientierungsphase steckte, kurz vor Hartz IV? Oder der athletische Kerl mit Löwenmähne? Mit einem ausgefransten Toupet kam er zum Date!" – „Das gehört einfach zum Geschäft", wehrt Sandra die wenig rühmlichen Erinnerungen ab, „es gibt aber immer wieder schöne Geschichten wie die von Thomas und Stefanie. Gib mal dein Tablet her!"

Sandra öffnet partnersuche.de, wo Thomas (41) und Stefanie (36) versonnen in den Regen lächeln, zusammengeschmiegt unter einem Regenschirm: „Partnerglück mit Persönlichkeitstest", wirbt das Dating-Portal. Eine Success Story, wie das im Jargon der Werbung heißt. „Wir wurden recht schnell ein Paar und führen seitdem eine ausgesprochen erfolgreiche Partnerschaft", liest Sandra tief gerührt vor, was wohl eine Werbeagentur Thomas (41) in den Mund gelegt hat. Denn der sympathische Held bekennt ein paar Zeilen weiter: „Ich hatte sofort das Gefühl, dass wir perfekt zusammenpassen." Ob Fake oder Realität – die Emotionen stimmen, darauf kommt es der Werbung an! Sabine fällt aber etwas anderes auf. „Würdest du eine erfüllte Partnerschaft als ausgesprochen erfolgreich bezeichnen?", fragt sie ihre Freundin. „Da haben wir wieder diese ökonomischen Phrasen wie bei dem PR-Dozenten, der Dates über Facebook generiert." „Du legst aber jedes Wort auf die Goldwaage", antwortet Sandra. „Freu dich doch einfach, dass wieder zwei Leute glücklich sind."

Wenn das mal alles so einfach wäre! Bettina Weiguny [3] stellt in der *FAZ* fest: „Die Börsen entpuppen sich zunehmend als Anziehungspunkt für unseriöse Geschäftemacher, Aufschneider, Lügner und krankhaft amouröse Witzbolde." Mancher Kunde landet in ungewollten Abonnements, trotz Kündigung werden Forderungen erhoben – und manches Portal hat schon Abmahnungen vor Gericht kassiert, weil es bei den Glücksuchern abkassieren wollte. Plötzlich fallen für ein Persönlichkeitsprofil Kosten an, die es bei einer weiteren Mitgliedschaft nicht gegeben hätte. Da die angemahnten Beträge oft unter 400 EUR liegen, setzen sich getäuschte Kunden nicht zur Wehr. Das Inkasso funktioniert, die Börsen verdienen ihr Geld, obwohl sie rechtlich im Abseits stehen. Denn nur wenige Betroffene suchen einen Rechtsanwalt auf, wenn es um solche Bagatellbeträge geht.

Doch manche Portale treiben das Glücksspiel noch mehr auf die Spitze und schicken Lockvögel an die Liebesfront. Dann finden sich solche scheinbar harmlosen Inserate im Netz: „Wir suchen Werber (IKM-Schreiber) für die Bewerbung unserer 1 : 1 Chats." IKM-Schreiber? Das bedeutet: Internet-Kontakt-Markt-Schreiber. Das können Männer oder Frauen, Singles oder altgediente Eheleute sein. Ihnen ist eines gemeinsam: Sie sollen mit „scharfen" Profilen in Singlebörsen auffallen. Etwa mit Texten wie diesen: „Anschmiegsame Sie, wild und aufregend. Wer will mich bändigen?" Oder: „Liebevoll, treu und ein bisschen verrucht. Welcher Mann stürzt sich mit mir ins Abenteuer?" Dazu noch ein schicker Beruf – und viele Männer gehen an die Angel, wenn sie mit Angie

(32), Architektin, Kontakt aufnehmen. Alles Fake! Denn ein Date kommt nie zustande. Dem Opfer wird aber mit leidenschaftlichen Mails suggeriert: Erst auf dem avisierten Portal sei es möglich, Angie (32) richtig kennenzulernen. Allerdings nur, wenn der Kontaktsuchende eine kostenpflichtige Mitgliedschaft beginnt! Und schon hat der Lockvogel seine Pflicht getan, bekommt sein Honorar – und flirtet mit dem nächsten einsamen Menschen.

Die Vermessung der Liebe

Oft ist die Wortwahl verräterisch. Bei Parship ist von „Mechanismen des Partnermarktes" die Rede. Menschen seien „abhängig von den persönlichen Präferenzen und Marktbedingungen". Diese Bedingungen werden mit den Begriffen „Quantität und Qualität der Auswahl und der Konkurrenz" beschrieben. Weiter unten findet sich die Formulierung einer „effizienteren Partnersuche".

Quantität, Qualität, Effizienz – alles Begriffe aus der Betriebswirtschaftslehre, wo mit wenig Input ein maximaler Output erzielt werden soll. So lautet ein ökonomisches Prinzip, das Studenten im ersten Semester kennenlernen. Natürlich werden die zitierten Begriffe in einem anderen Zusammenhang verwendet. Entscheidend ist aber die ökonomische Diktion, die sich in diesen Worten spiegelt.

Ganz klar: Online-Dating hat eine riesige Spielwiese eröffnet, auf der Männer und Frauen ihr Glück suchen. Matching-Punkte, Profile, Fotos, E-Mail-Kontakt – noch nie war es so einfach, eine Vielzahl von Menschen kennenzulernen. Und eventuell den großen Glückstreffer zu landen. Jeder kennt inzwischen solche Geschichten in seinem Freundeskreis.

Doch diese Form quantifizierbarer „Liebesanbahnung" kostet uns alle einen hohen Preis, weil die Sprache von Parship viele Fragen aufwirft: Die Ökonomie erobert immer mehr Felder der Gesellschaft, jetzt auch die Anbandelei zwischen (und unter) den Geschlechtern. Wirtschaftliches Kalkül schleicht sich ein, verbunden mit einer Ranking-Sucht, die alles einer ökonomischen Bewertung unterwirft. So lassen auch Singleportale Profile durch Kunden bewerten, auf einer Skala von 1 bis 10. „Am Ende war ich eine 3,1", erzählte eine enttäuschte Teilnehmerin in einem Forum – und kündigte die Mitgliedschaft.

Stellt sich die Frage: Verbauen wir uns nicht den Weg zum Glück, indem wir auf „Glücksformeln" bauen und uns darauf verlassen, dass uns die Mathematik „Mr./Mrs. Right" bescheren? Geprüft nach Präferenzen, gecheckt durch Fragebögen, ausgesucht nach Matching-Punkten? Und dann die vielen Enttäuschungen ... Denn nach dem Date ist vor dem Date, nur so wird die Partnersuche noch „effizienter". Die Vermessung der Liebe wird zum industriellen Prozess, der sich scheinbar stets weiter optimieren lässt. Schade, wenn immer mehr Menschen diesem maschinellen „Input–Output-Denken" verfallen. Hat da „wahre Liebe" noch eine Chance, umgeben von Bits und Bytes?

Unter dem Strich bleibt die bittere Erkenntnis: Auch menschliche Beziehungen werden dem Diktat der Ökonomie unterworfen – und wir sind alle aufgerufen, unseren Marktwert zu steigern. Dabei kann der Blick für den entscheidenden Moment verloren gehen: „Gegenwärtigkeit ist der Schlüssel zur Freiheit, also kannst du nur *jetzt* frei sein", schreibt Eckhart Tolle [4] in seinem Buch *Jetzt! Die Kraft der Gegenwart*. *Jetzt* kann mein künftiger Partner durch die Tür kommen, *jetzt* kann er sich in der Straßenbahn neben mich setzen, *jetzt* wird er mir auf einer Party vorgestellt ... Spontanität statt Algorithmen, verbunden mit Offenheit für die Gegenwart.

Manchmal geschieht das Leben einfach, jenseits aller Planbarkeit von Produktionsprozessen. Wer sich dafür seine Offenheit bewahrt, surft bewusster durch die Partnerangebote im Internet. Oder lässt es ganz bleiben, wenn kindliches Urvertrauen wiedererwacht. Ganz nach dem Kölner Motto: „Wat kütt, dat kütt. Et kütt wie et kütt." Für den Rest der Republik: „Was kommt, das kommt. Es kommt wie es kommt."

Praktische Tipps für die digitale Welt

- Das erste Date: Sinnvoll ist es, öffentliche Räume für ein Treffen zu wählen, etwa ein Café oder einen öffentlichen Platz.
- Die Verabredung nicht vor dem ersten Rendezvous googeln – lassen Sie sich wenigstens ein paar Tage lang verzaubern.
- Persönlichkeit zählt. Es hilft, Menschen besser kennen-zulernen, wenn die Bereitschaft besteht, Konflikte ein-zugehen. Genauso hilfreich: keine hohen Ansprüche an Renommee und Aussehen des Partners sowie eine große Offenheit für neue Erfahrungen.
- Wer später eine ehrliche Beziehung führen möchte, sollte sich von Anfang an an die Wahrheit halten, z. B. in Chats oder Profilen.
- Verwenden Sie nur Fotos, auf denen Sie selbst zu sehen sind (nicht älter als ein Jahr!).

Übung macht den Loser

Wie du mit Sicherheit Grottenolm bleibst Du willst die definitive Bestätigung: Am glücklichsten bist du alleine auf dem Sofa! Dann registriere dich auf www.SofaPartner. de und stelle ein attraktives Profil ins Netz: Mache mehr aus deinem Typ, indem du Pathologe als Beruf angibst. Schummle beim Gewicht und sattle ein paar Kilo drauf, gemäß der RTL2-Show *Dick lebt es sich leichter.* Hobbys? Bloß nichts Trendiges wie Kitesurfen oder Steilwandklettern. Nenne Lesen, Briefmarken und Zierfische als Beschäftigung in der Freizeit.

Das alles hat nicht verhindert, dass sich jemand mit dir treffen will? Kein Problem, im Nahkampf wird sich dein Lebensentwurf voll bestätigen: Die Wahrscheinlichkeit einer Niete liegt bei 95 %, beim Rest hilft diese Strategie: Schaue deinem Gegenüber keinesfalls in die Augen! Texte ihn zwei Stunden mit Belanglosigkeiten aus deinem Leben voll – und vergiss nicht, Details von Leichenöffnungen einzustreuen, die du bei *SOKO München* gesehen hast. Sollte dein Date wider Erwarten zu Wort kommen, schaue aus dem Fenster und stelle bloß keine Frage, sonst könnte sich dein Gegenüber ernst genommen fühlen. Kaum zu Hause, tippst du auf deinem Tablet eine vernichtende Bewertung deiner neuen Bekanntschaft. So einfach bleibst du ein Grottenolm, glücklich und zufrieden – alleine auf deinem Sofa!

Literatur

1. Statista (2020) Statistiken zum Online-Dating. https://de.statista.com/themen/885/online-dating/#dossierSummary__chapter2. Zugegriffen: 23. Febr. 2020
2. Parship (2014) Professor Hugo Schmale im Interview. https://www.parship.de/forschung/der-gruender/der-gruender.htm. Zugegriffen: 22. Dez. 2019
3. Weiguny B (2013) Der Schmu mit den Singlebörsen. https://www.faz.net/aktuell/wirtschaft/netzwirtschaft/online-dating-der-schmu-mit-den-singleboersen-12265014.html. Zugegriffen: 22. Dez. 2019
4. Tolle E (2010) Jetzt! Die Kraft der Gegenwart, Kamphausen, Bielefeld

5

Like-Wahn

Profit durch Sucht – wie „soziale" Medien Kapital aus menschlichen Schwächen schlagen

© Springer-Verlag GmbH Deutschland, ein Teil von Springer
Nature 2020
G. Lembke und I. Leipner, *Zum Frühstück gibt's Apps*,
https://doi.org/10.1007/978-3-662-61800-4_5

„Hallo Matthias", ruft Mike vor der Mensa, „hast du schon deine Kurzgeschichte über Ballonfahrer geschrieben, die Milliarden Fotos über Stadt und Land abwerfen?" Die Frage stört. Matthias prüft gerade auf seinem Handy, wie viele Likes sein letztes Bild auf Facebook bekommen hat. Diesmal kein exotischer Eisbecher, sondern ein bunter Cocktail, gekrönt durch eine Pyramide aus Ananasstückchen. Doch mit drei Likes ist die Bilanz eher bescheiden. Matthias wendet sich enttäuscht seinem Freund zu. „Na ja, der Einstieg steht", antwortet er, „aber warum schicken wir eigentlich diese Fotos rund um den Globus? Nur, um uns mitzuteilen? Ist das nicht reine Eitelkeit?"

„Da habe ich vielleicht eine Antwort", sagt Mike, „ich habe gerade in einem Buch gelesen, dass es keinen großen Unterschied zwischen Menschen und Mäusen gibt." Zumindest aus der Perspektive der Neurobiologie, was Mike an einem Experiment erklärt: Eine Maus sitzt in einem Einzelkäfig, riecht und sieht aber ihre Artgenossen in einem benachbarten Käfig. Die einsame Maus kann sich dorthin einen Weg öffnen, wenn sie auf eine Leiste drückt. Das lernt sie schnell, wobei ihr „Motivationssystem" im Gehirn auf Touren kommt. Das Gegenteil ist auch der Fall, wenn etwa Neuroleptika dieses System ausbremsen.

„Dieses Experiment habe ich bei Joachim Bauer gefunden", sagt Mike. Der Medizinprofessor zeigt daran, wie unser Motivationssystem auf soziale Kontakte reagiert. Nachzulesen in seinem Buch *Prinzip Menschlichkeit – Warum wir von Natur aus kooperieren* [1]. Bauers These: Der Mensch ist nicht in erster Linie auf Konkurrenz und Egoismus eingestellt. Seine Motive zum Handeln wurzeln vielmehr in dem Streben, Zuwendung und Wertschätzung anderer Menschen zu erfahren.

„Und was hat das alles mit meinen Ballonfahrern zu tun?", wendet Matthias skeptisch ein. „Moment", antwortet sein Freund, „das Experiment mit den Mäusen ist genial." Denn Mike hat später bei Bauer gelesen: Der „prinzipielle Aufbau des Gehirns" ist bei Mäusen und Menschen ähnlich, genauso wie die biochemischen Prozesse im Gehirn, wobei das Motivationssystem im Zentrum steht. Es hat seinen Sitz im Mittelhirn, Nervenbahnen verbinden es mit vielen anderen Regionen im Gehirn. Besonders eng ist das Motivationssystem mit den Emotionszentren verschaltet. Bauer schreibt dazu: „Informationen, die von dort eintreffen, melden dem Motivationssystem, ob die Umwelt Ziele in Aussicht stellt, für die es sich einzusetzen lohnt." Wird das System aktiviert, schüttet der Körper Stoffe aus, die glücklich machen: Dopamin, Oxytocin und Opioide.

> **Konzentration durch Dopamin**
>
> Springt das Motivationssystem im Gehirn an, wird Dopamin ausgeschüttet, das im gesamten Körper seine Wirkung entfaltet: „Es erzeugt ein Gefühl des Wohlbefindens und versetzt den Organismus psychisch und physisch in einen Zustand von Konzentration und Handlungsbereitschaft", so Medizinprofessor Joachim Bauer [1].

Die Frage war lange Zeit: Was bringt das Motivationssystem dazu, diese Botenstoffe zu erzeugen? Wohin „will" es die Menschen lenken? „Das Ergebnis verblüffte selbst die Fachwelt", erklärt Bauer in seinem Buch. „Das natürliche Ziel der Motivationssysteme sind soziale Gemeinschaft und gelingende Beziehungen mit anderen Individuen." Dabei gehe es nicht nur um persönliche Beziehungen, sondern um „alle Formen sozialen Zusammenwirkens". Daraus zieht Bauer den Schluss: Kern aller Motivation sei es, „zwischen-menschliche Anerkennung, Wertschätzung, Zuwendung oder

Zuneigung zu finden und zu geben" [2]. Das alles erzählt Mike seinem Freund, der aber skeptisch bleibt: „Wertschätzung, Anerkennung … schön und gut, aber wie hängt das mit den Milliarden Bildern im Internet zusammen?"

Da kann die Wissenschaft helfen: „Es gehört zu den Wesensmerkmalen des Menschen, sich um seine Reputation zu sorgen. Heute läuft dieses Reputationsmanagement für viele über soziale Medien wie Facebook", erklärt Dr. Dar Meshi [3]. Er hat mit Kollegen an der Freien Universität Berlin erforscht, wie der Aufbau von Reputation in sozialen Netzwerken stattfindet. Dabei konzentrierten sich die Wissenschaftler auf eine spezielle Struktur, den Nucleus accumbens, der ein Teil des Motivationssystems ist, wie es Bauer beschreibt. Diese kleine Region im Gehirn springt an, sobald positive Reize („Belohnungen") zu verarbeiten sind, etwa bei Geld, Sex und gutem Essen – sowie einem Gewinn an Reputation.

Opioide und Lebensfreude

Weitere „körpereigene Botenstoffe" machen sich auf die Reise, die sogenannten endogenen Opioide. Ihre Rolle erklärt Medizinprofessor Joachim Bauer [1]: „Sie haben positive Effekte auf das Ich-Gefühl, auf die emotionale Gestimmtheit und die Lebensfreude."

Bei ihrem Experiment spielten die Wissenschaftler geschickt über Bande. In einem ersten Schritt befragten sie ihre Probanden, wie intensiv sie Facebook nutzen (Facebook Intensity Scale). Es ging unter anderem um die verbrachte Zeit im sozialen Netzwerk oder die Zahl der „Freunde". Im zweiten Schritt gab es Video-Interviews: Die Probanden beantworteten eine Reihe von Fragen, zum Beispiel zu Wohnort, Lieblingsfilm oder sonstigen Interessen. Das gab Raum zur Selbstdarstellung.

Dann ließen die Facebook-Nutzer mittels funktioneller Magnetresonanztomografie (fMRT) ihre Aktivitäten im Gehirn sichtbar machen. Während des Vorgangs teilten die Wissenschaftler den Probanden mit, wie anonyme „Kritiker" ihre Persönlichkeit einschätzen – aufgrund der vorher aufgezeichneten Videos! Die sozialen „Rezensionen" waren fiktiv, was die Probanden natürlich nicht wussten. Sie erfuhren, dass sie ehrlich, entspannt oder intelligent gewirkt hatten. Außerdem wurden sie informiert, welche Einschätzung ein anderer Studienteilnehmer erhalten hatte.

Die Ergebnisse: Der Nucleus accumbens zeigte eine hohe Aktivität, sobald es um positives Feedback zur eigenen Person ging. Erhielt ein anderer Proband einen wertschätzenden Kommentar, war diese Gehirnregion weniger aktiv. Interessant war die Differenz zwischen beiden Aktivitätsniveaus: Je größer sie ausfiel, desto intensiver war die Nutzung von „Facebook". Dazu Dr. Meshi [3]: „Mit unserer Studie konnten wir zeigen, dass mit der Art der Verarbeitung sozialer Anerkennung im linken Nucleus accumbens die Intensität der Facebook-Nutzung von Individuen vorausgesagt werden kann."

> **Vertrauen durch Oxytocin**
>
> Der dritte „Wohlfühlbotenstoff" ist Oxytocin. Er entsteht durch positive Bindungserfahrungen – und erhöht umgekehrt die Bereitschaft, Vertrauen in einer Beziehung aufzubauen.

Das bedeutet für die Praxis: Wenn Facebook-Nutzer bei der neuen Nachricht eines anderen Teilnehmers den „Gefällt mir"-Button drücken, lässt sich das als positives soziales Feedback für den Urheber werten, so die Wissenschaftler.

„Schau mal!", ruft Matthias und drückt Mike das Smartphone in die Hand, ein leichtes Lächeln im Gesicht. „Jetzt haben doch 14 Leute meinen Cocktail toll gefunden!" „Siehste, genau das wollte ich dir mit dem Experiment der Berliner Gehirnforscher erklären: Gerade ist dein Nucleus accumbens in Schwung gekommen." „Du meinst also, wegen diesem Nucleus-Dingsbums posten wir wie die Weltmeister?" „Na klar, es geht immer um soziale Anerkennung", sagt Mike, „egal, ob vom Chef persönlich oder anonym über Facebook."

Nur Facebook organisiert diese „soziale Anerkennung" nicht aus Menschenliebe … ganz im Gegenteil. Mark Zuckerberg bastelte ein Geschäftsmodell, das von Anfang an darauf gesetzt hat, aus Suchtmechanismen des Gehirns Kapital zu schlagen. Sean Parker [4] war der erste Facebook-Präsident und hat diese Methoden klar beim Namen genannt: „Wir müssen Dir sozusagen ab und zu einen kleinen Dopamin-Kick verpassen, weil jemand ein Foto oder ein Posting oder sonst was geliked oder kommentiert hat.[…] Das ist eine Feedbackschleife für soziale Anerkennung […] genau das, was ein Hacker wie ich sich ausdenken würde, weil man damit eine Schwachstelle der menschlichen Psyche ausnutzt."

Parker gibt zu, dass ihm und seinen Kollegen diese seelischen Angriffspunkte immer bekannt waren – und sie bewusst global Suchtverhalten gefördert haben, um Geld zu verdienen. Ergebnis: Wir verbringen *noch mehr* Zeit auf Instagram und Co., deren Betreiber uns *noch mehr* Werbung präsentieren, was zu *noch mehr* Einnahmen und *noch mehr* Profit führt. Um es ganz klar zu sagen: Dieses Geschäftsmodell baut auf einer seelischen Abhängigkeit auf, die bewusst durch Psychotricks bewirkt wird. Zuckerberg

– ein globaler Datendealer? Parker: „Wer weiß, was es mit den Gehirnen unserer Kinder anstellt."

Und eine weiterer Zeitzeuge gibt zu Protokoll: „Die von uns entwickelten, schnell reagierenden, dopamingetriebenen Feedbackschleifen zerstören, wie die Gesellschaft funktioniert.[…] Kein gesellschaftlicher Diskurs, keine Zusammenarbeit; Desinformation, Unwahrheit", sagt Chamath Palihapitiya [5], der früher als Vizepräsident für Nutzerwachstum bei Facebook tätig war. Er glaubt, dass inzwischen ein „wirklich schlimmer Zustand" erreicht wurde: „Er untergräbt das Fundament des Verhaltens der Menschen zu- und untereinander." Palihapitiya hat Konsequenzen gezogen: „Meine persönliche Lösung ist, dass ich diese Tools einfach nicht mehr benutze. Schon seit Jahren nicht mehr."

Likes, Teilen, positives Feedback – jetzt wissen wir, was tatsächlich hinter diesen scheinbar freundlichen Begriffen steckt. Und: Facebook ist ein zweischneidiges Schwert, genauso wie die *Bild*-Zeitung: Wer mit ihr „im Aufzug nach oben fährt, der fährt auch mit ihr im Aufzug nach unten", sagte der Springer-Chef Mathias Döpfner. Und ehemalige A-Promis wie Christian Wulff haben erlebt, wie rasant der Aufzug nach unten stürzt.

Das gilt auch für Facebook. Läuft es gut, sammeln Nutzer Likes in rauen Mengen – und ihr Selbstwertgefühl schießt nach oben, wie es die Berliner Wissenschaftler bei der fMRT nachgewiesen haben. So entsteht eine positive Spirale: Unser natürliches Bedürfnis nach Anerkennung führt dazu, dass wir uns mit Texten und Bildern im Netz präsentieren. Viele Likes stimulieren unser Gehirn, und Dopamin und Co. lösen Glücksgefühle aus. Sie klingen nach einer Weile ab – und das Spiel beginnt von vorn, genauso wie bei der Glücksspielsucht!

Der Aufzug fährt aber auch nach unten … Es gibt nämlich eine negative Spirale, die sogenannte Neidspirale.

Dieses psychische Phänomen hat ein Projekt ans Tageslicht gebracht, an dem zwei Hochschulen beteiligt waren: die Humboldt-Universität Berlin und die Technische Universität Darmstadt [6]. Worum ging es? Die Wissenschaftler fragten 600 Facebook-Nutzer, welche Gefühle sie während und nach dem Besuch des sozialen Netzwerks hatten. Erstaunlich: Über ein Drittel war frustriert, etwa durch Neidgefühle.

„In der Tat begünstigt der Zugang zu vielen positiven Nachrichten und Profilen von vermeintlich erfolgreichen ‚Freunden' einen sozialen Vergleich, der leicht Neid erzeugt", erklärt die Projektleiterin Dr. Hanna Krasnova. „Soziale Online-Netzwerke setzen ihre Nutzer einer nie dagewesenen Menge dieser Informationen aus – offline ist es viel schwieriger, Informationen zu passenden Vergleichspersonen zu finden." Und eine Gruppe der Facebook-Nutzer ist besonders betroffen: die passiven Nutzer. Sie kommunizieren kaum aktiv, sondern konsumieren, was andere ins Netz stellen (Posts, News oder Fotos). Wer sich ausschließlich durch dieses unendliche Angebot klickt, entwickelt über kurz oder lang stärkere Neidgefühle.

Die Sozialpsychologie kann diese negativen Emotionen erklären, sie spricht von einem Attributionsfehler. Wir neigen dazu, die Rolle von Eigenschaften einer Person zu *überschätzen,* wenn wir ihr Verhalten deuten. Gleichzeitig *unterschätzen* wir äußere Faktoren, zum Beispiel die Situation, in der sich ein Mensch gerade befindet. Das hat Konsequenzen für unsere Wahrnehmung, denn Facebook liefert nur einen sehr begrenzten Ausschnitt der Wirklichkeit: herrliche Bergtouren, glückliche Brautpaare, süße Säuglinge, fröhliche Teenager, putzige Kätzchen … und den wunderbaren Cocktail von Matthias. Wir vergessen bei diesen hübschen Szenen, wie der situative Kontext aussieht, und halten die Beteiligten für besonders glücklich.

Vor diesem Hintergrund wird klar: Das Thema „Reisen und Freizeit" kommt auf den ersten Platz der Neidobjekte in Deutschland (off- und online). „Dies wird durch die vielen geposteten Urlaubsfotos begünstigt, die besonders unter deutschen Facebook-Nutzern beliebt sind", erklärt Dr. Thomas Widjaja von der TU Darmstadt [6]. Die Paradoxie dabei: Wer stark unter Neidgefühlen leidet, beginnt nun, eine „ausgeprägtere Selbstpräsentation auf Facebook" zu betreiben, die wiederum Neid bei anderen Nutzern auslöst. Diese Neidspirale dreht sich schneller und schneller … Warum nicht einfach ein Bild von New York ins Netz stellen? Mit dem Kommentar: „Bin gerade shoppen."

Es geht aber nicht nur um Neid, sondern um die allgemeine Lebens(un)zufriedenheit: Wer Facebook lediglich passiv nutzt, entwickelt Neidgefühle, die das ganze Leben vergällen. Diesen Zusammenhang haben die Forscher ebenfalls gefunden. „Angesichts der weltweiten Nutzung von Facebook und der Tatsache, dass Neid eine universelle Emotion ist, sind sehr viele Menschen von diesen Auswirkungen betroffen", erklärte Helena Wenninger von der TU Darmstadt [6].

2,1 Mrd. Menschen tummeln sich bereits bei Facebook – eine Zahl, die Dr. Michael Geisser natürlich nicht erreicht, wenn sein Unternehmen ubivent virtuelle Messen organisiert. „Lösungen für Online-Meetings gab es schon", so der Geschäftsführer, „aber nur für 20 bis 30 Mitarbeiter." Virtuelle Treffen mit mehreren Tausend Teilnehmern waren Neuland, das sich sein Unternehmen erschlossen hat. Ein Beispiel war die virtuelle Pressekonferenz, die ubivent für den Nutzfahrzeughersteller MAN organisiert hatte. Bei Public Viewings in verschiedenen Niederlassungen trafen sich Medienvertreter, um gemeinsam einen Livestream zu verfolgen. Ihn nutzte der MAN-Vorstand zu einer weltweiten

Präsentation: Teilnehmer aus über 40 Ländern konnten im Anschluss per Live-Chat Fragen stellen.

Es gibt aber auch Grenzen, die Geisser klar benennt. Geht es um gegenseitiges Lernen, Motivation oder Teambuilding, ist eine Wahrnehmung mit allen Sinnen gefragt. Keine Technologie der Welt kann menschliche Begegnungen ersetzen. Stehen jedoch Informationen im Mittelpunkt, etwa bei der Weiterbildung, leisten die Online-Formate von ubivent gute Dienste [7].

Kein Teambuilding im Internet? Das liegt an vier kommunikativen Ebenen, wie sie schon Prof. Dr. Schulz von Thun [8] beschrieben hat. Wir greifen uns zwei heraus: Der „Sachinhalt" liefert uns die Daten, der „Beziehungshinweis" signalisiert, wie diese Daten auf der Beziehungsebene zu deuten sind. Digitale Botschaften sind stark beim „Sachinhalt", reine Informationen sind schnell vermittelt. Wie steht es aber um die Beziehungsebene? Ihre Bedeutung ist nicht zu unterschätzen, zumal sie oft mehrdeutig aufgeladen ist: Tränen können für Freude oder Trauer stehen. Wer lächelt, kann Sympathie oder Abschätzigkeit zum Ausdruck bringen. Auch ein zurückhaltendes Wesen lässt sich als Desinteresse oder Schüchternheit verstehen. Der Empfänger muss diese Signale intuitiv entschlüsseln, während sich „Daten" auf der Inhaltsebene viel leichter erschließen.

Zu dieser Decodierung ist eine zentrale menschliche Fähigkeit nötig: Empathie! Die hohe Kunst, sich in andere Personen einzufühlen. Diese sieht Vittorio Gallese, Professor für Neurophysiologie an der Universität Parma, bedroht. Mit seinen Kollegen entdeckte er die Spiegelneuronen im Gehirn, die physiologische Grundlage für Empathie. Diese Neuronen geben uns die Möglichkeit, andere Menschen nachzuahmen, Mitgefühl zu entwickeln und wahrscheinlich auch das Sprechen zu lernen.

In einem Gespräch mit der *ZEIT* erklärt Prof. Gallese [9], warum er sich um unsere Fähigkeit zur Empathie Sorgen macht. Es liegt in seinen Augen am „Vordringen der virtuellen Welt": „Wir kommunizieren immer mehr über Telefon und Computer; Gemeinschaften, in denen sich Menschen leibhaftig begegnen, lösen sich zunehmend auf." Dann fährt der italienische Professor fort: „Nun wissen wir aus unseren Experimenten, dass es für das Einfühlungsvermögen keineswegs gleichgültig ist, ob Sie einen anderen Menschen nur auf einem Monitor sehen oder ihm Auge in Auge gegenüberstehen." Daher sei ein Theatererlebnis oft stärker als ein Kinobesuch. Unser Bild von Gesprächspartnern löse sich vollständig auf, wenn wir uns nur noch über E-Mail und Chat austauschen. Prof. Gallese: „Auf jeden Fall hat sich der soziale Verstand während der Evolution für direkte, nicht für virtuelle Begegnungen ausgeprägt."

Direkte Begegnungen? Sie sind geprägt durch eine vollständige Wahrnehmung des anderen Menschen. Fällt die Beziehungsebene weg, geht es uns wie Autisten, die sich nur in andere hineinzudenken versuchen – ohne emotionale Wahrnehmung. „Aber dieser Weg ist sehr viel komplizierter, und vor allem machen Sie jede Menge Fehler", sagt Prof. Gallese. „Darum suchen wir die Nähe von Menschen, die uns ohne lange Erklärungen verstehen – indem sie uns einfach nur ansehen." Am Ende des Gesprächs zitiert der Gehirnforscher Friedrich Nietzsche: „Den anderen verstehen, das heißt, sein Gefühl in uns zu erzeugen." Schaffen das zwei Menschen nicht, „scheitern selbst Ehen zwischen Partnern, die wie gemacht füreinander scheinen", so die Erfahrung von Prof. Gallese [9].

Großversuch: Sucht als Geschäftsmodell

Was nun? Facebook macht das Gehirn besoffen, um es im nächsten Moment in Depressionen zu stürzen. Beide Extreme sind nicht gesund, der digitale Suff sorgt aber für sprudelnde Profite. Außerdem liegt der Verdacht nahe, dass uns Empathie verloren geht. So läuft noch der weltweite Großversuch, Ausgang ungewiss – und wir hoppeln als Versuchskaninchen herum, mit dem Smartphone vor der Nase.

Empathieverlust? Prof. Gallese hat noch keine abschließende Antwort. Sein Gesprächspartner stellt fest: „Wir entkörperlichen die Menschen, mit denen wir Umgang pflegen." Darauf der Gehirnforscher: „Ja. Und das muss starke Auswirkungen auf unsere sozialen und geistigen Fähvigkeiten haben. Wir wissen nur noch nicht, welche."

> Im Darwinschen Sinne sind schöpferische Menschen schlecht ans Überleben in der Computerwelt angepasst. Kurz: Das Medium, in dem wir kommunizieren, ändert die Art und Weise, wie wir unsere Gedanken formen. Wir programmieren Computer, aber diese programmieren auch uns (*Clifford Stoll*).

Zahllose Texte beschäftigen sich inzwischen mit diesem Thema. Die Schlagzeilen lauten: „Surfen beugt Demenz vor" oder „Always on – Freizeit gibt es immer weniger". So taumelt die öffentliche Diskussion von einem Extrem zum anderen, auch angeheizt vom wirtschaftlichen Interesse, Informations- und Kommunikationstechnik (IKT) verkaufen zu wollen: Tablet-Klassen brauchen Hardware, Smartboards, WLAN; Lehrer und Dozenten sind zu schulen – ein Milliardenmarkt, den sich keine Industrie der Welt entgehen lässt.

In diesem Wirrwarr kommt es darauf an, wie bewusst wir mit digitalen Kommunikationskanälen umgehen. Das zeigt die Kanalreduktionstheorie. Auf den ersten Blick befürchtet sie, dass die textbasierte Internetkommunikation zu einer gefährlichen Entwicklung führt, sobald sie Face-to-Face-Kommunikation verdrängt. Es drohen: „Ent-Sinnlichung, Ent-Emotionalisierung, Ent-Kontextualisierung, Ent-Menschlichung, Ent-Räumlichung, Ent-Zeitlichung, Ent-Wirklichung", wie Matthias Petzold [10] aufzählt, der am Erziehungswissenschaftlichen Institut (Heinrich-Heine-Universität Düsseldorf) arbeitet. Die „Ent"-Zeit ist nahe …

Aber: Petzold erklärt, „dass für bestimmte Aufgaben ‚kanalreduzierte' Medien besser geeignet sind als reale Face-to-Face-Kontakte". Die Wahl eines falschen Mediums könne zu „Überkomplikation oder Übersimplifizierung" führen. Und Prof. Nicola Döring [11] dreht dieses Rad noch weiter: „Durch aktive Imagination, die durch bewusste und unbewusste Informationsfilterung und Informationsgewinnung auf Seiten des Rezipienten geprägt ist, verbindet sich mit einer Reduktion der Sinneskanäle oftmals eher eine Steigerung als eine Verarmung des Empfindens." Wenn wir den Kommunikationspartner nicht kennen, entsteht ein besonders positiver Eindruck, „der im Face-to-Face-Kontext durch dissonante Nebensächlichkeiten womöglich getrübt wäre", argumentiert die Medienpsychologin. Weitere Vorteile ergeben sich gerade aus der Anonymität des Internets: „Soziale Hemmungen, konkrete Hürden, Privilegien und Kontrollen fallen weg. Weder die imposante Gestalt noch die laute Stimme, der Altersvorsprung oder die elegante Kleidung schaffen einen Kommunikationsvorteil", so Petzold.

„Soziale Hemmungen"? Es wäre schön, wenn sie einer authentischen Kommunikation weniger im Weg stehen würden. Doch heute beherrscht eine Hate-Speech-Debatte die Medien; die Anonymität des Netzes bewirkt eine Enthemmung ganz anderer Art: Übelste Beschimpfungen und Beleidigungen lösen selbst vor Gericht nur ein Achselzucken aus, wie 2019 eine seltsame Entscheidung gezeigt hat: „Das Fehlurteil des Landgerichts Berlin, das etwa in der Herabwürdigung der Abgeordneten Renate Künast als ‚Drecksfotze' keine strafbare Beleidung sehen wollte, kündet von einer fragwürdigen Auffassung von Liberalität", kommentierte Matthias Koch [12] in der *Frankfurter Rundschau*. Geistlose Verrohung, wohin der Blick im Netz schweift – und die Bezeichnung „*soziales* Netzwerk" ist längst zu einem leeren Versprechen geworden.

Daher sollten wir immer intensiver über die unterschiedlichen Kanäle unserer Kommunikation nachdenken. Wir scheitern ja im Alltag bereits mit der Aussage „Der Mülleimer ist voll!", weil wir die sachliche, emotionale und appellative Seite des Satzes nicht im Griff haben. „Bring ihn doch selbst runter, du fauler Kerl", lautet oft die ärgerliche Antwort. Das Internet treibt solche Situationen auf die Spitze. Wir haben die Wahl, unser Bewusstsein zu schärfen oder blind in Fallen zu stolpern.

Hinzu kommt: Wir erleben im täglichen Leben einen Trend, der Gefahren birgt. Immer mehr Menschen ersetzen eine direkte Face-to-Face-Kommunikation durch digitale Instrumente, etwa Chats oder SMS. Warum zum Telefon greifen, wenn ich eine E-Mail schreiben kann? Warum sich treffen, wenn ein Chat viel moderner ist? Bleiben diese Technologien Hilfsmittel, um das reale Leben zu gestalten – in Ordnung! Kritisch wird es, wenn eine digitale Bequemlichkeit um sich greift, die virtuelle Kontakte als vollwertigen Ersatz echter Begegnungen vorgaukelt. So zählen wir die Likes, die unserem Selbstwertgefühl schmeicheln – und uns süchtig nach dieser Form digitaler Anerkennung machen.

Es ist eine echte Sucht, die auf einer Veränderung des Gehirnstoffwechsels beruht, genau wie Alkohol- oder Heroinsucht. Daher meidet Jaron Lanier den Begriff „Werbung" im Zusammenhang mit „Social Media" und nennt diese Techniken der Manipulation „Verhaltensmodifikation". Fatal ist dabei: Unser seelisches Konto für reale Wertschätzung bleibt leer, weil bei der Kommunikation über Maschinen die Seele fehlt. Gott sei Dank! Denn das ist (noch) der entscheidende Unterschied zwischen Menschen und Computer! Der Vorteil für die (a) sozialen Netzwerke: Sie bieten uns weitere Surrogate an, die niemals Zufriedenheit bringen – und wir müssen noch mehr Zeit in die Netzwerke investieren, um uns temporär Ruhe zu verschaffen. Bis zum nächsten Schuss ... Sorry, natürlich bis zum nächsten Like!

Praktische Tipps für die digitale Welt

• Überlegen Sie, wie sich E-Mail, Chat, WhatsApp und soziale Netzwerke am besten einsetzen lassen. Bei einem Anliegen an einen Bekannten stellt sich die Frage: Rufen Sie an? Schreiben Sie eine E-Mail? Tippen Sie eine SMS? Oder warten Sie auf eine Gelegenheit, mit ihm persönlich zu sprechen?
• Geben Sie Ihrer Kommunikation mehr Sinn: Was wollen Sie erreichen? Eine Beziehung aufbauen? Fachinformationen austauschen? Beleidigen? Ermutigen? Motivieren?
• Löschen Sie unangebrachte Kommentare aus Ihrer Timeline bei Facebook (beleidigende, werbliche, sexistische oder doppeldeutige Inhalte). Blockieren Sie Kontakte, von denen Sie werbliche Infos erhalten.
• Bleiben Sie immer fair, wenn Sie Beiträge Ihrer „Freunde" kommentieren.

- Ignorieren Sie Freundschaftsanfragen, wenn Sie sich mit der betreffenden Person weder offline noch online austauschen wollen. Sie sollten Freunde nicht wie Schmetterlinge für den Schaukasten sammeln.

- Kommunizieren Sie maximal dreimal pro Woche in sozialen Netzwerken, damit Sie Ihre „Freunde" nicht mit Infomüll überfluten – es sei denn, Sie selbst leiden unter einem Aufmerksamkeitssyndrom.

- Legen Sie bei einem persönlichen Treffen Ihr Handy nicht auf den Tisch, sondern verstauen Sie es ausgeschaltet in der Tasche. Das ist eine Frage der Höflichkeit. Es gibt Menschen, die sich beleidigt fühlen.

- Absolutes No-Go: Beenden Sie keine Beziehung mit einer digitalen Textbotschaft. Das müssen Sie schon Auge in Auge mit dem Partner schaffen!

Übung macht den Loser

Wie du deine „Freunde" systematisch verjagst Du willst dich systematisch unbeliebt machen bei all deinen Facebook-Freunden? Kein Problem. Bilder von Sonne, Strand und Meer sind ab jetzt tabu. Dein wahres Leben hält Einzug bei Facebook. Mach einen Schnappschuss von Türstehern, die dich aus einer Disco rauswerfen. Dokumentiere erfolglose Diäten, und zwar mit Aufnahmen deiner Waage, die bis zum Limit ausschlägt. Ändere dein Profilfoto! Besonders geeignet sind Bilder nach einer durchzechten Nacht – du und eine Flasche *Gorbatschow,* innig vereint. Stelle jeden Tag deine Wurstsemmel ins Netz, die du mittags vertilgst.

Du kannst aber noch viel mehr unternehmen: Lass die Sau raus und sag allen deine Meinung! Besonders Leuten, bei denen du es im realen Leben nie wagen würdest. Das ist wahre Freiheit! Ein paar geeignete Textbausteine lassen sich nach Bedarf variieren: „Tinnitus im Auge! Ich seh nur Pfeifen!" oder „Was du hier ablässt, ist für die Grotte". Ebenfalls beliebt: „Als guter Mensch bin ich auch nett zu Vollidioten wie dir." Das Gute bei dieser Strategie: An der sinkenden Zahl deiner Freunde kannst du genau messen, wie erfolgreich du bist.

Literatur

1. Bauer J (2006) Prinzip Menschlichkeit – Warum wir von Natur aus kooperieren. Hoffmann & Campe, Hamburg
2. Leipner I (2013a) Warum uns Kooperation zufrieden macht. fr-online.de. https://www.fr.de/ratgeber/karriere/wieso-kooperation-zufrieden-macht-11280240.html. Zugegriffen: 15. Jan. 2020
3. Meshi D (2013) Studie: Intensität der Nutzung sozialer Netzwerke wie Facebook kann durch Aktivität im Belohnungssystem des Gehirns vorausgesagt werden. https://www.fu-berlin.de/presse/informationen/fup/2013/fup_13_243/. Zugegriffen: 11. Dez. 2019
4. Parker S (2019) zitiert nach Lanier J (2019) Zehn Gründe, warum du deine Social Media Accounts sofort löschen musst. Hoffmann und Campe, Hamburg, S 15
5. Palihapitiya C (2019) zitiert nach Lanier J (2019) Zehn Gründe, warum du deine Social Media Accounts sofort löschen musst. Hoffmann und Campe, Hamburg, S 16
6. Buxmann P (2013) Facebook-Nutzung macht neidisch und unzufrieden. https://www.hu-berlin.de/pr/pressemitteilungen/pm1301/pm_130121_00. Zugegriffen: 11. Dez. 2019
7. Leipner I (2013b) Virtuelle Messen mit 5000 Besuchern. econo 06:13
8. Schulz von Thun Institut für Kommunikation (o. J.) das Kommunikationsquadrat. https://www.schulz-von-thun.de/die-modelle/das-kommunikationsquadrat. Zugegriffen: 23. Febr. 2020
9. Klein S (2009) Die Entdeckung des Mitgefühls. https://www.zeit.de/2008/21/Klein-Mitgef-hl-21/seite-1. Zugegriffen: 11. Dez. 2019
10. Petzold M (2002) Psychologische Aspekte der Online-Kommunikation. https://www.petzold.homepage.t-online.de/pub/onlinemanuskript.htm. Zugegriffen: 11. Dez. 2019

11. Döring N (2002) Sozialpsychologie des Internet, 2. Aufl. Hogrefe, Göttingen
12. Koch M (2020) Bedrohte Politiker. Frankfurter Rundschau Nr. 15, 18./19. Januar, S 13

6

Shopping-Himmel

Virtuelle Bequemlichkeit – oder wie wir vom Sofa aus den Konsum anheizen

© Springer-Verlag GmbH Deutschland, ein Teil von Springer Nature 2020
G. Lembke und I. Leipner, *Zum Frühstück gibt's Apps*,
https://doi.org/10.1007/978-3-662-61800-4_6

Kaum ist der Beifall verklungen, stakst schon das nächste Model über den Laufsteg. Pfennigabsätze, rosa Rock und Handtasche – dazu eine Sonnenbrille mit Gläsern so groß wie Kanaldeckel. Doch Sandra sieht viel mehr: Begeistert streckt sie ihr Tablet dem rosa Märchenwesen entgegen; mit der Kamera scannt sie die Frau von Kopf bis Fuß. „Der Rock kostet nur 68,50 EUR", flüstert sie Sabine zu, die neben ihr sitzt. „Die Tasche kommt von Gaucho, ein echtes Schnäppchen für 35,00 EUR. Und die stylische Brille ist der Bringer, sie ist bei Feldmann im Angebot – für nur 42,50 EUR!" Sabine wundert sich: „Woher weißt du das so schnell?" „Kein Problem mit meiner neuen App, die ich beim Frühstück runtergeladen habe", erklärt Sandra, „hier kommt schon der passende Link, super, die Tasche gehört mir!"

Nur wenige Klicks trennten Sandra vom Konsumentenglück – jetzt ist die Online-Bestellung bei Gaucho auf dem Weg. Augmented Reality machts möglich, eine neue Dimension des Online-Shoppings. Das englische Wort *augmented* bedeutet „erweitert", was Sandra ihrer Freundin erklärt: „Mit der Kamera erkennt mein Tablet, welche Tasche dem Model über der Schulter hängt. Dann bekomme ich sofort Preis und Marke eingeblendet." Und den Link zum Kaufen … So erweitert sich Sandras Realität, ihre spezielle Mode-App versorgt sie mit Informationen, die genau zur Situation passen. Bald wird sie auch in der Lage sein, die Unterwäsche zu scannen, inklusive der Herstellernamen und Preise.

„Das gibt es inzwischen zum Wandern, wo Name und Höhe von Bergen genannt werden, oder für den Sternenhimmel", erzählt Sandra in der Pause, bei einem real sprudelnden Sekt. „Es geht aber auch umgekehrt: Wir könnten mit einer anderen App prüfen, ob ein Möbelstück in unsere Wohnung passt." Dann nimmt die Kamera das Wohnzimmer auf, und die gewünschte Couch wird virtuell eingeblendet, mit den richtigen Maßen, drei-dimensional drehbar im Raum. Schöne neue Einkaufs-welt, in der sich die Tore zum „Outernet" öffnen!

Augmented Reality

Tausende Anwendungen sind denkbar. Chirurgen erhalten einen „Röntgenblick", um bei Operationen „tiefer" in den Patienten zu schauen. Grundlage sind Bilder einer Kernspintomografie, die vorher gespeichert wurden. Und: Soldaten erkennen verborgene Gefahren auf dem Schlachtfeld. Denn das Militär war schon immer an dieser Technologie interessiert, etwa für Kampfpiloten, die mit Head-up-Displays über den Himmel rasten. Aber auch Automechaniker „sehen", wie ein besonderes Bauteil im Motor heißt. Oder Architekten planen Gebäude, alles mit der Hilfe von Augmented Reality.

Das Kunstwort beschreibt, wie sich das Internet als zweite Haut über unsere Umwelt legt – mit allen interaktiven Möglichkeiten, um Links und Suchmaschinen zu nutzen oder sich personalisierte Inhalte anzeigen zu lassen [1]. Die Konsequenzen gehen weit über Anwendungen hinaus, wie sie Sandra bei der Modeschau nutzt. Was alles auf uns wartet, ist in Kap. 14 zu erfahren. Dabei kommt es zu einer paradoxen Wahrnehmung: Niemand macht sich Gedanken darüber, was mit den persönlichen Nutzer-daten geschieht, wenn solche Dienste kostenfrei genutzt werden. Denn: Wir bezahlen immer mit unseren Daten! Sie fließen unbemerkt ab – und werden zum eigentlichen Kapital der Digitalunternehmen. Gleichzeitig gruseln sich viele Menschen vor einer umfassenden Digitalisierung des Lebens, wie sie gerade im Überwachungsstaat China statt-findet. Aber durch die kapitalistische Variante fühlen sie sich nicht bedroht. Der Grund: Shopping ist soooooooo bequem im Internet … das wirkt wie ein Betäubungsmittel, um kritische Gedanken abzustellen.

Vor diesem Hintergrund formuliert Prof. Ralf Lankau [2] eine klare Alternative: „Deutschland und Europa haben die Wahl. Sie können demokratische und soziale Gesellschaften bleiben oder sich den Bedingungen der Datenökonomie unterordnen." Seiner Ansicht nach stehen zwei Systeme zu Auswahl:

- Der US-amerikanische, digitale Überwachungskapitalismus (Silicon Valley): Er steuert die Nutzer mit Techniken aus der Werbepsychologie („persuasive technologies"), um die Umsätze der großen Digitalkonzerne wie Apple oder Google grenzenlos zu steigern (Kap. 5). Diese Datenökonomie nennt Lankau „neoliberal, marktradikal und a-sozial". Die Konsumenten würden vor ihren Bildschirmen und Displays sozial isoliert. „Das Ziel ist die Maximierung der Nutzerzeiten, in der Werbung geschaltet und verkauft werden kann." Augmented Reality wäre dann ein weiterer Baustein, Menschen an Bildschirme zu fesseln.

- Das staatstotalitäre Überwachungsnetz (China): „Alle Bürger", so Lankau, „werden komplett überwacht, der Staat hat Zugriff auf alle privaten Geräte und hat ein Sozialpunktesystem (‚citizen scoring') eingeführt." Erwünschtes Verhalten werde belohnt, unerwünschtes Handeln sanktioniert. Der jeweilige Punktestand entscheidet, wer eine besser oder schlechter bezahlte Arbeit erhält. Nach diesem Kriterium werden auch „gute, schlechte oder gar keine Schul- und Studienplätze für die Kinder" vergeben. Sogar die Qualität der Betreuung durch Ärzte richtet sich nach dem „citizen scoring".

Lankau [2] weiter: „Da sowohl der neoliberale und markt-radikale Valley-Kapitalismus wie der chinesische Staats-totalitarismus keine Option sind, müssen Deutschland und Europa einen dritten Weg gehen." Dieser Weg sollte nicht allein zu „zusätzlichen Datenschutzverordnungen und vermeintlichen Sicherungsoptionen" führen, sondern die „Datensammelwut generell in Frage stellen. „Daten-reduktion und -minimierung muss das Ziel sein, nicht Datenmaximierung."

Ob sich Sandra mit ihrer Handy-Begeisterung solche Gedanken macht? Die Modenschau ist vorbei, sie ist jetzt weiter mit ihrer Freundin unterwegs, ein Bummel durch die Innenstadt. Heute trafen sie sich nicht im Restaurant *Casa di Amore,* ihr Weg führte direkt in die glitzernde Welt der Modeindustrie. Für Sandra ist Umberto längst Geschichte, auch drei weitere Dates brachten immer noch nicht das große Glück. Der Pilot entpuppte sich als Gleitschirmflieger, der zweite Kandidat hatte den Porsche nur geliehen, und der dritte schwärmte für Zier-fische als Hobby. Bei solchen Unsicherheiten kann es die bessere Glücksstrategie sein, die Zahl der Stöckelschuhe zu erhöhen …

Denn den Geldbeutel hat „frau" selbst in der Hand, was Sabine gleich im Schuhgeschäft beweist: „Fühl mal dieses weiche Leder", sagt sie zu ihrer Freundin, „diese Stiefel gefallen mir." Dazu erklärt die kundige Ver-käuferin: Der Hersteller bezieht sein Leder nur bei kleinen Familienbetrieben aus Italien, entscheidend sei die Methode, wie die rohen Tierhäute gegerbt werden. „Wer Chrom verwendet", sagt sie, „produziert giftige Abwässer." Wer aber Baumrinden zum Gerben einsetzt, erreiche eine höhere Qualität und belaste weder Mensch noch Umwelt.

„Hast du das gewusst?", fragt Sabine. „Nö, aber mit diesen Stiefeln kannst du auch nicht die Welt retten", antwortet Sandra, die schon wieder ihr Tablet in die Luft hält. „Diesen Song kenne ich", ruft sie laut, „wie heißt nur die Band?" Im Schuhgeschäft läuft Popmusik im Hintergrund, die Sandra mit einer weiteren Frühstücks-App identifiziert: „Das ist *Castle of Glass* von Linkin Park", freut sie sich über die Entdeckung, „den Song habe ich vor ein paar Tagen schon im Autoradio gehört." Ihr Musik-Tool erkennt nicht nur das Lied, Sandra könnte gleich auf YouTube das passende Video anschauen. „Du kannst auch selbst reinsingen, dann erkennt die App sogar deinen falschen Gesang", erklärt sie ihrer Freundin, die nur mit halbem Ohr zuhört.

Die Stiefel passen, der Preis stimmt, und an der Kasse plaudert Sabine noch etwas mit der Verkäuferin. Beide amüsieren sich über Sandra, die mit ihrem Smartphone mitten im Geschäft steht – und leise *Castle of Glass* summt. „Ob sie auch eine App hat, um die Schnürsenkel im Laden zu zählen?", überlegt Sabine, die Sandras Begeisterung für digitale Gadgets nicht immer teilt.

Sabine spart sich die Ironie, denn ihre Freundin eilt schon aus dem Laden. „Das dauert alles viel zu lange, im Online-Shop geht das viel schneller", beklagt sie sich, „drei Klicks, zu Hause, bequem auf dem Sofa." Sie sieht das pragmatisch, genauso wie bei den Dating-Portalen, auf denen sie das große Glück sucht. Damit zählt Sandra zu den klassischen Online-Käufern. „Wer abends lang im Büro sitzt, will nicht noch in die Stadt hetzen. Und am Samstag, wenn alle Zeit haben und die Geschäfte voll sind, erst recht nicht", beschreibt Christin Schmidt [3] diesen Konsumententyp, im Gespräch mit der *Augsburger Allgemeinen*. Sie ist Sprecherin des Bundesverbands des Deutschen Versandhandels (bvh), der sich seine Kunden folgendermaßen vorstellt: Ihr Alter liegt zwischen Mitte 20 und Ende 30, sie nutzen regelmäßig das Internet und haben lange Arbeitstage mit wenig Freizeit. Bücher, CDs, DVDs und elektronische Güter sind im Netz besonders begehrt – häufiger aber Kleidung, Schuhe und Textilien. „Definitiv ein Frauensegment", sagt Schmidt [3].

Auf diese Weise kaufen immer mehr Konsumenten in Deutschland ein: 1999 lag der Online-Handel lediglich bei 1,1 Mrd. EUR, bis 2017 explodierten die Umsätze auf 48,9 Mrd. EUR, was bereits 13,2 % des gesamten Umsatzes im Einzelhandel entspricht. 2018 waren es schon 53,3 Mrd. EUR – und für 2019 liegt die Schätzung des Handelsverbands Deutschland (HDE) bei 57,8 Mrd. EUR. Gewaltige Zuwachsraten [4].

Die zwei Freundinnen schlendern weiter, immer die Fußgängerzone entlang. Da sticht Sabine ein Plakat von Media Markt ins Auge: „Liebes Internet: Wenn du unsere Preise schon kopierst, kopier' die 14.694 Mitarbeiter gleich mit." Ein realer und ironischer Aufschrei gegen die digitale Konkurrenz! Sabine versteht das, weil sie die persönliche Beratung im Fachgeschäft zu schätzen weiß – wie bei ihrem Stiefelkauf. Sie will die Ware anfassen, den Stoff knistern lassen und die gekauften Dinge gleich einpacken. Das ist für sie ein echtes Shopping-Erlebnis. Ganz anders sieht das Sandra und macht sich über das „Einkaufen 1.0" lustig: „Der Media Markt soll sich nicht so anstellen, ich brauche keinen einzigen Verkäufer." „Und die Beratung, das Anprobieren?", fragt Sabine. „Kein Problem, ich bestelle immer mehrere Größen im Internet. Was nicht passt, wird kostenlos zurückgeschickt", gibt Sandra zurück. „Waren deine Stiefel nicht zu teuer? Da hätte ich erst einmal im Internet geschaut, ob es sie nicht billiger gibt."

Das nennen Einzelhändler Beratungsklau, für den es ebenfalls spezielle Apps gibt. Scheinbar interessierte Kunden studieren das Angebot in einem Geschäft. Sie scannen dann den Barcode bestimmter Produkte – die Kamera des Smartphones machts möglich. Und schon spuckt die App günstigere Angebote im Netz aus … Der Einzelhändler hat keinen Umsatz, dafür Personal- und Raumkosten!

Beratungsklau?

Alles halb so wild – zu diesem Ergebnis kommt die Untersuchung „Dem Kunden auf der Spur". Die Unternehmensberatung Roland Berger hat diese Studie für den Hamburger Shopping-Center-Betreiber ECE erstellt. Der „Schaufenstereffekt" falle weit kleiner aus als angenommen. Auf diesem Weg machen Online-Händler einen Umsatz von 6 Mrd. EUR; umgekehrt sind es 68 Mrd. EUR Umsatz, wenn die Kunden erst im Netz recherchieren – und dann ins Geschäft gehen, um zu kaufen. Das nennt man den ROPO-Effekt: ROPO kommt von „Research Online, Purchase Offline", d. h. „online recherchieren, offline kaufen". Dabei liegt der Preis als Kaufkriterium online auf Platz 3 und offline auf Platz 8.

Sandra und Sabine kommen zu einem Musikgeschäft, im Schaufenster hängen CDs, die im Scheinwerferlicht blitzen – und daneben liegt eine alte Platte der Rolling Stones: *Let it bleed,* ein Album von 1969. Eine grellbunte Sahnetorte ziert das Cover, Jagger und Kollegen spielen als Hochzeitskapelle auf, alle Musiker sind kleine Plastikfiguren. Sandra summt wieder den Song aus dem Schuhgeschäft – und zückt ihr Smartphone: „Bevor ich da eine teure CD kaufe, hole ich mir *Castle of Glass* lieber aus dem Internet, für 1,29 Cent als einzelnen Titel", erklärt sie ihrer Freundin, die von der Sahnetorte fasziniert ist. „So ein tolles Cover bekommst du aber nicht", wendet sie ein. „Ja, klar! Aber ich will ja nur die Musik hören", antwortet Sandra – und lädt sich ihren Song im Apple iTunes Store herunter. „Bald steige ich auf einen Streaming-Dienst um. Das ist billiger und bedeutet viel mehr Auswahl!", erklärt sie der Freundin. Und schon verschwindet ihr Smartphone für wenige Sekunden in der Handtasche …

Was für Sandra selbstverständlich ist, war 1999 eine Revolution. Wieder war es ein Student, der wie Facebook-Gründer Zuckerberg die Welt auf den Kopf stellte: Shawn Fanning. Er studierte an der Northeastern University (Boston) Informatik und entwickelte ein Peer-to-Peer-Konzept: Menschen sollten schnell und einfach Musik tauschen können. Fannig schrieb eine Software, die das Filesharing von Computer zu Computer ermöglichte, natürlich über das Internet. Im Zentrum stand die legendäre Plattform Napster, über die Musik im MP3-Format rund um die Welt reiste. Die geniale Idee dabei: War die Napster-Software auf einem Rechner installiert, suchte sie nach MP3-Dateien. Ihre Ergebnisse teilte sie der zentralen Server-Farm des Unternehmens mit, wo auch alle Anfragen und Angebote anderer Nutzer registriert wurden. Auf dieser Grundlage konnten die beteiligten Rechner direkt in Kontakt treten – und der Austausch der Dateien wurde zum Kinderspiel.

„Napster war für seine Nutzer zu einer unerschöpflichen Jukebox geworden", schreibt Janko Röttgers [5] in seinem Buch *Mix, Burn & R.I.P – das Ende der Musikindustrie.* „Nicht wenige beschrieben ihren ersten Kontakt mit der Tauschbörse wie einen Rausch. Stundenlang wurde alles runtergeladen, was einem gerade einfiel. Megabyte über Megabyte wanderten auf die heimische Festplatte." Kurze Zeit wurde Napster zu der Internet-Community, die das schnellste Wachstum im Netz verzeichnete. Die attraktiven, aber kostenlosen Inhalte waren unschlagbar: 2001 gab es weltweit ca. 80 Mio. Nutzer, und das Tauschvolumen stieg auf rund 2 Mrd. Musikdateien. Kein Wunder, dass die Musikindustrie Napster mit Klagen überzog, weil die Verstöße gegen das Urheberrecht offensichtlich waren. Auch Bands wie Metallica verlangten, ihre Titel in der Tauschbörse sperren zu lassen. Der Druck wurde immer größer, verschiedene Versuche mit Filtertechnik waren nicht erfolgreich – und Napster musste im Mai 2002 Konkurs anmelden, trotz einer millionenschweren Unterstützung durch Bertelsmann.

Die Revolution hatte ihre Kinder gefressen, allerdings blieb in der Musikindustrie seit Napster kein Stein auf dem anderen. „Shawn hat eine disruptive Technologie entwickelt", erklärt der Start-up-Berater Sven von Loh. „Damit hat er Branchenregeln gebrochen, Marktführer verdrängt und bisherige Angebote völlig infrage gestellt." Wer als neues Unternehmen diesen Weg geht, erschließt sich gewaltige Wachstumspotenziale, so wie es ebenfalls Amazon gelungen ist. Ähnlich disruptiv war die Erfindung der Digitalkamera.

Beispiel

Wer auf ganz Europa blickt, stellt fest: Der Umsatz des E-Commerce lag im Endkundengeschäft 2018 bei 315 Mrd. EUR. Für 2023 wird laut Statista Digital Market Outlook ein Umsatz von 479 Mrd. EUR prognostiziert. Das sind rund 9 % mehr – Wachstumszahlen, von denen die Old Economy nur träumen kann.

Wo Neues erblüht, geht Altes zugrunde – das zeigen auch die Zahlen der Musikindustrie [6] in Deutschland. Im ersten Halbjahr 2019 lagen die Umsätze bei mehr als 783 Mio. EUR, sie waren gegenüber dem Vorjahr um 7,9 % gestiegen. Während der Umsatzanteil von physischen Tonträgern bei 34 % lag, kamen schon zwei Drittel der Umsätze aus dem digitalen Segment (66 %). Der Umsatzanteil von Vinylalben betrug erstaunliche 4,4 %, beigesteuert von sogenannten „Retrokäufern", die sich wieder für „echte" Schallplatten interessieren.

Der schwedische Streaming-Anbieter Spotify verzeichnete im ersten Quartal 2019 rund 100 Mio. Nutzer, die aktiv waren und monatlich ein Musikabo bezahlten. Ein Marktanteil von 36 % – weltweit. Und: Die Konkurrenz bleibt nicht stumm; der Streaming-Dienst Apple Music kam auf einen globalen Marktanteil von 19 %.

Entscheidend ist: Das wachsende Geschäft mit digitaler Musik hat besonders ab 2000 dafür gesorgt, dass die Verkaufszahlen von CDs, DVDs oder Vinylprodukten ins Trudeln kamen. Doch seit einigen Jahren wächst ihr Absatz wieder. Es gibt mehr „Retrokäufer" bunter Scheiben, weil viele Menschen wieder physische Produkte in ihren Händen halten wollen. Sie verbinden mit dem Kaufpreis einen greifbaren Gegenwert. Prognosen für rein digitale Musikprodukte zeigen: Streamingdienste drohen beim Wachstum zu stagnieren.

Trotz Retrotrends gilt: Technologien entwickeln sich immer rasanter, und Kunden ändern ihr Verhalten schneller, als sich Unternehmen darauf einstellen können. Es ist kein Wunder, dass die Wirtschaft Angst um ihre bestehende Geschäftsmodelle hat. Sie kämpfen darum, ihren Weg in der digitalen Transformation zu finden.

Diesen Gedanken hatte bereits der Ökonom Joseph Schumpeter (1883–1950). Er schrieb 1946 in seinem Buch *Capitalism, Socialism and Democracy* [7], dass der Kapitalismus durch einen Prozess gekennzeichnet sei, „der unaufhörlich die Wirtschaftsstruktur von innen heraus revolutioniert, unaufhörlich die alte Struktur zerstört und unaufhörlich eine neue schafft. Dieser Prozess der ‚schöpferischen Zerstörung' ist das für den Kapitalismus wesentliche Faktum." Schumpeters klarer Schluss: „Darin besteht der Kapitalismus und darin muss auch jedes kapitalistische Gebilde leben".

Seine Formulierung der „schöpferischen Zerstörung" ist berühmt geworden. Gerade in der digitalen Welt laufen Innovationsprozesse immer schneller ab, und vorher erfolgreiche Unternehmen taumeln in den Abgrund, wenn sie den Anschluss verpassen. Diese Idee kennt viele Vorläufer in der Geistesgeschichte, unter anderem Friedrich Nietzsche [8], der in *Also sprach Zarathustra* schreibt: „Und wer ein Schöpfer sein muss im Guten und Bösen: wahrlich, der muss ein Vernichter erst sein und Werte zerbrechen." Eine martialische Weltanschauung, die bis heute das wirtschaftliche Denken prägt. Der Haken: Scheitert ein „kapitalistisches Gebilde", geht kein abstrakter Begriff unter, sondern Tausende Menschen werden mitgerissen.

Rasante digitale Revolution

Der Begriff der „schöpferischen Zerstörung" ist bereits fragwürdig. Er suggeriert, dass schöpferisches Handeln und Zerstören zwei Seiten derselben Medaille sind, genau wie es in den neuen Einkaufswelten der Fall ist. Solche Wellen gibt es ständig: Das Auto wirft die Pferdekutsche aus der Bahn, der Supermarkt verdrängt Tante-Emma-Läden, der Fotosatz macht den klassischen Bleisatz überflüssig, die CD ersetzt Vinylplatten – und kurze Zeit später konkurriert sie mit Downloads oder Streaming im Internet. Aber: Diese Innovationszyklen werden in der Online-Welt immer kürzer, die Umstürze vollziehen sich zudem mit steigendem Tempo.

Erinnert sich heute noch jemand an den Hype um Second Life? Oder den Run auf Tamagotchis, die virtuellen Küken aus Japan? Dafür muss heute jeder Jugendliche WhatsApp auf dem Smartphone haben – in fünf Jahren kräht kein Hahn mehr danach. So zeigt sich in der Wirtschaft ein besonderes Phänomen: Was früher Jahrzehnte dauerte, geschieht heute in wenigen Jahren. „Schöpferische Zerstörung" prägt die digitale Welt, sie hat eine Dimension erreicht, die viele Revolutionen der Vergangenheit in den Schatten stellt.

Die Folge: ein moderner Sozialdarwinismus, den Paul Verhaeghe [9] ins Visier nimmt. Der Psychoanalytiker beschreibt in seinem Buch *Und ich?*, wie große Konzerne die 20/70/10-Regel anwenden: 20 % der Mitarbeiter gelten als hochmotiviert, 70 % halten den Betrieb am Laufen, und 10 % sind jährlich zu feuern, weil sie nicht die erwartete Leistung bringen – egal, ob das Unternehmen Gewinne oder Verluste einfährt. Verhaeghes Erklärung: „Ziel des Sozialdarwinismus wie der neoliberalen Meritokratie ist das Überleben der bestangepassten Individuen (survival of the fittest), wobei den Besten der Vorrang gebührt und die Übrigen aussortiert werden." Denn beim gegenwärtigen Innovationstempo kommen viele Menschen unter die Räder, es droht eine Zweiklassengesellschaft. Die einen surfen auf der digitalen

Welle, die anderen fallen schnell vom Brett. Sie schaffen es nicht, sich rechtzeitig anzupassen.

In den neuen Einkaufswelten zeigt sich auch eine deutliche Ambivalenz: auf der einen Seite reales Leben, auf der anderen Seite virtuelle Bequemlichkeit. Wenn Sabine das Leder der Stiefel befühlt, mit der Verkäuferin plaudert und mehr über Gerbtechniken erfährt, steht sie mitten im Leben. Es findet Begegnung statt, ein echter Austausch zwischen Menschen. Es kommt in solchen Situationen darauf an, die Kommunikation anderer Menschen auf einer Sach- und Beziehungsebene zu entschlüsseln (Kap. 5). Ganz anders bei Sandra, die zu Hause auf dem Sofa sitzt und sich durch das endlose Angebot der Online-Shops klickt. Da entsteht nur Schmalspurkommunikation!

Sicher, wer einen stressigen Job hat, nutzt gerne die Gelegenheit, seine Einkäufe im Internet zu erledigen. Und bei der Arbeit gibt es genug komplizierte Kommunikation, die entschlüsselt werden will.

> Wenn die Menschen jemals freiwerden, das heißt dem Zwang entrinnen sollen, die Industrie durch pathologisch übersteigerten Konsum auf Touren zu halten, dann ist eine radikale Änderung des Wirtschaftssystems vonnöten; dann müssen wir der gegenwärtigen Situation ein Ende machen, in der eine gesunde Wirtschaft nur um den Preis kranker Menschen möglich ist. Unsere Aufgabe ist es, eine gesunde Wirtschaft für gesunde Menschen zu schaffen [10]. (Erich Fromm, Haben oder Sein)

Aber geht nicht ein Stück Welterfahrung verloren, wenn wir in virtuelle Räume flüchten? Etwa beim Flirt auf Dating-Portalen, beim Chat auf Facebook oder dem Einkauf per Mausklick? Wir sind Kinder einer Zeit, die hohe Anforderungen an unser Bewusstsein stellt. Dazu ist es notwendig, solche Widersprüche überhaupt wahrzunehmen und nicht blind auf jedes Versprechen der Werbung hereinzufallen. Innerer Widerstand ist gefragt, weil uns die digitale Industrie geschickt in ein Ökosystem des Konsums lockt, das tiefste menschliche Bedürfnisse zu befriedigen scheint. Das mag vorgeblich auf einer materiellen Ebene gelingen, aber wie sieht es mit seelischen Bedürfnissen aus? Konsumgüter bringen der Seele nur kurzfristig „Frieden". Langfristig entsteht emotional eine Leere, die danach schreit, durch weiteren Konsum ausgefüllt zu werden.

Wir sollten zwar nicht den Wunsch haben, das Rad zurückzudrehen oder Maschinen zu stürmen. Doch eine gesunde Distanz zu digitalen Spielzeugen hilft, sie maßvoll einzusetzen, um unsere wirkliche Welt lebenswert zu gestalten. Die „beste aller Welten" gaukelt uns nur das Marketing der IT-Riesen vor – aber existiert nicht die schönste Welt vor unserer Haustür? Wenn wir mit unseren Kindern Baumhäuser bauen, Bäche stauen oder Fußball spielen?

Praktische Tipps für die digitale Welt

- Denken Sie über Ihr Einkaufsverhalten nach. Erhöht der spontane Einkauf am Bildschirm wirklich Ihr Wohlbefinden? Werden Sie auf diese Weise glücklicher?
- Stärken Sie die regionale Wertschöpfung, indem Sie Waren vor Ort kaufen. Das bietet sich gerade bei Büchern an (Buchhandlung statt Amazon) – und machen Sie zusätzlich einen kleinen Ausflug in Ihre Gemeinde, inklusive Cappuccino im Café.
- Verringern Sie Ihre persönliche Wegwerfquote und lassen Sie mehr Dinge reparieren. Damit bekommen

Waren und Güter einen höheren Wert. Es macht Sie zudem zufriedener!

- Trainieren Sie Ihre Selbstkontrolle: Schalten Sie die 1-Click-Funktion bei Amazon und den anderen Online-Shops aus. Wer die Ware erst in den virtuellen Warenkorb legt, kann beim Einkauf ein paar Minuten länger nachdenken.
- Schauen Sie niemals auf die Empfehlung „Wer das gekauft hat, hat auch das gekauft". Damit werden Bedürfnisse geschaffen, die Sie gar nicht befriedigen möchten.
- Passen Sie bei sogenannten In-Apps auf. Das sind häufig kostenfreie Apps, die ab einer bestimmten Leistung kostenpflichtig werden (z. B. Navigations-Apps).

Übung macht den Loser

Wie du mit No-End-Shopping in den Himmel kommst
Du willst dir beim Online-Einkauf die Kante geben? Starte die Amazon-App und betrete das Konsumentenparadies auf Erden. Sonderangebote über Sonderangebote: Power-Wischmopsets, Sandwichtoaster, ein Duschradio als gelbe Quietscheente, Discokugeln für die Badewanne, mitzählende Flaschenöffner … Sofort entdeckst du, was für ein gelungenes Leben noch fehlt. Zu wenig Auswahl? 63.347 Damenschuhe warten bei Zalando auf dich! Auf dem Dachboden und im Keller gibt es genug Platz. Wichtig: Bestelle immer, ohne an Geld zu denken, sonst trübt das die Shopping-Seligkeit. Schaue die nächsten Wochen nicht auf den Kontostand. Das stiftet nur Verwirrung und lenkt vom eigentlichen Lebenssinn ab: shoppen, shoppen, shoppen. Wiederhole diese Übung mindestens alle zwei Tage, denn so klingelt täglich der himmlische Paketbote an der Tür. Er wird bald dein bester und einziger Freund sein, drückt er dir doch alle Pakete in die Hand, die aus dem Online-Himmel kommen. Das garantiert jeden Tag ein wahres Glücksgefühl, wenn du das Paket in Empfang nimmst und sofort auspackst. Profis

bestellen gleich mehrere Pakete, um dieses Glück durch Mehrfachauspacken zu vollenden. Sei aber konsequent und öffne nie wieder den Online-Briefkasten! Eine Lawine von Rechnungen und Mahnungen könnte dich bald begraben.

Literatur

1. Celko M (2008) Hyperlocality: Die Neuschöpfung der Wirklichkeit. GDI IMPULS 2:46
2. Lankau R (2020) Humanismus vs. Data-Ismus, in: Digitale Medien im Kreuzfeuer der Kritik. Bündnis für humane Bildung, Stuttgart
3. Krell S (2012) Wie das Internet unseren Konsum verändert. https://www.augsburger-allgemeine.de/wirtschaft/Wie-das-Internet-unseren-Konsum-veraendert-id18464621.html. Zugegriffen: 21. Dez. 2019
4. Leipner I (2019) Die Vorzeichen haben sich geändert. Wirtschaftsmagazin econo 05(19):72–75
5. Röttgers J (2003) Mix, Burn & R.I.P. – das Ende der Musikindustrie. Heise, Hannover
6. Bundesverband Musikindustrie e. V. BVMI (2019) BVMI-HALBJAHRESREPORT 2019 DEUTSCHE MUSIKINDUSTRIE WÄCHST UM 7,9 PROZENT. https://www.musikindustrie.de/presse/presseinformationen/bvmi-halbjahresreport-2019. Zugegriffen: 19. Dez. 2019
7. Schumpeter J (2010) Capitalism, socialism and democracy, 2. Aufl. Fine Books, Eastford
8. Nietzsche F (2005) Also sprach Zarathustra. Anaconda, Köln
9. Verhaeghe P (2013) Und ich? Identität in einer durchökonomisierten Gesellschaft. Kunstmann, München
10. Fromm E (1983) Haben oder Sein. Die seelischen Grundlagen einer neuen Gesellschaft, 13. Aufl. dtv sachbuch, München

7

Digitaler Knieschuss

Aus allen Clouds gefallen – warum wir uns mit naiver Offenheit selbst schaden

© Springer-Verlag GmbH Deutschland, ein Teil von Springer Nature 2020
G. Lembke und I. Leipner, *Zum Frühstück gibt's Apps*,
https://doi.org/10.1007/978-3-662-61800-4_7

Erst eine triefende Nase, dann großer Ärger in der Firma – so schnell geht das in der Welt der Lattenroste, Betten und Matratzen. Franks Unternehmen heißt Tiefschlaf GmbH; er selbst arbeitet dort halbtags als Buchhalter. Wir haben ihn schon kennengelernt, als kochenden Vater von Thomas, der sein Referat an der Uni vermasselt hatte (Kap. 2).

Was war in der Firma geschehen? Frank ist zu Hause geblieben, für seine Arbeit hatte er keinen Kopf mehr. Schniefen, Frösteln, Temperatur – der Arzt hatte ihn wegen einer Grippe krankgeschrieben. Hätte sich doch Frank wie früher auf der Couch eingerichtet, heiße Zitrone geschlürft und einfach den Fernseher eingeschaltet … dann wäre nichts passiert. Er wäre glücklich gewesen – etwa in der Gesellschaft von Schimpanse Judy aus der TV-Kultserie *Daktari*. Schöne alte Welt! Doch Frank hat den Fernseher längst durch ein Tablet ersetzt, das griffbereit neben der Couch liegt.

„Mal sehen, was in der Welt so los ist", denkt Frank und meldet sich bei Xing an. Fünf Kontaktanfragen! „Wow", freut er sich, „so viele Leute interessieren sich für mich." Dabei niest Frank kräftig in sein Taschentuch. Doch die Freude ist von kurzer Dauer. Da gab es wohl wieder ein Schlaubergerseminar von Xing mit Tipps zur geschäftlichen Vernetzung. Das Ergebnis: fünfmal Standardfloskeln wie „Synergie", „gemeinsame Potenziale" oder „Wir sollten kooperieren". Neulich hatte Frank freundlich auf eine Anfrage geantwortet, und die Reaktion kam von einem Herrn „Mailrobot": Werbung für ein kostenloses Webinar, das eine Umsatzsteigerung von 500 % versprach.

Gut, Frank ist sich sicher, dass Xing auch gute Seiten hat: Foren für spannende Diskussionen, viele Jobangebote oder Gruppen, die ihre realen Treffen virtuell organisieren.

Doch mit laufender Nase hat Frank keine Lust, die gestrige Xing-Diskussion fortzusetzen. Schadet zu viel Transparenz im Netz am Arbeitsplatz? Das wurde lebhaft diskutiert; 23 Kommentare tauchten in diesem Thread auf, sieben stammten von Frank. Er setzte sich für Demokratie und Meinungsfreiheit ein. Welcher Arbeitgeber würde das kritisch sehen?

Nein, in seinem dösigen Zustand will sich Frank lieber amüsieren. Kurz bei Twitter eingeloggt, wo er bislang nur zwölf Follower hat, die seine eigenen Tweets direkt erreichen. Frank hat aber Spaß daran, sich an B-Promis dranzuhängen. Zum Beispiel Boris Becker, der sich häufig um Kopf und Ehe twittert, indem er schwarze Schönheiten im Netz anschmachtet. „So ein Quatsch würde mir nie passieren", glaubt Frank, „ich weiß immer genau, was ich wem posten will." Es gibt schließlich Voreinstellungen, welche Kreise eine Nachricht ziehen soll. „Das habe ich im Griff", fühlt sich Frank auf der sicheren Seite.

Der heimliche Twitter-König

Boris Becker hat die Welt bereits mit 24.758 Tweets beglückt und 684.632 Follower gewonnen (Stand: Dezember 2019). Dabei gewährt er tiefe Einblick in latente Seelenqualen: „I know I shouldn't eat dessert [...] but I like it a lot."

Ein Klick weiter – und Frank landet bei Facebook, der Mutter aller Netzwerke. 1234 Freunde lesen hier mit, wenn er ein Bild kommentiert, Videos verschickt oder sich mit Likes an virtuellen Abstimmungen beteiligt. Er hat ein Händchen für ironische Kommentare, da drücken viele Freunde auf „Gefällt mir" und fügen ihren eigenen Senf dazu. Franks Bestleistung: eine böse Bemerkung zum Maut-Debakel von CSU-Verkehrsminister Andreas Scheuer. In wenigen Stunden waren 45 Kommentare zu lesen, der Beitrag wurde 34-mal geteilt, und die Zahl der Likes war gewaltig: 345-mal Zustimmung. Inzwischen dröhnt Franks Schädel immer stärker, seine Stirn glüht heftig. Er sollte sein Tablet abschalten und schlafen, wie es sein Arzt empfohlen hatte.

Doch ein Tag ohne Kommentare bei Facebook? „Das geht gar nicht", glaubt Frank, „meinen Freunden fehlt doch was, wenn sie nichts von mir lesen." Obwohl seine grippalen Gedanken Slalom fahren, öffnet er das Eingabefeld: „Was machst Du gerade?", fragt Facebook freundlich. Mit schweren Fingern tippt er auf seinen Touchscreen: „Lasst uns morgen ins Stadion gehen und Bayern München anfeuern!" Und dann noch einen seiner berühmten Sätze: „Mit Höllenfieber im Bett, rotzend und kotzend. Aber für die Bayern nehme ich es auch mit dem Teufel auf!" Und drei Sekunden später wissen alle 1234 Freunde, in welcher Grippehölle Frank schmort … und zehn Minuten später trudeln die ersten Genesungswünsche ein, 15-mal freundliche Worte. „So läuft das in sozialen Netzwerken", freut sich Frank.

Und ein paar Tage später … kommt Frank nach Hause und sichtet seine Post. Werbung für geschenkte Kredite, die Stromrechnung, ein Brief seiner Firma, Personalabteilung! „Sehr geehrter Herr … müssen wir Ihnen leider … wegen ungerechtfertigten Fernbleibens vom Arbeitsplatz … Abmahnung … bei Wiederholung Sanktionen … bis zur Kündigung …" Frank fällt aus allen Clouds: Ihm wird plötzlich klar, wie er sich selbst ins Knie geschossen hat. Und bekommt einen Niesanfall, weil er die Grippe eigentlich gar nicht auskurierte.

Rauswurf wegen Facebook

Es gibt immer mehr Kündigungen, weil sich Mitarbeiter in sozialen Netzwerken unbedacht äußern. So ein Rauswurf kann juristisch zulässig sein, wie der Arbeitsrechtler Ulf Weigelt [1] dem *Handelsblatt* bestätigte: „Der Arbeitnehmer ist zur Loyalität verpflichtet. Ist das Vertrauen stark erschüttert, kann das Arbeitsverhältnis auch fristlos gekündigt werden." Wer offiziell krank ist und seinen Status bei Facebook auf „im Schwimmbad" setzt, muss mit Konsequenzen rechnen. Zu den Pflichten in einem Arbeitsverhältnis zählen nicht nur Regeln, die ausdrücklich im Arbeitsvertrag vereinbart sind. Auch ungeschriebene Verhaltensnormen gehören dazu, z. B. dass ein Arbeitnehmer zum Auskurieren einer Krankheit zuhause bleibt. Ein solches Verhalten drückt Loyalität gegenüber dem Arbeitgeber sowie Rücksichtnahme gegenüber Kollegen aus [2].

Er greift zum Smartphone und ruft seinen Kumpel Michael an, der die PR-Abteilung leitet: „Du hast doch einen guten Draht zum Chef", fängt Frank an, „warum die Abmahnung? Ich war doch einfach nur krank, ganz offiziell mit gelbem Zettel!" „Erinnerst du dich an die letzte Weihnachtsfeier?", fragt Michael zurück, der durch den Flurfunk schon Bescheid weiß. „Wir hatten schon ordentlich was im Tee, und unser Chef Dr. Raubein saß auch am Tisch." „Klar, da war mal richtig gute Stimmung" „Die war so gut, dass du dein Handy genommen hast, und der Raubein bekam von dir eine Freundschaftsanfrage." Langsam dämmert Frank, was passiert war … und seitdem waren sie „dicke Freunde" auf Facebook, er und sein Chef! So dick, dass Dr. Raubein auch seinen „Höllenfieber"-Kommentar gelesen hatte. Auf Papier, ausgedruckt von seiner Sekretärin, die den Facebook-Account ihres Chefs verwaltet. Die Weihnachtsfeier! Das hatte Frank völlig vergessen – und Raubein nicht von seinen Posts an enge Freunde ausgeschlossen.

Bei Frank zeigt sich, wie zwar manche Digital Immigrants die virtuelle Welt aus dem Reiseführer kennen, aber bisher nicht heimisch geworden sind. Trotzdem erlebt sich Frank als „großer Hecht", der im Karpfenteich seine Kreise zieht. Die Karpfen – das sind seine vielen Freunde in sozialen Netzwerken, und er ist der Hecht, der viel Bewunderung für pfiffige Kommentare erntet. Dabei gestaltet er aktiv keine Inhalte und Websites oder moderiert Diskussionsforen. Trotzdem nimmt Frank an sozialen Ereignissen im Internet teil, schwimmt aber mehr im Strom der anderen Nutzer, eben als „großer Hecht", der seine Rolle mit gediegener Würde ausfüllt und dabei eher reaktiv als aktiv handelt. Es geht ihm um Zuspruch und Anerkennung – „fishing for compliments", wie die Briten sagen.

Franks Fischart nennt die Wissenschaft die „Partizipativen". 4,9 Mio. Menschen tummeln sich in ähnlicher Weise im Internet (11,2 %). Sie beteiligen sich an sozialen Ereignissen, daher ihr Name. Das geschieht aber in erster Linie als Reaktion auf Signale, die andere aussenden. Die Partizipativen wollen bei einer großen Sache dabei sein, es geht um Zugehörigkeit zur Internetgemeinde. Dazu veröffentlichen sie ihre Meinungen und Erfahrungen in geeigneten Foren wie Xing, um Teil von Diskussionswellen zu werden. Die Partizipativen lesen auch Blogs und kommentieren eifrig deren Inhalte.

Die Partizipativen gehören zur Web-2.0-Nutzertypologie, entstanden auf der Basis einer Verbraucheranalyse, die der Axel Springer Verlag und die Bauer Media Group in Auftrag gegeben haben [3]. Dabei wurden 19.000 Internetnutzer ab 14 Jahren befragt und eine Vielzahl unterschiedlicher Daten erhoben. Es ging um demografische, sozioökonomische, einstellungs- und verhaltensbezogene Informationen. Die Typologie beschreibt vier Gruppen, zu denen auch Partizipative wie Frank gehören. Die Studie aus dem Jahr 2011 hat zwar schon einige Jahre auf dem Buckel, aber ihre qualitativen Beschreibungen haben kaum an Gültigkeit eingebüßt.

Die engagierteste Gruppe mit dem höchsten Aktivitäts-pegel sind die „Macher", wie sie die Web-2.0-Nutzertypo-logie nennt. 5,3 Mio. Menschen zählen dazu (12,1 %). Sie werden initiativ und veröffentlichen ständig Inhalte im Social Web. Ihre Motive sind vielfältig; sie reichen vom künstlerischen Selbstausdruck bis zum digitalen Exhibitionismus. Die Macher wollen sich ein Forum schaffen, um ihre Sicht der Dinge mitzuteilen. Daher betreiben sie Blogs, beteiligen sich an Bild-Sharing-Communitys oder posten selbst gedrehte Videos – sie sind eben aktiv auf allen digitalen Kanälen!

In seinem Frust fällt Frank eine gute Freundin ein, die Margarete heißt. Die Typologie würde sie ganz klar als Macherin bezeichnen. „Wie oft die wohl schon über die Stränge geschlagen hat?", überlegt sich Frank, „aber Ärger hat es noch nie gegeben." Denn bei Margarete vermutet er: Das Gehirn muss direkt mit dem Internet verdrahtet sein, was Frank heute wieder staunend erlebt hat. Sie ist Künstlerin, und ihr erster Blogpost stand zum Frühstück im Netz, ein reizvolles Kurzessay zur Konsistenz von Voll-kornbrötchen. Die passende Twitter-Nachricht kam zeit-gleich, und ihr Foto aus der letzten Nacht war auch schon aktualisiert. Durch einen fröhlichen Schnappschuss, mit einem Korb voller Brötchen auf dem Tisch. Es folgte eine Serie von 30 Bildern bei Facebook: große schwarze Flächen mit einem weißen Punkt, der von Bild zu Bild nach links unten wandert. „Magma – 1 bis 30" lautet der Titel dieser Serie. Margarete konnte sich innerhalb von einer Stunde über 54 Fans freuen, die den „Gefällt mir"-Button drückten. Darauf tauschte sie schnell ihr eigenes Bild aus: Margarete als Künstlerin vor einer schwarzen Fläche, ernsthafter Gesichtsausdruck … und sofort ging ihr neuer Blogpost online, eine „Kosmologie der schwarzen Farbe", in der sie ihren künstlerischen Ethos selbst interpretiert.

Margarete ist vielseitig: Mit WordPress hat sie einen Blog zu Lebenskrisen aufgebaut; zur indianischen Küche im Amazonasbecken gibt sie Tipps auf Tumblr. Motto dieses Dienstes: „Post anything (from anywhere!)." Alle diese Foren wollen beliefert sein – mit kühnen Geistesblitzen, praktischer Lebenshilfe oder originellen Rezepten aus Südamerika. Jetzt ist die „Fruta de Bomba" an der Reihe, die Papaya, zu der Indianer vielseitige Rezepte aufgeschrieben haben. Natürlich ist das Bild auf Tumblr zu aktualisieren: Margarete im bolivianischen Poncho … Amazonasbecken? Egal! Dann geht es weiter mit dem Lebenstipp des Tages: Wie bewältige ich den Tod meines Meerschweinchens? Brechen wir an dieser Stelle gnädig ab, dieser kurze Blick ins Netz reicht aus, um Margaretes tausendfache Spuren im Social Web zu erahnen. Gut, dass bisher nur 12,1 % der Nutzer dieses Aktivitätsniveau erreichen …

Laut Web-2.0-Nutzertypologie gibt es noch zwei weitere Gruppen, die weniger aktiv sind als Margarete und Frank:

- *Soziale:* So werden 8,5 Mio. Menschen genannt, die mindestens in einem sozialen Netzwerk ein Profil pflegen (19,6 %). Ihr wichtigstes Motiv ist es, soziale Kontakte über das Internet zu erhalten. Es geht um den persönlichen Austausch, aktuelle Ferienfotos und unverfängliche Chats mit Freunden oder Verwandten. Selbstverwirklichung ist kein Thema, das überlässt diese Gruppe gerne den Machern und Partizipativen.

- *Passive Zuschauer:* Sie sind mit Abstand die größte Nutzergruppe. 29,4 Mio. Menschen gehören dazu (67,7 %). Inhalte des Web 2.0 konsumieren sie eher zufällig, sie starten keine eigenen Aktivitäten im Netz. Dennoch suchen die passiven Zuschauer nach Informationen, etwa zu Hotels am Urlaubsort oder zur neuen Waschmaschine. Das macht den wesentlichen Teil ihrer Netzaktivitäten aus.

Diese Erkenntnisse lassen sich auch auf gesellschaftliche Phänomene anwenden: Die passiven Zuschauer spielen eine besondere Rolle in der politischen Kommunikation. Denn Parteien aller Couleur bewegen sich in sozialen Medien, um ihre politischen Botschaften an Mann und Frau zu bringen. Das geschieht vor allem auf Twitter, YouTube, Facebook und Instagram. Die Parteien sprechen gezielt die passiven Zuschauer an. Vielleicht könnten sie bald zu Wählern werden …

In diesem digitalen Wettkampf sticht die AfD hervor: Eine Untersuchung zeigt, wie eine Minderheit rechter Nutzer politische Diskussionen im Netz dominiert, indem sie eigene Themen in den Mittelpunkt der Debatte stellt. Woher wissen wir das? Die Social-Media-Analysefirma Alto hat in Zusammenarbeit mit NDR und WDR 9,65 Mio. deutschsprachiger Beiträge in sozialen Netzwerken untersucht. Das Ergebnis: Gut 47 % der politischen Diskussionen hatten eine thematische Verbindung zu AfD und rechten Themen – obwohl die Unterstützer rechter Positionen rund 10 % der Nutzer ausmachen [4]. Ein perfekter Nährboden für Fake News, um viel Unsinn in viele Köpfe einzupflanzen.

Auf diesem Boden gedeiht auch Microtargeting: „Diese gezielte Ansprache und Einflussnahme [finden] nicht nur im Marketing Anwendung, sondern auch zunehmend im politischen Wahlkampf", schreibt Julia Oppelt [5] auf marconomy.de. Ursprünglich wurde diese Manipulationstechnik fürs Online-Marketing perfektioniert: „Microtargeting bietet die Chance", so Oppelt, „mit einer entsprechenden Kommunikation Einfluss auf das Verhalten und die Einstellung gegenüber den eigenen Produkten und Dienstleistungen dieser identifizierten Gruppen zu nehmen. Es ist nicht überraschend, dass diese gezielte Ansprache und Einflussnahme nicht nur im Marketing Anwendung findet, sondern auch zunehmend im politischen Wahlkampf." Der Brexit, Donald Trumps Sieg bei der Präsidentschaftswahl – alles unerwartete Erdrutschphänomene in der Politik, die im Zusammenhang mit Microtargeting stehen könnten.

Wie arbeiten Manipulateure mit dieser Technik? Die statistische Auswertung gewaltiger Datenmengen ist die Voraussetzung, kurz „Big Data" genannt. Solche Analysen machen die Bedürfnisse und Wünsche von Menschen immer durchschaubarer, „was die Identifikation und Ansprache kleinster Zielgruppensegmente erlaubt. Die Kommunikation kann so perfekt zugeschnitten werden und auch sehr heterogene Zielgruppen erreichen", so Oppelt. Dabei würden „alle denkbaren Kommunikationsinstrumente und -kanäle" eingesetzt. Eine spezielle Waffe sind „dark ads": Postings, die sich nach dem Lesen „in Luft" auflösen, etwa wie Bilder bei Snapchat. So lassen sich geheime Botschaften in sozialen Medien streuen, die nur bestimmte Zielgruppen zu sehen bekommen. Ehrliche Transparenz geht anders … und so verschwinden Online-Wahlkämpfe in einem Nebel aus Propaganda, deren Ursprung kaum ein Mensch nachvollziehen kann.

Daher wäre es sinnvoll, für eine umfassende Transparenz bei politischer Werbung zu sorgen. Außerdem ist jeder von uns aufgerufen, sich persönlich in sozialen Netzwerken zu engagieren, um Manipulationen schnell aufzudecken und sichtbar zu machen. Aus passiven Zuschauern sollten Macher werden; nur harmlose Lemminge springen gemeinsam von der Klippe. Das Stichwort lautet „Counter Speech". Denn oft ist Gegenrede notwendig, weil die Konsequenz aus konstruktivistischen Ideen nicht sein kann, zu einer großen Beliebigkeit aufzurufen – und Werterelativismus zu predigen („Anything goes"). „Gefragt ist Urteilskraft! Sie kann auf klaren Normen aufbauen, zum Beispiel Artikel 1, Grundgesetz: ‚Die Würde des Menschen ist unantastbar.' Oder der ‚Goldenen Regel': ‚Behandle andere so, wie du von ihnen behandelt werden willst.'" [6]. Schlimm, dass wir heute dieses ethische Fundament gegenüber vielen Extremisten verteidigen müssen. Counter Speech gegen Hate Speech – das ist ein möglicher Weg, für Menschlichkeit im Netz einzustehen. Sonst wird der Boden weiter gedüngt für hasserfüllte Kommentare, kombiniert mit Manipulationen à la Mircrotargeting.

Wider der virtuellen Verblendung

Zurück zu Frank und seiner Grippe: Er ist in eine klassische Menschheitsfalle gelaufen, die seit Jahrtausenden auf ihre Opfer wartet. Schon Dädalus glaubte, alles im Griff zu haben, als er seinen Sohn Ikarus Richtung Sonne schickte. Frank leidet nicht nur an einer Erkältung, sondern auch an einer gefährlichen Form virtueller Verblendung. Das erleben viele Nutzer digitaler Medien: Wir glauben, eine Technologie zu beherrschen, kennen sogar einzelne Stellschrauben des Systems, zum Beispiel die Privateinstellungen bei Facebook. Trotzdem geht alles schief, weil uns die Komplexität des Geschehens überrascht. Das wird uns aber erst bewusst, wenn etwas nicht funktioniert. Eine zutiefst erschreckende Erfahrung, die sich beliebig skalieren lässt: von den Unwägbarkeiten sozialer Netzwerke über großflächige Stromausfälle bis zum atomaren Super-GAU in Fukushima – oder den gewaltigen Waldbränden in Australien und Brasilien bis zur Corona-Pandemie, mit der 2019 keiner gerechnet hat.

„Technologiefolgeabschätzung" – so sperrig nennt sich in Wissenschaft und Politikberatung eine junge Disziplin, die vorausdenken will, um mögliche Konsequenzen einer neuen Technik zu erfassen. Das gilt auch für soziale Netzwerke. Wir müssen vorher abschätzen, welche Wirkungen von einem Posting ausgehen. Wer sind genau die Adressaten? Stimmt die Tonalität? Manche Ironie verliert ihren Wert, wenn sie ein Leser in den falschen Hals bekommt. Wo verläuft die Grenze zum Rufmord? Oder: Kann ich selbst mit den Reaktionen leben, die mein provokanter Kommentar hervorruft?

Wenn wir uns mit diesen Fragen auseinandersetzen, sind wir in der Lage, selbstbestimmt im Internet zu handeln, auch wenn unliebsame Überraschungen nicht auszuschließen sind. Sonst leben wir nur in der Illusion, alle Zügel in der Hand zu haben, während der digitale Gaul mit uns durchgeht. Dann ist es zu spät – und eine Abmahnung flattert ins Haus, gerade weil wir glaubten, alles im Griff zu haben.

Praktische Tipps für die digitale Welt

- Facebook 1: Bestimmen Sie, wer was lesen darf (privat, öffentlich). Klicken Sie dazu auf das Dreiecksymbol unten rechts (Freunde-Button) unter dem Eingabefenster, in das Sie Ihren Beitrag schreiben. Wählen Sie z. B. aus, ob der Beitrag öffentlich, nur für Facebook-Freunde oder nur für Sie sichtbar sein soll.
- Facebook 2: Verhindern Sie, dass Ihr Standort in Ihren Nachrichten mitgesendet wird. Dies können Sie in

Facebook z. B. im Einstellungsmenü (Zahnradsymbol oben rechts) im Bereich „Sicherheit und Datenschutz" ändern.

- Xing: Welcher Kontakt welche Daten sehen darf, können Sie jederzeit im jeweiligen Kontakt unter der Schaltfläche „mehr" (rechts, Mitte) verändern.
- Vermeiden Sie eine zu emotionale Kommunikation in sozialen Netzwerken, denn das geschriebene Wort kann starke Wirkungen entfalten – und lässt sich nicht mehr zurückholen.
- Machen Sie nur Menschen zu Ihren „Freunden", denen Sie Privates auch im Café erzählen würden. Trennen Sie sich von digitalen Freunden, die Sie nicht kennen.
- Vermeiden Sie es, rechtswidrige Aussagen zu äußern oder zu verbreiten (z. B. Beleidigungen, Schmähkritik). Bleiben Sie sachlich, wenn Sie Kommentare schreiben. Subjektives verstärkt Subjektives: Aus „Du bist doof!" wird schnell „Du bist aber doofer!".

Übung macht den Loser

Wie du zielsicher deine Kündigung erreichst Du willst schnell zu neuen Ufern aufbrechen? Unser Vorschlag: Vernetze dich in deinem liebsten sozialen Netzwerk mit allen Vorgesetzten, die dein Unternehmen zu bieten hat. Lade sie mit einem kurzen Text ein: „Damit wir immer in Kontakt bleiben! Dein Name." Durchsuche die Festplatte nach Fotos, die auf der letzten Weihnachtsfeier deiner Firma entstanden sind. Wähle das Foto vom Geschäftsführer Dr. Antidigi aus … Ja, genau das, auf dem er mit aufgerissenen Augen ein Weizenbier auf ex trinkt. Poste das Foto in Facebook und Co. mit dem Text: „Was war das für ein Spaß!" Klicke auf „öffentlich", damit sich die ganze Welt über das Foto amüsieren kann, egal ob Freund oder Feind. Teile deinen neuen Post auch in anderen Netzwerken, um die Reichweite des Internets maximal auszunutzen (z. B. auf Twitter, Instagram oder Xing). Rufe anschließend deinen Anwalt an und buche einen Urlaub am thailändischen Sonnenstrand. Was der kosten darf? So viel, wie du zu Recht als Abfindung erwarten darfst. Wie? Du gehst leer aus? Dann bleibe zu Hause und repariere deinen alten PC, den du vor Jahren bei Aldi gekauft hast. Den wirst du brauchen, um Bewerbungen zu schreiben – sobald dir dein spießiger Ex-Arbeitgeber Firmenwagen, Laptop und Handy abgenommen hat.

Literatur

1. Krumrey K (2011) Wann twittern den Job kostet. https://www.handelsblatt.com/unternehmen/buero-special/soziale-netzwerke-wann-twittern-den-job-kostet/4380446.html. Zugegriffen: 21. Dez. 2019
2. Ludwig, Jörg (2019) Kündigungsgründe: Wann darf der Arbeitgeber kündigen? https://jurpartner.de/beitraege-arbeit/kuendigungsgruende-wann-darf-der-arbeitgeber-kuend.html. Zugegriffen: 21. Dez. 2019
3. Ullrich TW (2011) Web 2.0 Nutzertypologie: Macher, Partizipative, Soziale und passive Zuschauer. Ein Update. https://www.webosoph.de/2011/06/26/web-2-0-nutzertypologie-macher-partizipative-soziale-und-passive-zuschauer-ein-update/. Zugegriffen: 21. Dez. 2019
4. Eckstein, Philipp (2019) Rechte dominieren Social-Media-Diskurs. https://www.tagesschau.de/investigativ/ndr-wdr/europawahl-soziale-medien-101.html. Zugegriffen: 21. Dez. 2019
5. Oppelt J (2018) Microtargeting – Definition, Einsatz und Beispiel. https://www.marconomy.de/microtargeting-definition-einsatz-und-beispiele-a-739666/. Zugegriffen: 19. Jan. 2020
6. Leipner I, Stall J (2019) Verschwörungstheorien – eine Frage der Perspektive. Redline, München, S 333

8

Totale Überwachung

Aus dem Spähkästchen geplaudert – und warum Snowden Dinge enthüllt hat, die schon immer zur Datenverarbeitung gehören

© Springer-Verlag GmbH Deutschland, ein Teil von Springer Nature 2020
G. Lembke und I. Leipner, *Zum Frühstück gibt's Apps*,
https://doi.org/10.1007/978-3-662-61800-4_8

Gestern hatte Sandra ihr erstes Date mit einem Apotheker, mit dem sie sich virtuell prima verstanden hat. Das war bei anderen Kandidaten ähnlich, die sich später aber als dumme Nieten voller Testosteron entpuppten. Zum Beispiel der Typ mit dem geborgten Porsche … Das Smartphone des Apothekers liegt auf dem Tisch, er selbst ist für eine Zigarette vor die Tür gegangen. Sandra hat sich im Internet schlau gemacht, schnappt sich das Gerät: Rasch ein Jailbreak-Programm über den Browser runterladen, um herstellerfremde Apps auf das Smartphone zu zaubern. Dann unsichtbar im Hintergrund die Spionage-App aufspielen … fertig!

Ob dieses James-Bond-Tempo realistisch ist? Egal, entscheidend ist, dass Sandra vor dem nächsten Treffen perfekt „gebrieft" sein wird – oder gleich das Date absagt. Sie öffnet ihren Account auf der Website von PrivateSpy, das Dashboard erscheint. Sandra kennt sofort die letzten Standorte des Apothekerhandys und die zehn häufigsten Anrufpartner. „Klasse", freut sie sich und klickt weiter: Anrufaufzeichnungen! Dauer, Zeitpunkt und Mitschnitte … Sandra hört mal rein, und schon fällt ihr die Kraft aus dem Gesicht: So ein Casanova und Parallel-Dater! Derselbe Text am Telefon wie bei ihr, nur ein anderer Frauenname! „Glück gehabt, auf den falle ich nicht mehr rein", denkt sich Sandra. Nach dem ersten Schrecken checkt sie noch den Rest seiner Daten: Kontakte, E-Mails, Fotos, SMS und Videos; Browser-Verlauf, Facebook-Aktivitäten … Ein Apotheker aus Glas, der keine Geheimnisse mehr vor Sandra hat.

Wer diese Geschichte für Science-Fiction hält, hätte schon 2013 einiges dazu lernen können: Schon damals kursierten positive Berichte über die Möglichkeiten, Spionage-Apps gezielt einzusetzen. Eines der genannten Unternehmen war mspy. Das Unternehmen ist (leider)

nicht verschwunden, es schreibt heute auf seiner Webseite
[1]: „mSpy ist eine führende Überwachungssoftware, die
für die elterliche Kontrolle und die Online-Sicherheit von
Kindern entwickelt wurde. Das Produkt ist das Resultat
von mehr als fünf Jahren Expertise und praktischer
Erfahrung bei der Lösung von Sicherheitsproblemen."

Was für eine Heuchelei! Den Schutz von Kindern vor-
schieben, Nebelkerzen werfen – obwohl allen Lesern
der Zeilen klar ist, dass diese Spionagesoftware auf jedes
Smartphone aufgespielt werden kann (und soll!). Sonst
gäbe es kein Geschäftsmodell … Spionageexperten
beschreiben ganz deutlich, wie eine solche Software in der
Lage ist, „im Stealth-Modus zu arbeiten": „Da es sich um
eine Spionagesoftware handelt, muss sie in der Lage sein,
im diskreten Modus zu arbeiten. Sie müssen in der Lage
sein, die App auf dem Zielgerät zu installieren, und sicher
sein, dass es die Dinge für Sie überwacht, ohne auf dem
Telefon sichtbar zu sein" [2]. Übrigens: Stealth Bomber
sind amerikanische Tarnkappenbomber, die ein Radar
nicht erfassen kann …

Nebenbei wird eine Reihe deutscher Grundrechte aus-
gehebelt. Zur Erinnerung, solche altmodischen Dinge
stehen im Grundgesetz:

- „Die Würde des Menschen ist unantastbar." (Art. 1,
  Abs. 1)
- „Jeder hat das Recht auf die freie Entfaltung seiner
  Persönlichkeit." (Art. 2, Abs. 1)
- „Das Briefgeheimnis sowie das Post- und Fernmelde-
  geheimnis sind unverletzlich." (Art. 10, Abs. 1)
- „Die Wohnung ist unverletzlich." (Art. 13, Abs. 1)

Diese Artikel des Grundgesetzes kennen natürlich auch
die Juristen von mSpy, weshalb im Haftungsausschluss der
Website betont wird: „mSpy kann nicht haftbar gemacht

werden, wenn Sie sich dafür entscheiden, ein Gerät zu überwachen, ohne dazu berechtigt zu sein." Wie aber soll sonst Spionage funktionieren?

Was angeblich Kinder schützt, ist auch für Unternehmen interessant: Mitarbeiter auszuspionieren, wird kinderleicht. Das ist zwar illegal, doch wer Kollegen wirklich schaden will, schreckt vor dieser Technologie nicht zurück.

So entsteht eine Kultur des dauerhaften Misstrauens, besonders wenn Arbeitgeber zu solchen Methoden greifen. Wer die Wertschöpfung seiner Angestellten massiv untergraben will, sollte Spionage-Apps auf sein Handy laden – natürlich nur im gegenseitigen Einverständnis, wozu jeder Mitarbeiter voller Freude bereit sein wird. Sie wollen das als Chef nicht ansprechen? Das ist naheliegend … dann gibt es andere Optionen. Etwa SMS: So lässt sich Spionagesoftware als Trojaner verschicken. Das merkt der Empfänger nicht – und Ihr persönlicher Stealth Bomber ist auf Zielkurs!

Verstoß gegen viele Rechte

Diese juristische Einschätzung haben wir bei Christoph Göritz, Fachanwalt für Informationstechnologierecht (GHI-Rechtsanwälte, Mannheim), eingeholt:

Die Verwendung von Spionagesoftware stößt in vielerlei Hinsicht auf erhebliche rechtliche Bedenken. Ohne Einwilligung des Betroffenen verstößt die Verwendung offensichtlich nicht nur gegen grundrechtlich geschützte Rechtsgüter (Art. 2, 10 GG), sondern auch gegen zivilrechtliche Normen (z. B. dem Bundesdatenschutzgesetz und/oder dem allgemeinen Persönlichkeitsrecht, das durch § 823 BGB geschützt ist).

Darüber hinaus kann die Verwendung auch strafrechtlich relevant sein (§§ 201 ff. StGB). Die rechtlich unzulässige

Verwendung der Software kann daher sowohl zu Unterlassungs- und Schadensersatzansprüchen führen als auch zu Geldbußen (bis hin zu Freiheitsstrafen). Außerdem dürften die Ergebnisse einer unzulässigen Verwendung sowohl in Straf- als auch Zivilverfahren einem Beweisverwertungsverbot unterliegen.

Selbst mit „Einwilligung" des Betroffenen ist die Zulässigkeit der Verwendung der Software nicht ohne Weiteres gegeben, denn die Anforderungen an eine solche Einwilligung sind wohl kaum zu erfüllen. Sie müsste sich nämlich ausdrücklich auf die genaue Zweckbeschreibung der Verwendung, der betroffenen Rechte und der damit verbundenen Konsequenzen beziehen. Eine pauschale Einwilligung im Rahmen von AGB oder im Sinne von „Ich bin mit der Installation der Software einverstanden" dürfte daher schlicht unwirksam sein – und zu den oben genannten Konsequenzen führen.

Das war die Froschperspektive. Beim Blick aus dem Weltall offenbart sich die Globalität der Enthüllungen, die mit dem Namen Edward Snowden verbunden sind. „Es irrt der Mensch, so lang er strebt", schreibt Goethe in seinem *Faust,* und Sascha Lobo [3] gesteht ein: „Ich habe mich geirrt, und zwar auf die für Experten ungünstigste Art, also durch Naivität." Er meint damit den „aufgedeckten Spähskandal, die Totalüberwachung des Internets", wie er in einem Beitrag für die *FAZ* schreibt. „Die fast vollständige Durchdringung der digitalen Sphäre durch Spähapparate [...] hat den famosen Jahrtausendmarkt der Möglichkeiten in ein Spielfeld von Gnaden der NSA verwandelt. Denn die Überwachung ist nur Mittel zum Zweck der Kontrolle, der Machtausübung." Die Schlussfolgerung des Publizisten: „Was so viele für ein Instrument der Freiheit hielten, wird aufs Effektivste für das exakte Gegenteil benutzt."

Sind wir wirklich aus allen Wolken gefallen, als Snowden aus dem Spähkästchen plauderte? 2009 glaubten noch viele Menschen, die NSA sei die Weltraumbehörde der Vereinigten Staaten. Doch in diesem Jahr veröffentlichte Nicholas Carr [4] bereits das Buch *The Big Switch – Der große Wandel.* Darin erläutert er, wie Cloud Computing und Vernetzung die Welt verändern, von Edison bis Google.

Carr beginnt im 19. Jahrhundert und schildert, welchen Sinn die Lochkartenrechner von Herman Hollerith hatten. Es ging um die Kontrolle von Informationen, deren Menge während der Industrialisierung explodierte, weil die Produktion von Gütern gewaltig in die Höhe schnellte. „Durch die Kontrollrevolution konnten die Technologien für die Informationsverarbeitung endlich die Technologien für die Verarbeitung von Materie und Energie einholen. Sie brachte das lebende System der Gesellschaft wieder ins Gleichgewicht." Seine spannende These: Die gesamte Geschichte der Datenverarbeitung ließe sich am besten als „fortlaufender Prozess" verstehen, „Kontrolle wiederzugewinnen und zu erhalten".

Machen wir mit Carr einen Sprung in die 1980er Jahre: Bis in diese Zeit beherrschten zentrale Großrechner das Geschehen, doch „die Einführung des Personalcomputers […] stellte für die zentralisierte Macht eine plötzliche und unerwartete Bedrohung dar." Der PC sollte „eine Waffe gegen die zentrale Kontrolle" sein, „ein Werkzeug, um die Big-Brother-ähnliche Hegemonie der Unternehmensgroßrechner und ihres dominanten Herstellers, IBM, zu brechen."

Doch diese „Kontrollkrise" wurde rasch überwunden: Das Client-Server-System stellte eine Verbindung zwischen den einzelnen PCs und zentralen Servern her, mit denen Unternehmen begannen, die Kontrolle zurückzuerobern. Carr: „Ironischerweise ermöglichten es die

PCs [...] den Unternehmen, die Arbeit ihrer Mitarbeiter genauer als jemals zuvor zu überwachen, zu strukturieren und anzuleiten."

Dann kam das World Wide Web auf der Basis des Internets, einer vollständig dezentralen Struktur mit autonomen Knoten, ohne zentrale Vermittlungsstelle. „Scheinbar unkontrolliert und unkontrollierbar", wie Carr feststellt. Der Cyberspace als Tummelplatz unbegrenzter Freiheiten. Den Anhängern dieser Idee schreibt der Autor ins Stammbuch: „Sie haben eine technische Eigenschaft in die Metapher für persönliche Freiheit umgewandelt." Eine große Illusion, denn die unendlich vielen Seiten des Webs wachsen zu einer „vereinheitlichten und programmierbaren Datenbank des World Wide Computers" zusammen – eine „mächtige neue Form der Kontrolle" wird möglich, prophezeit der amerikanische Autor.

Eine Ahnung davon gab es bereits in analogen Zeiten: Alexander Solschenyzin [5] erzählt in seinem Roman *Krebsstation,* wie sich verschiedene Krebspatienten in einem usbekischen Krankenhaus begegnen, und zwar in den 1950er Jahren. Dabei stellt er fest: „Im Laufe seines Lebens füllt jeder Mensch zahlreiche Formulare mit zahlreichen Fragen aus, die irgendwo gespeichert werden." Und dann heißt es weiter:

Die Antwort eines Menschen auf eine Frage auf einem Formular wird zu einem kleinen Faden, der ihn permanent mit dem öffentlichen Personalverwaltungszentrum verbindet. Deshalb gehen von jedem Menschen förmlich Hunderte kleiner Fäden aus. Zusammengenommen gibt es Millionen dieser Fäden. Würden diese Fäden plötzlich sichtbar werden, würde der ganze Himmel wie ein Spinnennetz aussehen. [...] Jedermann, der sich seiner eigenen unsichtbaren Fäden dauernd bewusst ist, entwickelt einen natürlichen Respekt für die Leute, die die Fäden manipulieren [5].

Unsere „Formulare" sind heute die virtuellen Einkaufswagen im Online-Shop, Google-Suchaktionen oder Postings bei Instagram. Genauso könnten es Handygespräche und E-Mails sein. Kurz und gut: alle elektronischen Spuren, die wir täglich in der digitalen Welt hinterlassen. So entsteht ein virtuelles Spinnennetz – und seit Snowden wissen wir, wer in der Mitte sitzt. Der Whistleblower sagte zum *Guardian:* „Ich möchte nicht in einer Welt leben, in der alles, was ich mache und sage, aufgezeichnet wird. Ich will das nicht unterstützen und bin nicht bereit, das zu akzeptieren."

Gesichtserkennung

Im Januar 2020 wurde ein kleines US-Unternehmen ins Rampenlicht gezerrt: Clearview. Nach eigenen Angaben sammelte das Unternehmen über drei Milliarden Fotos, die in öffentlich zugänglichen Quellen zu finden waren. Zum Einsatz kam dabei eine „Scraping-Software", die einen Download von Fotos vornimmt, die keinen privaten Status ausweisen. Voll automatisch – in Netzwerken wie Instagram, YouTube oder Twitter. Genauso wurden aber auch Facebook, Nachrichtenportale und Arbeitgeberseiten geplündert [6].

Wozu diese gewaltige Datenbank? Gesichtserkennung lautet das Zauberwort: Clearview vergleicht in seiner Sammlung das Bild eines Unbekannten mit den gespeicherten Aufnahmen, die mit einem Namen verbunden sind. Und schon lässt sich die Zielperson identifizieren. Die Polizei zählt bereits zu den Kunden der Firma, weil sie so leichter Verdächtige finden und Verbrechen aufklären kann. „Was sinnvoll klingt, birgt Missbrauchspotenzial", schreibt Simon Hurtz [6] in der *Süddeutschen Zeitung"* (*SZ*). „Es gibt keine öffentliche Kundenliste, niemand weiß, welche Behörden die Software verwenden. Beamte könnten damit Frauen nachspionieren, Regierungen könnten Dissidenten identifizieren." Anonym gegen ein Unrechtsregime demonstrieren? Das wird schwieriger werden … So stellt laut *SZ* der Bundesdatenschutzbeauftragte Ulrich Kelber fest: „Biometrische Gesichtserkennung im öffentlichen Raum, aber auch durch Apps und Geräte gefährdet die Privatsphäre der Bürgerinnen und Bürger."

Vielleicht bleibt aber Snowden der Einzige, der diese Welt der Ausspähung nicht akzeptieren will. „Wo bleibt die Entrüstung?", fragt die Wochenzeitung *der Freitag* [7] in einer Geschichte über den NSA-Kritiker. Im Rückblick wirke der Widerstand gegen die Volkszählung 1987 wie ein „Anachronismus". Bürgerinitiativen riefen damals bundesweit zum Boykott auf, Prominente wie Günther Grass setzten sich an die Spitze des Protests [6]. Kritische Bücher erschienen, mit Titeln wie *Vorsicht Volkszählung – erfasst vernetzt und ausgezählt.*

Der Hintergrund: Das Bundesverfassungsgericht hatte am 15. Dezember 1983 ein bahnbrechendes Urteil gesprochen und juristisch ein neues Grundrecht etabliert: das „Grundrecht auf informationelle Selbstbestimmung", verankert vom Gesetzgeber 2018 auch im Artikel 12 der Datenschutzgrundverordnung (DSGVO). Jeder Bürger hat jetzt ein Anspruch auf Auskunft: Wer speichert welche personenbezogenen Daten? Und: Jeder Bürger kann verlangen, dass fehlerhafte Daten gelöscht oder korrigiert werden.

Schon 1983 formulierten die Richter klar und deutlich: „Mit dem Recht auf informationelle Selbstbestimmung wäre eine Gesellschaftsordnung [...] nicht vereinbar, in der Bürger nicht mehr wissen können, wer was wann und bei welcher Gelegenheit über sie weiß." Über diese Worte hätte sich auch George Orwell gefreut, denn im Urteil heißt es weiter: „Wer unsicher ist, ob abweichende Verhaltensweisen jederzeit notiert und als Information dauerhaft gespeichert, verwendet oder weitergegeben werden, wird versuchen, nicht durch solche Verhaltensweisen aufzufallen."

Mit anderen Worten: Schon eine Atmosphäre potenzieller Überwachung lässt uns lieber mit dem Strom schwimmen, als eigenständig zu handeln. „Deshalb untergräbt permanente Überwachung den politischen Aktivismus – und damit das Herz der Demokratie", so der Schriftsteller Daniel Suarez [8] in der *Zeit*. Und in derselben Ausgabe äußert sich der Professor für Philosophie und Kulturwissenschaft, Byun-Chul Han [8]: „Die digitale Vernetzung verwandelt die Welt selbst in ein digitales Panoptikum."

Der Begriff „Panoptikum" geht zurück auf Jeremy Benton (1748–1832), der das „Panopticon" (vom griechischen *panoptes* für „das alles Sehende") als total überwachte Strafanstalt entworfen hat. Dabei handelt es sich um einen Rundbau, in dem sich alle Zellen in der Außenmauer befinden. Die Häftlinge haben nur Fenster zu einem runden Hof und können lediglich einen Wachturm anschauen, der sich in der Hofmitte erhebt. Der Effekt dabei: Im Gegenlicht kann kein Gefangener sehen, ob ihn gerade ein Wärter auf der Turmspitze beobachtet. Davon erwartete sich Benton ein regelkonformes Verhalten der Häftlinge – und tatsächlich entstanden einige Gefängnisbauten, deren Architektur sich genau an dieser Idee orientierte.

Benton inspirierte auch den französischen Philosoph Michel Foucault (1926–1984), allerdings zu einer sehr negativen Sicht der Gegenwart, die er Panoptismus nannte: „Derjenige, welcher der Sichtbarkeit unterworfen ist und dies weiß, übernimmt die Zwangsmittel der Macht und spielt sie gegen sich selber aus; er internalisiert das Machtverhältnis, in welchem er gleichzeitig beide Rollen spielt; er wird zum Prinzip seiner eigenen Unterwerfung." Statt kostspieligen Zwang auszuüben, reiche es aus, dass sich die Menschen selbst unterwerfen – in Sorge vor möglichen Sanktionen, die der ständigen Überwachung folgen könnten. Der Fall Clearview (s. oben) zeigt, wie sehr bereits Foucaults Dystopie beginnt, ein unheimliches Leben zu entfalten. Kleiner Trost: Bundesinnenminister

Seehofer gab im Januar 2020 bekannt, „die Regelung der Gesichtserkennung aus dem Entwurf des neuen Bundespolizeigesetzes herauszunehmen. Er habe zu dem Thema noch ‚einige Fragen‘. Automatische Gesichtserkennung sei schließlich ‚keine ganz nebensächliche Angelegenheit‘“, wie FAZ.net berichtet [9].

Trotzdem bleibt die Frage: Stecken wir nicht lieber den Kopf in den Sand? Etwa nach der naiven Devise „Ich habe doch nichts zu verbergen"? Heute sitzen wir in Ballons und werfen Milliarden Fotos auf die Erde, wie es Matthias in seiner Kurzgeschichte beschreiben will (Kap. 3). Aber nicht nur Fotos, sondern auch Daten zu allen Aktivitäten, die uns im Internet so gut gefallen: einkaufen, bloggen, Geld überweisen, Kommentare schreiben auf Facebook und Co. Dabei haben sich nicht nur die Formen der Kommunikation verändert, sondern auch unsere Vorstellungen, wie wir den privaten vom öffentlichen Bereich unterscheiden. Die Grenzen haben sich aufgelöst, denn heute teilen wir der Netzgemeinde mit großem Vergnügen mit: Ja, es war eine durchzechte Nacht, klasse, wir waren alle besoffen – schaut euch dieses tolle Handyfoto an.

Das Stichwort zu diesem Öffentlichkeitswahn lautet „Data Analytics". Mit ausgefeilten statistischen Verfahren lassen sich heute Informationen verknüpfen, die weit verstreut im Internet vorhanden sind. Das meint Carr [4], wenn er die „vereinheitlichte und programmierbare Datenbank des World Wide Computers" ins Spiel bringt. Scheinbar harmlose soziodemografische Daten lassen sich nutzen, um Voraussagen über menschliches Verhalten zu machen – immer kombinierbar mit Fotos oder Videos, wie es Clearview im globalen Maßstab praktiziert.

Wer in Zukunft eine Absage bei einer Bewerbung bekommt, hat das seinen elektronischen Spuren zu verdanken. Eine Analyse des Einkaufsverhaltens könnte ergeben, dass er zu einer gesundheitlichen Risikogruppe gehört – mit der erhöhten Wahrscheinlichkeit, einen Herzinfarkt zu erleiden. Qualifikation? Persönlichkeit? Teamfähigkeit? Ein Algorithmus schlägt Alarm, und schon geht eine standardisierte Absage-Mail an den Bewerber.

Warum scheint das aber vielen Menschen völlig egal zu sein? Der Schriftsteller Suarez [8] argumentiert: „Wir haben Zeit und Geld, ja sogar Liebe in unsere schicken Abhörwanzen – unsere Smartphones – gesteckt, in unsere Apps und in unsere sozialen Netzwerke." Der unsichtbare Preis dafür sei die „massive Überwachung". Menschen würden nur widerwillig auf große Vorteile verzichten, „um eine unsichtbare Schandtat zu stoppen." Der kinderleichte Umgang mit den Apps ist eine große Verführung. Und da schließt sich der Kreis: Die globale und totale Überwachung des Internets sprengt unser Vorstellungsvermögen, sie verflüchtigt sich in ein Reich wolkiger Abstraktion. Eben eine „unsichtbare Schandtat". Was stört es uns, wenn die NSA speichert, dass wir mit dem Smartphone in Hamburg einen Gay-Club gesucht haben? Doch heimlich, still und leise breitet sich weltweit der Panoptismus aus: Wir sitzen alle in unseren Zellen, wissen nicht, was NSA und Digitalkonzerne von uns wissen – und wundern uns über die vielen Absagen, wenn wir uns bei amerikanischen Firmen bewerben.

Menschen als Laborratten

Der türkische Ministerpräsident Recep Tayyip Erdoğan glaubte im März 2014, Twitter in seinem Land verbieten zu können – doch seinen Gegnern reichte anfangs ein kleiner technischer Trick, um noch mehr Tweets über seinen Korruptionsskandal zu verschicken. Dennoch sagte Erdoğan laut *Frankfurter Rundschau:* „Ich werde Twitter mit der Wurzel ausreißen. Was die internationale

Gemeinschaft dazu sagt, ist mir egal." Der Hintergrund: Über Twitter tauchten ständig Hinweise auf Telefonmitschnitte auf, die ins Netz gestellt wurden, um Erdoğans Regierung schwer zu belasten. Twitter als demokratisches Ventil? Das kennen wir. Aber auch als Instrument der Manipulation, in den Händen von Erdoğan?

Der Social-Network-Experte Dieter Leder hat im März 2014 herausgefunden, dass in der Türkei ein Twitter-Botnet gearbeitet hat. Mit 6000 Fake-Accounts, um Propaganda für Erdoğans AKP zu verbreiten. Keine Menschen, sondern Maschinen verschickten tausendfach Tweets, die den Ministerpräsidenten in den Himmel hoben – und die Opposition verdammten. „Sie dürfen nicht überrascht sein", so Leder, „wenn ein türkischer TV-Moderator, Robbie Williams oder ein amerikanischer Pornostar für einen bestimmten ‚hashtag' zur Kommunalwahl wirbt." Diese gefälschten Accounts würden automatisch angelegt, wobei einfach Fotos und reale Namen aus dem Netz gefischt werden. Auf diese Weise kann es gelingen, weltweit einen Twitter-Trend zu setzen, der auf Propaganda beruht. Leder war auch in der Lage, ein weiteres Botnet der AKP zu identifizieren, das Melih Gökçek, bis 2017 Bürgermeister von Ankara, ins Leben gerufen hatte. Er stürzte sich auch mit Tausenden von Fake-Tweets in die Propagandaschlacht und zündete so den Info-Turbo... Übrigens: Heute nutzt Erdoğan gleichzeitig drei persönliche Accounts, um kräftig im Twitter-Brei zu rühren, den er 2014 noch verbieten lassen wollte ...

Die Beispiele aus der Türkei zeigten: Das Internet stellt uns viele Instrumente bereit, um neue Räume der Freiheit zu betreten. Aber: Diese Instrumente dienen genauso der Manipulation und Kontrolle, damit wir in diesen Räumen keinen „Unsinn" machen – und schon löst sich die scheinbare Freiheit in Luft auf. Dabei stellt Carr [4] die entscheidende Frage: „Letztendlich werden die sozialen und persönlichen Konsequenzen dieser Technologie in einem hohen Maße davon bestimmt, wie die Spannung zwischen diesen beiden Seiten ihrer Natur – Befreiung und Kontrolle – aufgelöst wird."

Befreiung oder Kontrolle – wohin wird das Pendel ausschlagen? Wer sein Recht auf informationelle Selbstbestimmung ernst nimmt, kann damit anfangen, seine Datenspuren im Netz systematisch zu reduzieren. Wir sind nicht in allen Bereichen des Lebens gezwungen, unsere Intimsphäre vor der NSA, Facebook oder weiteren Datenkraken auszubreiten. Diese privaten Bezirke gilt es zurückzugewinnen! Denn: Wir können unser Schlafzimmer in der Nacht hell ausleuchten und die Rollläden oben lassen oder bewusst dicke Vorhänge vorziehen. Kundenkarte? Gewinnspiel im Internet? Offenherzige Postings in sozialen Netzwerken? Das alles haben wir selbst in der Hand – unser Lebensglück hängt nicht von einem digitalen Exhibitionismus ab.

Es besteht die große Gefahr, dass die Reise in Richtung Panoptismus geht, sobald wir selbst anfangen, demokratische Freiheitsrechte aufzugeben – unter dem unsichtbaren Schleier globaler Bespitzelung. Wir können ja nicht wissen, ob Data Analytics für oder gegen uns arbeitet. Wir können nicht abschätzen, wann sich ein Nachteil einstellt, wenn wir das Verfassungsrecht in Anspruch nehmen, unsere Meinung frei zu äußern. Dieser Zwiespalt treibt uns um: Gewöhnen wir uns an die Zensurschere im eigenen Kopf, hat das Pendel in Richtung Kontrolle ausgeschlagen – einer subtilen, abstrakten und unsichtbaren Kontrolle. Wenden wir aber die digitalen Instrumente bewusst und kontrolliert an, besteht die Hoffnung, ein Stück Freiheit zu retten. Der hypertrophe Überwachungsapparat der Stasi ist schließlich auch untergegangen.

So oder so, der Großversuch „Internet" läuft erst seit rund 25 Jahren, und wir alle sind die Laborratten. Wahrscheinlich fällen Historiker erst in 100 Jahren ein Urteil, was sich da zu Beginn des 21. Jahrhunderts abgespielt hat … wenn sie sich 2120 noch trauen, eine eigene Meinung zu posten.

Praktische Tipps für die digitale Welt

- Achtung: Was einmal im Internet veröffentlicht ist, kann unzählige Male die Runde machen – und lässt sich in der Regel nicht mehr so einfach löschen.
- Geben Sie in Kommentaren bei Facebook nur Informationen weiter, die weder für Sie noch Ihren Arbeitgeber bedenklich sind.
- Nutzen Sie das Tool Adblock (https://adblockplus. org/de/). Es blockiert Internetwerbung und Google Analytics, ein Programm, das Ihr Surfverhalten beobachtet.
- Deaktivieren Sie „aktive Inhalte" und JavaScript. So verhindern Sie, dass Dritte „aktive Inhalte" und JavaScript auf Ihrem Rechner ausführen lassen.
- Verwenden Sie jeden Monat neue Passwörter in Online-Shops und sozialen Netzwerken.
- Geben Sie in Formularen nur Daten in Felder ein, die als Pflichtfelder gekennzeichnet sind.
- Entfernen Sie regelmäßig Cookies vom Rechner. Sie speichern eine Session-ID von Webseiten. Anhand dieser ID können sich Website-Betreiber gezielt individuelle Inhalte oder Interessengebiete von Besuchern anzeigen lassen. Auf diese Weise lässt sich auch Ihr Surfverhalten analysieren.

- Wenn Sie einen berechtigten Verdacht der Spionage haben, holen Sie sich sofort juristischen Rat bei einem Fachanwalt für Urheber- und Medienrecht ein.

Übung macht den Loser

Wie du die Produktivität deiner Mitarbeiter nachhaltig senkst Es ist doch eine elende Mühe: Mitarbeiter sollen immer ihre Leistung optimieren. Entscheide dich für das Gegenteil! Gönne ihnen viel Freizeit, ohne Urlaubstage verplanen zu müssen. Folge deinem sozialen Pflichtgefühl und passe ordentlich auf deine Mitarbeiter auf. Das geht so: Installiere eine App wie PrivateSpy auf den Diensthandys. Weiter ist nichts zu tun. Das ist wahrer Komfort, denn ab sofort erhältst du über deinen Account bei PrivateSpy den kompletten Datenaustausch deiner Mitarbeiter: E-Mails, SMS, Fotos, Surfverhalten … einfach alles, was auf einem Smartphone Platz hat. Und immer just in time! Der besondere Service: Die Handys funktionieren jetzt wie Wanzen. Alle Gespräche und Geräusche in ihrer Umgebung bekommst du als Sounddatei! Das macht richtig Spaß, wenn es in deinem Unternehmen Besenkammern gibt …

Und die nächste Weihnachtsfeier wird garantiert ein Erfolg. Durchsuche die Daten deiner Mitarbeiter nach Highlights und präsentiere sie mit PowerPoint: Schnarchen im Büro, böse Worte über Kollegen, Schmatzen in der Kantine … alle werden begeistert sein. Mitarbeiter kündigen plötzlich vor Weihnachten? Auf diese Spaßbremsen kannst du verzichten. Schalte gleich Stellenanzeigen, um junge Mitarbeiter zu gewinnen. Sie sind es gewohnt, ihr Leben im Internet auszubreiten. Daher freuen sie sich mit Sicherheit, dich bei deiner Transparenzoffensive zu unterstützen.

Literatur

1. mSpy (2019) Offizielle Webseite: „Über uns". https://www.mspy.com.de/about.html. Zugegriffen: 22. Dez. 2019
2. XNSpy (2019) Die 10 besten mobilen Spionage-Apps für 2020, in: https://xnspy.com/de/best-mobile-spy-apps.html vom 26.01.2020

3. Lobo S (2014) Die digitale Kränkung des Menschen. https://www.faz.net/aktuell/feuilleton/debatten/abschied-von-der-utopie-die-digitale-kraenkung-des-menschen-12747258.html. Zugegriffen: 22. Dez. 2019
4. Carr N (2009) The Big Switch – Der große Wandel Cloud. Computing und die Vernetzung der Welt von Edison bis Google. mitp, Heidelberg
5. Solschenizyn A (1971) Krebsstation. Rowohlt, Berlin
6. Hurtz S (2020) Warum automatisierte Gesichtserkennung so gefährlich ist in: https://www.sueddeutsche.de/digital/clearview-datenschutz-gesichtserkennung-dsgvo-1.4766724. Zugegriffen: 28. Jan. 2020
7. Grassmann P (2013) Wo bleibt die Entrüstung?. https://www.freitag.de/autoren/philip-grassmann/wo-bleibt-die-entruestung. Zugegriffen: 22. Dez. 2019
8. Suarez D, Han BC (2013) Wenn du überwacht wirst, bist du politisch kastriert. https://www.zeit.de/digital/datenschutz/2013-07/warum-protestiert-niemand-gegen-prism/komplettansicht. Zugegriffen: 22. Dez. 2019
9. Bubrowski H, Lohse E (2020) Gesetzesreform: Warum hat Seehofer die Gesichtserkennung gestoppt? in: https://www.faz.net/aktuell/politik/inland/gesetzesreform-warum-hat-seehofer-die-gesichtserkennung-gestoppt-16599260.html. Zugegriffen: 28. Jan. 2020

9

Terror durch E-Mails

Wie Rousseau uns hilft, der Handy-Sklaverei zu entkommen

© Springer-Verlag GmbH Deutschland, ein Teil von Springer
Nature 2020
G. Lembke und I. Leipner, *Zum Frühstück gibt's Apps*,
https://doi.org/10.1007/978-3-662-61800-4_9

Sabine hat die Schnauze gestrichen voll. Sie surft durchs Internet, um dem Internet zu entkommen. So googelt sie die Begriffe „Kloster" und „Ruhe" und lernt in der Online-Ausgabe der *ZEIT* [1] Bruder Rudolf Leichtfried kennen. Er gehört zum Kapuzinerkloster Irdning im Ennstal, bietet Schweigetage an und spricht Sabine aus der Seele: „Es geht um die Frage, was von einem selbst übrigbleibt, wenn alle Einflüsse von außen wegfallen." Dazu sagt der Pater: „Man wird mit seinem Innersten konfrontiert, mit den Sehnsüchten, den verborgenen Wünschen und auch mit den dunklen Seiten." Ob das Sabine wirklich will, ihre dunklen Seiten entdecken? Also weitergoogeln: Im Schweizer Jura tauchen Ferienwohnungen auf, die sich in „Oasen der Entschleunigung" verwandelt haben; Schweige-Retreats versprechen absolute Ruhe im digitalen Sturm – und Sabine stößt auf die Information, dass Meditation nachweislich Immunsystem, Herz und Kreislauf stärkt sowie Angstzustände mildert.

Warum hat sich Sabine auf diese Suche gemacht? Gestern merkte sie in ihrer PR-Abteilung, wie sie Angst vor der E-Mail-Flut bekam. Ihre Augen irrten über eine Vielzahl von Betreffzeilen, eine Welle von Informationen schlug über ihrem Kopf zusammen. Was könnte wichtig sein? Was ist Spam? Und wer will blitzschnell eine Antwort, am besten gestern? Vor ihrem geistigen Auge bekam die Post Reißzähne – wie bei einem Piranhasschwarm im Amazonas.

„Dieser Overload hat üble Folgen: Die stets wachsende E-Mail-Menge macht es unmöglich, sich vernünftig mit diesen Informationen zu befassen", meint Danny Verdam, Spezialist für Gesundheitsprozessberatung. Der Diplombetriebswirt sagt: „Viele Mitarbeiter haben auf dem Heimweg und zu Hause das Gefühl, ‚etwas nicht erledigt zu haben'." Von Erholung könne da keine Rede sein.

Stellt sich die Frage: Lassen sich solche gesundheitlichen Effekte wirklich mit einem digitalen Arbeitsumfeld begründen? Eine Antwort suchten Wissenschaftler der Universität St. Gallen. Sie erstellten 2019 eine Studie im Auftrag der Krankenkasse Barmer. Titel: „Digital arbeiten und gesund leben" [2].

Überraschung: Einwanderer schlagen Eingeborene! In der Studie heißt es, dass ältere Beschäftigte weniger unter „digitaler Belastung" leiden als jüngere Beschäftigte, denen John Perry Barlow das Etikett „Digital Natives" anklebte: „Eure eigenen Kinder versetzen Euch in Angst und Schrecken, weil sie die Eingeborenen in einer Welt sind, wo Ihr selbst nur Einwanderer seid." Und: Die Erwachsenen seien „Digital Immigrants", so 1996 der amerikanische Schriftsteller („Unabhängigkeitserklärung des Cyberspace"). Die Unterstellung seit Jahrzehnten: Wer Digitalität mit der Muttermilch aufsaugt, erreicht von Kindesbeinen an eine hohe Medienkompetenz. Da können ältere Generationen einpacken ... Doch dieser Mythos zeigt inzwischen viele Risse. Auch die Zahlen der Barmer sind ein Indiz dafür, dass junge Menschen nicht automatisch in der Lage sind, gesund mit digitalen Systemen umzugehen.

Die „täglich zu verarbeitenden Informationen" überwältigen 17 % der 18- bis 29-Jährigen. Dieselbe Wirkung tritt bei 19 % der 30- bis 39-Jährigen auf. Je älter aber die Befragten, desto geringer die Belastung: Den Wissenschaftlern zufolge sind es bei den 50- bis 59-Jährigen 13 % und bei den über 60-Jährigen nur noch 5 %. Schneller arbeiten durch Technologie? Das stellen rund 20 % der jüngeren Beschäftigten (unter 40 Jahre) fest, bei Menschen über 40 Jahren sind es etwa 10 %. Die „digitale Überlastung" wird mit diesen Begriffen beschrieben: „Informationsmenge", „technologischer Anpassungsdruck" und „Kommunikationsrauschen".

Das alles ergab die repräsentative Längsschnittanalyse der Wissenschaftler, die auf diese Weise bestimmte Wirkungen ihren Ursachen zuordnen konnten.

Eine Ursache ist der technologische Anpassungsdruck: Neue Technologie am Arbeitsplatz erfordert die Anpassung gewohnter Arbeitsprozesse. Permanenter Anpassungsdruck führt zu Frustration, Gefühlen der Überlastung und Stress. Die Folge: „24 % der Beschäftigten fühlen sich emotional erschöpft", so die Studie. Ein Faktor sticht hervor: Entsteht ein „hohes Maß an Kommunikationsrauschen" steigt die „emotionale Erschöpfung" an. Unterm Strich stellen die Wissenschaftler fest, dass „digitale Überlastung" mit einem Anteil von 20 % zur emotionalen Erschöpfung der Beschäftigten beiträgt.

So weit die Studie der Barmer. Werfen wir wieder einen Blick in Sabines Leben …

Auf dem Nachhauseweg klingelt das Smartphone der PR-Frau. Eigentlich hatte sie Feierabend, doch ihr Chef fragt sie, ob sie nicht schnell eine geplante Pressemitteilung lesen könne. Er würde sie per Mail schicken, morgen um 9.00 Uhr müsse die Nachricht an die Medien gehen. Sabine fühlt sich unter Zugzwang, öffnet das Word-Dokument auf dem Smartphone und findet sofort drei Fehler. Von wegen Feierabend! Kaum sitzt Sabine am heimischen Rechner, redigiert sie bereits den Text. Wieder wurde ihr eine halbe Stunde Lebenszeit gestohlen. Genau deshalb will sie ins Kloster fliehen, um den digitalen Irrsinn für eine Weile zu vergessen.

„Eigentlich ist das der reinste Terror", beklagt sie sich später bei ihrem Mann Frank, als sie am Abend zusammen essen. „Andere Leute mauern sich völlig ein", erwidert Frank, „zum Beispiel mein Chef Dr. Raubein." Er steht auf Kriegsfuß mit der digitalen Welt, ohne seine Sekretärin wäre Dr. Raubein verloren. Bei Facebook wurde er nur aktiv, weil ihm ein Unternehmensberater mit

Engelszungen klarmachte, dass Social Media heute zum guten Ton gehören. Die Konsequenzen für Frank sind bekannt. Hätte er mal auf der Weihnachtsfeier nicht sein Smartphone aus der Tasche geholt ...

Landet bei Dr. Raubeins Sekretärin eine wichtige Mail im Postfach, muss sie diese für den Chef ausdrucken. Er schreibt unter die Mail seine Antwort, wozu er einen goldenen Füllfederhalter mit drei Diamanten zückt – und die Sekretärin tippt die E-Mail und schickt sie auf die Reise. „So ein Fossil", amüsiert sich Sabine, „aber ich könnte mir solche Extravaganzen nicht erlauben."

Extravaganzen? Der VW-Betriebsrat sieht das ganz anders. Er setzte schon 2011 durch, dass nach Feierabend für die Tarifbeschäftigten gilt: keine E-Mails mehr auf Smartphones, die VW dienstlich zur Verfügung stellt! Der Server nimmt seinen Dienst erst wieder am nächsten Arbeitstag auf. Das gilt ebenfalls fürs Wochenende. Verdam sieht in diesen Regeln einen ersten Schritt: „Wir brauchen klar definierte Pausen. Auch Leistungssportler funktionieren nicht, wenn sie ständig einer Höchstbelastung ausgesetzt sind."

Die Idee des VW-Betriebsrats stößt auch auf Kritik: „Was auf den ersten Blick aussieht wie eine fürsorgliche Maßnahme für gestresste und Burnout-gefährdete Mitarbeiter, entpuppt sich auf den zweiten Blick als Stechkartendenke aus der vordigitalen Zeit", schreibt Stefan Winterbauer [3]. Sein Argument: Der Betriebsrat schaffe im VW-Konzern eine „Zwei-Klassen-Kommunikationsgesellschaft". „Während die einen up-to-date sind, dürfen die anderen in ihrer Betriebsrats-Blase nur zu festgelegten Geschäftszeiten kommunizieren."

Doch greift diese Kritik wirklich? Thierry Breton sieht das ganz anders: „Wir produzieren riesige Datenmengen, die unsere Arbeitsumgebung buchstäblich überwuchern und auch im privaten Bereich bereits überhandnehmen."

Breton war bis November 2019 CEO von Atos, einem weltweiten Anbieter von IT-Dienstleistungen. Seit Dezember 2019 ist er EU-Kommissar für Binnenmarkt und Dienstleistungen.

2018 betrug der Umsatz von Atos rund 12,3 Mrd. EUR, die über 110.000 Mitarbeiter weltweit erwirtschaftet haben. Wer ein solches Unternehmen geleitet hat und jetzt politische Verantwortung trägt, sollte in der E-Mail-Diskussion ernst genommen werden. Denn Breton erkennt eine Parallele zur Industrialisierung: „Ähnliches geschah nach der industriellen Revolution, als Unternehmen erste Maßnahmen im Kampf gegen die Umweltverschmutzung trafen."

Geht es heute um digitale Umweltverschmutzung? Für den betrieblichen Gesundheitsexperten Verdam ist klar: E-Mails können krank machen, genauso wie Feinstaub die Lunge angreift: „Die ständige Erreichbarkeit lässt keine kurzfristige Regeneration zu, geschweige denn eine echte Erholung." Die Zahl der stressbedingten Krankheiten würde ständig steigen, „da viele Mitarbeiter Angst um ihren Arbeitsplatz haben und sich verpflichtet fühlen, überall erreichbar zu sein".

Als Thierry Breton noch CEO von Atos war, hatte er versucht, eine „Kehrtwende" einzuleiten: „Zero Email" hieß ein Programm, mit dem sein Unternehmen den internen E-Mail-Verkehr völlig abstellen wollte. „Unser erster Schritt war es, eine E-Mail-Etikette einzuführen", erklärt der Pressesprecher von Atos, Stefan Pieper. Da ging es unter anderem darum, unnötige cc-Kopien einzudämmen. Der Grund: Die Kopierfunktion trägt erheblich dazu bei, die Postfächer vieler Kollegen zu verstopfen. Die vielfach verschickten Kopien verlangen nach Aufmerksamkeit und reduzieren die Produktivität – gerade bei Chefs, die immer alles in cc mitlesen wollen. Die Konsequenz: lahmgelegte Unternehmen.

Eine weitere Regel lautet: „Öffne eine E-Mail nur einmal!" Pieper: „Dann bearbeite ich die Mail, leite sie weiter oder schreibe einen Punkt auf meine To-do-Liste." So werden wichtige Informationen im Postfach nicht weggespült. Hinzu kommt: „E-Mails sind nicht mehr das richtige Instrument für wissensintensive Unternehmen", so Pieper. Atos betrachtet E-Mails als eine „Art Aktenschrank" – ein „insolierter Datenspeicher, der wichtige Informationen enthält, auf die Content-Management-Systeme nicht zugreifen können." E-Mails seien ein „Fließband", „an dem viele Menschen arbeiten, um eine Aufgabe zu erledigen". Und wie das Fließband in der Industrie an Bedeutung verloren hat, so sind heute E-Mails ein Auslaufmodell der Wissensgesellschaft.

„Wir haben bereits eine Reihe von Technologien, um Arbeit gemeinsam zu organisieren", sagt der Atos-Pressesprecher. Zum Beispiel: Wikis für Prozessbeschreibungen, Videokonferenzen und Chatsysteme sowie Plattformen, damit mehrere Mitarbeiter an denselben Dateien arbeiten. Ebenfalls in der Auswahl: Blogs, Instant Messaging und Social Media sowie eine ganz schlichte Lösung: den kurzen Weg zum Kollegen im Nachbarbüro!

Warum gelten E-Mails als Technik der digitalen Steinzeit? Weil sich moderne Netzwerke horizontal organisieren. Pieper nennt ein Beispiel: Hat ein Kunde für ein Projekt das Pflichtenheft formuliert, ist es nötig, im Unternehmen die richtigen Experten zusammenzutrommeln. „Da ist Expertise statt Hierarchie gefragt", so der Pressesprecher, „wir müssen Wissen immer stärker vernetzen; E-Mails fördern aber in der Tendenz hierarchische Strukturen." Erst wenn alle übergeordneten Stellen per cc-Kopie verständigt sind, kommt es zu einer Entscheidung – und schon kann das Projekt zeitlich in Schieflage geraten. Das Stichwort lautet: flache Hierarchien [4].

Um diesen Zielen näher zu kommen, entwickelte Atos ein „Enterprise Social Network" – ein „Facebook für Unternehmen", wie es Pieper beschreibt. Sein Name: blueKiwi. So lassen sich Kontakte organisieren, Communitys einrichten und gezielt Informationen verbreiten. Die Zeit der Schrotschüsse wäre vorbei, die „Inflation von Informationen" würde eingedämmt.

Was ist aus dieser Initiative geworden, die Atos 2011 gestartet hatte? „Das Programm ‚Zero Email' scheint zu funktionieren, auch wenn das Ziel ‚Null E-Mails' im Unternehmen nicht erreicht wurde", schreibt der Wissenschaftler Christian Albert Oettl zusammen mit seinen Kollegen [5]. Die Forscher stellen aber fest: Atos war in der Lage, den gesamten internen E-Mail-Verkehr um 60 % zu reduzieren. Gemessen wurde dazu, wie viele E-Mails ein Mitarbeiter pro Woche verschickt. Statt 100 E-Mails im Jahr 2011 waren es 2013 nur 40 E-Mails. „Ein sichtbarer Erfolg", so die Wissenschaftler. Das lag besonders am neuen Netzwerk blueKiwi: „Durch diesen smarten Weg der Kommunikation können größere und flexiblere Teams komplexere Projekte durchführen." Aber: Trotz scheinbar positiver Ergebnisse am Anfang, so Oettl und Kollegen, sei es im Zeitverlauf zu einer „Stagnation des Prozesses" gekommen. „ Die Vision einer ‚Zero Email Company' war von Atos kaum zu realisieren, weil es nahezu unmöglich ist, den gesamten E-Mail-Verkehr in einer Organisation abzuschaffen. Es findet ein ständiger E-Mail-Fluss externer Partner und von Dritten statt, was die Mitarbeiter des Unternehmens zwingt, täglich mit zahlreichen E-Mails umzugehen", so das Fazit der Wissenschaftler.

Zurück zur gestressten Sabine: Ihr Arbeitgeber ist eine traditionelle Großbank, weit entfernt von Innovationen, wie sie Atos ausprobiert. Ihr Chef erwartet, dass sie stets auf dem Sprung ist, egal ob am Wochenende oder

Feiertag. Wozu gibt es schließlich Smartphones? Mit dieser Haltung sichert sich Sabines Arbeitgeber ein warmes Plätzchen am Höhlenfeuer – mitten in der digitalen Steinzeit.

Sabine hat es tatsächlich gewagt: Sie ist für ein paar Tage zum Schweigen ins Kloster gefahren – ohne Handy, Internet und Fernsehen. Jetzt ist sie den ersten Abend wieder zu Hause und erzählt Frank: „Zuerst hatte ich Angst, nichts mehr von der Welt mitzubekommen", erzählt sie, „doch dann habe ich im Garten gehört, wie im Wind die Äste knarrten." Allmählich verschwand das Smartphone aus ihrem Bewusstsein, die reine Gegenwart aus Natur und Meditation füllte sie aus. „Eine wunderbare Ruhe machte sich breit", berichtet Sabine ihrem Mann, „doch wie schaffe ich es, einen Zipfel davon in den Alltag zu retten?"

Warnung: E-Mail als Waffe

Lehnen Sie sich vor Ihrem Rechner zurück, speichern Sie die ärgerliche E-Mail – und lassen Sie über die Angelegenheit erst einmal ein paar Bytes wachsen. Morgen ist auch noch ein Tag ... und Sie können in Ruhe antworten. Präzise und ohne Aufregung!

Wie viel Frustration ließe sich in deutschen Büros vermeiden, wenn mehr Menschen so handeln würden. Stattdessen wird geballert, was das Zeug hält. Was dabei viele vergessen: Wer seine Worte nur auf digitalen Kanälen abschießt, richtet oft große Verwüstungen an. Das ist die Null-oder-Eins-Logik der Digitalität, wo Zwischentöne keinen Platz mehr haben. Kostprobe: Eine Lehrerin erzählt, wie ihr morgens eine Mutter WhatsApp-Nachrichten geschickt hat. „Nach kurzer Zeit", berichtet sie, „haben wir Hassbotschaften ausgetauscht." Dann kamen beide auf die Idee, zum Telefon zu greifen.

Der Vorteil: Am Telefon können Sie zurückrudern, wenn Sie übers Ziel hinausgeschossen sind. Im direkten Gespräch wirken Sie mit Ihrer ganzen Persönlichkeit – Missverständnisse lassen sich leichter ausräumen. Eine wütende E-Mail dagegen ist eine „Fire-and-Forget"-Rakete ... Schlägt sie ein, ist der Schaden nicht mehr zu beheben. Und: Einmal in der Welt, lässt sich Ihre peinliche Mail um den ganzen Globus weiterleiten. Das geschieht mit blamablen Wortmeldungen, die keiner will – die aber viele Menschen täglich in die Welt setzen! Eingehüllt in eine Wolke von Aggressivität, die oft auf den ersten Blick nicht zu erkennen ist, weil sie sich unbewusst in den Zeilen einer E-Mail einschleicht. Oft nicht „böse" gemeint ... Aber „gut gemeint" schützt nicht vor den Folgen, wenn die Sendetaste blitzschnell gedrückt ist. Im Gegenteil: Scheinbar sachliche Informationen verwandeln sich in Beleidigungen, wenn sie der Empfänger in den falschen Hals bekommt. Also: Lieber eine Nacht darüber schlafen, als sofort zurückzuschießen.

Genau vor diese Herausforderung stellt uns die digitale Welt: Der Wahn der ubiquitären Erreichbarkeit hat ungeahnte Dimensionen erreicht. TNS Infratest befragte Mobilfunknutzer, wo sie ihre Geräte einsetzen. 93 % nannten den eigenen Haushalt, 74 % den Beifahrerplatz im Auto und 70 % Bahnhöfe, Haltestellen sowie Flughäfen. Smartphone total: 16 % berichteten, ihr Handy sogar im Kino zu nutzen. Die Folge: Wir verfallen in einen inneren Standby-Modus, ständig twittert und zwitschert es in unserem Kopf. Bis heute hat sich das Verhalten kaum geändert. Doch immer mehr Menschen versuchen, dieser Smartphonesucht zu entkommen. Eine Deloitte-Studie von 2018 [6] zeigt, dass 38 % der Befragten bereits begonnen haben, die Nutzung des Smartphones zu begrenzen. Nur 12 % hatten damit Erfolg. Das führte bei 2 % sogar zum Umstieg aufs Standard-Mobiltelefon, um die Smartphonenutzung einzuschränken.

Die Mobilität durch das Internet hat auch gute Seiten, wie der *iga.Report 23* [7] herausgefunden hat:

- *Flexibilitäts- und Mobilitätsgewinne:* Die Arbeit lässt sich zeitlich und örtlich flexibler gestalten, was unter anderem zu einer besseren Vereinbarkeit von Familie und Beruf führen kann.

- *Schnellere Unterstützung:* Wenn es in Arbeitsprozessen schneller eine Hilfestellung oder ein Feedback gibt, empfinden das manche Beschäftigte als Erleichterung.
- *Identitäts- und Statusgewinn:* Permanente Erreichbarkeit gehört für einige Beschäftigte zur beruflichen Identität.

Doch laut diesem Report überwiegen die Schattenseiten: Wichtige Zeiträume der Erholung brechen weg, wenn die Arbeit in das Wochenende schwappt oder sogar den Urlaub unterbricht – verbunden mit einer „fehlenden Planbarkeit und Einschränkung bei der Freizeitgestaltung". Es muss aber nicht der Urlaub sein, der durch Smartphones gestört wird. Wer den zeitlichen Abstand zwischen Arbeit und Zubettgehen verkürzt, leidet eher unter Schlafstörungen. Die Gedanken an den Job verhindern, dass wir gut einschlafen. Viele Menschen erleben das als „Struktur- und Kontrollverlust durch Intransparenz", wie der Report festhält. Also lässt sich als Kehrschluss die Empfehlung ableiten: Das Wohlbefinden der Beschäftigten nimmt zu, wenn sie sich auf eine klare Tagesstruktur einstellen können. Außerdem sollte transparent sein, wann sie wirklich erreichbar sein müssen.

Schließlich nennt Strobel in dem Report noch eine weitere Gefahr, die der Gesundheit droht: der „ständige Unruhezustand", in den Smartphones ihre Nutzer versetzen. Allein das Gefühl, überall und immer kontaktiert werden zu können, kann zu einer psychischen Belastung werden. Übertrieben? Der *DAK-Gesundheitsreport 2013* [8] stellte bereits vor sieben Jahren fest: „Höhere Erreichbarkeit steigert Risiko für Depression." Diese Untersuchung unterscheidet vier Gruppen (Kriterium ist der Grad der Erreichbarkeit). Die Frage war: Wie viele Prozent der jeweiligen Gruppe leiden an einer Depression? Hier die Zahlen:

- Nicht oder kaum erreichbar: 11,4 %
- Geringes Maß an Erreichbarkeit: 12,1 %
- Mittleres Maß an Erreichbarkeit: 16,7 %
- Hohes und sehr hohes Maß an Erreichbarkeit: 24,0 %

Klar: Monokausale Erklärungen sind immer fragwürdig, aber es zeichnet sich eine deutliche Tendenz ab. Wer sich der Digitalität einfach in den Rachen wirft, kann gefressen werden. Erst die Selbstreflexion des eigenen Verhaltens ermöglicht Wege, den digitalen Drachen zu bändigen.

Kampf der Sklaverei

Eigentlich ist die Diskussion ein alter Hut. Schon Jean-Jacques Rousseau (1712–1778) nahm im 18. Jahrhundert die Position ein: „Die sittliche Freiheit macht allein den Menschen erst in Wahrheit zum Herrn über sich selbst; denn der Trieb der bloßen Begierde ist Sklaverei und der Gehorsam gegen das Gesetz, das man sich selber vorgeschrieben hat, ist Freiheit." Ein Thema, das Philosophen seit Jahrtausenden bewegt und in der digitalen Welt verschärft sichtbar wird: Der „Trieb der bloßen Begierde" ist zu spüren, sobald wir uns glückselig von digitalen Nachrichten kitzeln lassen. Wie wichtig wir doch sind … Schnell werden wir so zum Spielball der Impulse unserer Umwelt, die als digitales Dauerfeuer auf uns niedergehen. Das ist der Weg in die „Sklaverei", wie sie Rousseau vor Augen hatte oder heute Anitra Eggler [9] als „Sklaven-Phonitis" beschreibt.

Doch laut Rousseau führt der Weg in die Freiheit über den „Gehorsam gegen das Gesetz, das man sich selber vorgeschrieben hat". Übersetzt in die digitale Welt, bedeutet das: Wir müssen unsere Souveränität verteidigen oder zurückgewinnen, damit jeder „Herr über sich selbst" bleibt. Die digitale Kommunikation erreicht ihr Optimum in Echtzeitprozessen: Am besten liegt die Antwort schon als Vorlage im Speicher, bevor die passende Anfrage kommt. Da ist Asynchronität gefragt: Freiheit entsteht, wenn wir nicht „am besten gestern" antworten, Gedanken reifen lassen und uns bewusst auskoppeln, und zwar aus dem aufgeregten Geschrei, was in manchen E-Mails zu „hören" ist.

Leichter gesagt als getan! Ja, aber auch der *iga.Report 23* [7] kommt zu dem Schluss: „Ideal sei es, wenn ein Beschäftigter über die Freiheit verfüge, Anfragen der Vorgesetzten, Kunden und Kollegen in seiner Freizeit ohne Sanktionen ignorieren zu können." Wichtig ist die Frage, „ob die Kommunikation erzwungen sei oder freiwillig". Würde es diese Autonomie nicht geben, „dann habe Erreichbarkeit tendenziell eher eine Kontrollfunktion", so der Report. Es entwickelt sich eine belastende „Einwegkommunikation", die nur aus Anweisungen besteht.

Ganz wichtig dabei: Das Problem darf nicht individualisiert werden! Es besteht ein Wechselspiel zwischen Mitarbeiter und Organisation; die Verantwortung lässt sich nicht allein auf den Schultern der Beschäftigten abladen. Und: Unternehmen wie Atos zeigen, wie strukturelle Weichenstellungen aussehen, um der digitalen Steinzeit zu entkommen.

Fluch und Segen treten wieder deutlich hervor: Wir besitzen heute Werkzeuge, um individuelle Freiheitsräume stark zu erweitern – gleichzeitig werden wir allzu leicht zu Sklaven dieser Technologie. Nur Selbstreflexion und das Nachdenken über organisatorische Abläufe bringen uns weiter, um die digitale Welt so bewusst zu gestalten, dass unser Ich am Ruder bleibt. Verblüffenderweise helfen uns dabei die Smartphones. Sie stellen uns besonders stark vor die Herausforderung, Herr über uns selbst zu bleiben. Das hat schon Rousseau erkannt – ohne ein Smartphone in die Hand zu nehmen.

Praktische Tipps für die digitale Welt

- Vermeiden Sie endlose Ketten frustrierender E-Mails, indem Sie einen kurzen Telefonanruf machen.
- Klären Sie für sich, welches Kommunikationsziel Sie mit einer Mail verfolgen – und welche Resonanz Sie erwarten.
- Werfen Sie keine komplexen Fragen in Ihren E-Mails auf. Verzichten Sie auf epische Ausführungen Ihrer Absichten, kommen Sie auf den Punkt. Die Stärke dieses Kommunikationskanals liegt in einem schnellen und einfachen Frage-Antwort-Spiel. Alles andere frisst Zeit.
- Mit dem Satz „Von meinem Mobiltelefon gesandt" können Sie nicht rechtfertigen, dass in Ihrer E-Mail unzählige Rechtschreibfehler auftauchen, ganz abgesehen von sinnfreien Äußerungen.
- Lassen Sie es sein, große Dateianhänge zu verschicken, die keinen unmittelbaren Bezug zu Ihrer aktuellen Aufgabe haben. Stellen Sie kurz und konkret dar, was der Empfänger mit dem Dateianhang machen soll. Er wird ihn sonst kaum öffnen.
- Verwenden Sie keine Wörter aus Großbuchstaben oder rot markierte Wörter in E-Mails – das wirkt wie Schreien im Fußballstadion. Es bringt nichts und wirkt lediglich aufdringlich.
- Sie erreicht ausnahmsweise eine wichtige Nachricht? Bestätigen Sie einfach kurz den Empfang, und beantworten Sie die Mail später.

Übung macht den Loser

Wie du mit cc-Kopien sicher im Abseits landest Handle wirklich aufmerksam gegenüber deinen Kollegen: Scanne den zehnseitigen Artikel „Welpenpflege im Internet" ein, den du in deiner Abo-Zeitschrift *Hunde – Aufzucht und Pflege* gefunden hast. Schicke das wichtige Grundlagenwerk an alle 300 Kollegen, es wird sicher einer dabei sein, der deine Liebe zu Hunden teilt. Und die anderen? Sie könnten erkennen, wie wichtig die Welpenpflege in ihrem Leben ist. Daher ist die cc-Kopie unverzichtbar. Genau drei deiner besten Hunde-Community-Freunde reagieren mit Dank. Sollte sich jemand in einer Antwort über Spam beschweren, ist das als persönliche Beleidigung zu interpretieren! Wo du dir doch so viel Mühe gemacht hast, den Text zu scannen.

Antworte nach dem Motto: „Wie man in den Wald hineinruft, so schallt es heraus." Tadle den Kollegen als Tierfeind und Ignorant, und zwar in einer gebührend klaren Sprache: „Du Schweine-KZ-Wächter ..." Natürlich in cc-Kopie an alle 300 Kollegen. So schaffst du es spielend, eine schöne Lawine loszutreten, die dich am Ende leider begraben wird. Denn am nächsten Tag liegt ein schwerer Rüffel in deinem E-Mail-Postfach, den dein Chef in cc-Kopie an alle verschickt hat.

Literatur

1. Gasser F (2012) Radikale Stille. https://www.zeit.de/2012/15/A-Kloster. Zugegriffen: 23. Dez. 2019
2. Leipner I (2019) Digitaler Druck macht Mitarbeiter müde. Wirtschaftsmagazin econo 05(19), S. 138–140
3. Winterbauer S (2011) Der unsinnige E-Mail-Bann bei VW. https://meedia.de/internet/der-unsinnige-e-mail-bann-bei-vw/2011/12/27.html. Zugegriffen: 23. Dez. 2019
4. Leipner I (2013) Das Ende der digitalen Steinzeit. https://www.fr.de/ratgeber/karriere/ende-digitalen-steinzeit-11280184.html. Zugegriffen: 23. Dez. 2019

5. Oettl CA (2018) Zero Email initiative: a critical review of Change Management during the introduction of Enterprise Social Networks. https://link.springer.com/content/pdf/10.1057/s41266-018-0033-y.pdf. Zugegriffen: 23. Dez. 2020

6. Genter A (2018) Smartphone Trends 2018. Eine Studie der Deloitte Unternehmensberatung. https://www2.deloitte.com/de/de/pages/technology-media-and-telecommunications/articles/smartphone-nutzung-2017.html. Zugegriffen: 23. Dez. 2019

7. Strobel H (2013) iga.Report 23: Auswirkungen von ständiger Erreichbarkeit und Präventionsmöglichkeiten. https://www.iga-info.de/fileadmin/redakteur/Veroeffentlichungen/iga_Reporte/Dokumente/iga-Report_23_Staendige_Erreichbarkeit_Teil1.pdf. Zugegriffen: 23. Dez. 2019

8. DAK (2013) Gesundheitsreport 2013. https://www.dak.de/dak/download/vollstaendiger-bundesweiter-gesundheitsreport-2013-2120160.pdf. Zugegriffen: 29. Jan. 2020

9. Eggler A (2013) Facebook macht blöd, blind und erfolglos. orell füssli, Zürich

10

Hardware-Gläubige

Die Jagd nach dem besten Smartphone – und wie wir dabei Raubbau an der Erde betreiben

© Springer-Verlag GmbH Deutschland, ein Teil von Springer
Nature 2020
G. Lembke und I. Leipner, *Zum Frühstück gibt's Apps*,
https://doi.org/10.1007/978-3-662-61800-4_10

4.00 Uhr: Mike hatte nicht an lange Unterhosen gedacht. Jetzt friert er schon seit Stunden, eine Wärme-App ist noch nicht auf dem Markt. Aber Mike befindet sich in bester Gesellschaft: Seit letztem Abend belagert er mit anderen Enthusiasten den Apple-Store, denn eine Prophezeiung soll sich diese Nacht erfüllen: Apple schenkt der Welt das neue iPhone – und lässt es durch seine Jünger auf allen Kontinenten verteilen. Natürlich gegen Geld und erst, wenn der Laden um 8.30 Uhr öffnet. Bis dahin sind es noch lausige 4,5 h, und Mike tritt heftig auf der Stelle, um sich warm zu halten. „In Japan haben sie sieben Tage vor den Läden campiert", erzählt ein Mitfrierer, „sieben Tage, stellt euch das mal vor!" „Ja", sagt Sophie, die mit Mike die Begeisterung für Apple teilt, „die hatten sogar Campingstühle mitgebracht." „Das machen wir beim nächsten Mal genauso", grinst Mike und bewundert wieder das Plakat im Schaufenster, einen Schauer der Ehrfurcht auf dem Rücken.

Das Plakat zeigt es, das neue iPhone in der Hand des Apple-CEO Tim Cook. Lichtumstrahlt, entrückt, mit einem seligen Lächeln im Gesicht. Der verstorbene Apple-Gott Steve Jobs wäre kaum besser zur Geltung gekommen. In der einen Hand das Symbol der IT-Macht: einen goldenen, angebissenen Apfel! In der anderen das achte Weltwunder, das neueste iPhone! Noch wenige Stunden … und Mike würde zu den wenigen Auserwählten gehören, die als Erste das gloriose Gerät empfangen – wie eine Hostie, die der Papst persönlich überreicht. Und was hatte er nicht für sagenhafte Geschichten gehört: 3-D-Druckfunktion für RFID-Chips, holografische Fantasy-Abenteuer, Dolby-Surround-Effekte … Das alles, und noch viel mehr, würde er haben, wenn er im Apple-Store wär … in wenigen Stunden.

8.00 Uhr: Bewegung kommt in die müden Reihen, der große Moment ist nahe. „Fühlst du schon das Knistern der Folie beim Auspacken?", fragt Sophie mit

verzückten Augen. „Oh ja, und dann der erste Kontakt!
Dieses unglaubliche Feeling, wenn ES in der Hand liegt",
antwortet Mike. ES ist ein kultischer Gegenstand: Wer
ES als Erster kauft, ist als Trendsetter unterwegs und zeigt
exquisites Markenbewusstsein. „Dieses Mal werde ich
das Auspacken filmen", kündigt Mike an. „Das Video
lade ich bei YouTube hoch". Unboxing heißt dieses Verhalten. Es existieren bereits Hunderttausende Videos, die
lediglich zeigen, wie Menschen Waren auspacken, meist
elektronisches Spielzeug. Rätselhaftes Internet …

8.30 Uhr: Das Tor zur Glückseligkeit öffnet sich, die
Appleianer strömen in das Geschäft. Endlich! Mike und
Sophie sind am Ziel ihrer Träume, zumindest in diesem
Moment. Denn das nächste iPhone wird kein Jahr auf sich
warten lassen, die Marketingpläne liegen sicher schon in
der Schublade.

Denn Marketing hat Apple schon immer beherrscht.
Den ersten Hype um das iPhone trieb das Unternehmen
2007 systematisch auf die Spitze, indem es Informationen
gezielt streute, Experten Testgeräte zur Verfügung stellte und
zahlreiche Werbespots laufen ließ. Der Höhepunkt: Als sich
eine Schlange vor dem Apple-Store in New York bildete,
übertrug eine Webcam live das epochale Ereignis im Internet. Und: Vier Stunden machte der Apple-Store zu, um sich
auf den Ansturm vorzubereiten. Sonst ist er 365 Tage im
Jahr geöffnet – Angebote symbolisch zu verknappen, gehört
in jeden Werkzeugkasten des Marketings [1].

Das erste iPhone war eine Revolution. Steve Jobs hatte
ein Telefon ohne Tastatur angekündigt, 13 Jahre später
sind Touchscreens selbstverständlich. Damals aber …
zwischen Ankündigung und Verkauf lag ein halbes Jahr:
„Die lange Zeit war fast wie eine Schwangerschaft", zitiert
Focus online [2] einen Early Adopter, der endlich sein
iPhone in der Hand hatte. Und ein berauschter Teenager teilte seiner Mutter mit: „Ich liebe dich, weil du mir

das iPhone gekauft hast." Early Adopter sind übrigens Konsumenten, die immer als Erste eine neue Technologie nutzen wollen.

Was werden Sophie und Mike mit ihren alten Smartphones machen? Schublade? Verschenken? Oder gar Recycling? Der Branchenverband Bitkom meldet Januar 2018: „In deutschen Schubladen, Schränken und Kartons liegen derzeit rund 124 Millionen alte Mobiltelefone ungenutzt herum."

2010 waren es 72 Mio. Altgeräte – ein Anstieg um 72 % bis 2018. Im Moment liegt bei 80 % der Bundesbürger (ab 14 Jahren) mindestens ein Handy oder Smartphone unbenutzt zu Hause herum, das betrifft 56 Mio. Menschen. 59 % der Befragten haben sogar zwei oder mehr ungenutzte Mobiltelefone in Schubladen abgelegt. Nur 17 % haben zu Hause kein altes Handy – oder besaßen noch nie ein solches Gerät. „Die Verkaufszahlen von Handys und Smartphones sind seit Jahren auf einem konstant hohen Niveau", sagt Bitkom-Umweltexperte Kai Kallweit [3]. „Sechs von zehn Smartphone-Nutzern haben ihr Gerät im vergangenen Jahr gekauft. Das zeigt, dass viele Verbraucher stets das aktuellste Smartphone besitzen wollen – sei es wegen einer längeren Akkulaufzeit, mehr Speicherkapazität, einer besseren Kamera oder schnellerem Laden. Alte Geräte werden deshalb relativ häufig gegen neue ausgetauscht."

Je mehr und schneller die Handys über die Ladentheke gehen, desto besser fürs Geschäft! Die Grundlage dafür sind immer kürzere Innovationszyklen und die Tatsache, dass die Mehrzahl der Handyverträge eine Laufzeit von 24 Monaten hat. Dann kommt der Austausch! Konsequenz: Die meisten deutschen Verbraucher nutzen ein Handy im Durchschnitt unter 12 Monate, obwohl die Geräte technisch viel länger in Schuss sind.

Ob Mike und Sophie diese Zahlen kennen? Sie sitzen gerade in ihrer Lieblingskneipe, jeder sein neues iPhone vor der Nase. „Die neuen Icons sind schon klasse", freut sich Sophie, „tolles 3-D-Design." „Und erst die Kamera!", entgegnet Mike, „fantastische Aufnahmen, endlich verfärbt sich die untergehende Sonne nicht mehr in grellen Farben, wenn du ein Foto machst." Den 3-D-Drucker für RFID-Chips hatten sie aber vergeblich gesucht.

Da kommt Thomas in die Kneipe, entdeckt seine Kollegen aus dem BWL-Studium, nimmt am Tisch Platz – und greift nicht zum Handy! Nein, gleich öffnen sich alle Schleusen, und geballter Studienfrust ergießt sich auf Mike und Sophie: „Die Dozenten sind doch alle gleich doof", legt er los, „keinen blassen Schimmer von moderner Technik!" Das denkt er auch über Prof. Unrat, der ihn bei einem Referat über Altersvorsorge durchfallen ließ – trotz einer engagierten Nacht ohne Schlaf, in der er auf allen digitalen Kanälen recherchiert hatte (Kap. 2). Nur der „dumme Professor" hatte das alles nicht verstanden. „Und jetzt wieder", schimpft Thomas, „der Dozent für Fotografie hat auch keine Ahnung, wie heute gearbeitet wird." Dieses Mal hatte Thomas an einem Marketingprojekt teilgenommen, bei dem es auch um Fotografie ging. Die Studierenden erhielten Kameras, um eigenständig Werbebotschaften zu inszenieren: „Kaufe zwei Zusatz-Handys für den Urlaub!" Oder: „Bleibe immer am Ball – mit dem neuesten Smartphone in deiner Hand!" Ein Projekt, für das die Hochschule den Auftrag einer Marketingagentur erhalten hatte.

„Die haben uns aber nur mit altem Zeug ausgestattet, einer KANOON 1001a, schon ganze sechs Monate alt", sprudelt Thomas weiter, „mit dem alten Kram konnte ich keine guten Bilder machen, obwohl mein Motiv Spitze war!" Er hatte das verschwommene Bild eines

Fußballs abgeliefert, und der Dozent gab ihm gnädig eine 4,0 – gerade noch bestanden! „Das habe ich mir nicht gefallen lassen!", wütet Thomas immer lauter, die ersten Gäste beginnen sich umzudrehen. „Mit der aktuellen KANOON 1001b hätte ich viel bessere Bilder gemacht, das habe ich dem Dozenten gesagt. Der hat mich aber mit einem blöden Spruch abblitzen lassen. Von wegen: Mit einer Wegwerfkamera hätte er den Fußball viel besser fotografiert." Und der Dozent hatte noch eins draufgesetzt: In Zukunft solle die Hochschule nur noch Wegwerfkameras anschaffen statt der digitalen Spiegelreflexkameras.

„Habe ich gerade Wegwerfkamera gehört?", mischt sich Matthias ein, der zum Tisch seiner Freunde kommt. „Das ist doch ökologischer Wahnsinn!", regt er sich auf. Sophie und Mike sind froh, dass sie vom Redeschwall ihres Freundes erlöst sind – und zeigen Matthias stolz ihre funkelnagelneuen Handys. Doch der fragt sofort: „Wie lange hattet ihr das Vorgängermodell?" Ein paar Monate, antworten die beiden. Das stört sie auch nicht weiter, weil sie immer auf der ersten Welle surfen wollen. Doch Matthias lässt nicht locker, als kritischer Geist provoziert er gerne seine Freunde: „Kennt ihr den ökologischen Rucksack eurer Handys? Die wiegen um die 80 Gramm, aber der Rucksack ist fast tausendmal schwerer, nämlich über 70 Kilo!"

Diese Zahlen hat sich Matthias nicht ausgedacht. Der „ökologische Rucksack" ist inzwischen ein Maßstab geworden, um den Verbrauch der Natur zu erfassen, wenn wir Güter herstellen. Dazu wird der Lebensweg eines Produkts betrachtet: vom Abbau der Rohstoffe über die Produktion und Nutzung bis zur Entsorgung. Die Faustregel lautet: Je leichter der ökologische Rucksack ist, desto geringer fallen die Schäden in der Natur aus. Umgekehrt führt ein starker Ressourcenverbrauch zu einem Rucksack mit hohem Gewicht.

Zahlen zum ökologischen Rucksack

Im Fall eines Handys kommen genau 75,3 kg zusammen. Wie verteilt sich der ökologische Rucksack von 75,3 kg bei einem Handy? 35,3 kg entfallen auf die Rohstoffgewinnung, 31,7 kg auf die Nutzung, 8,2 kg auf die Verarbeitung und 0,1 kg auf die Entsorgung [4].

Scheinbar sind in einem Handy nur Rohstoffe im Milligrammbereich verbaut, aber das Wuppertal-Institut hat vor ein paar Jahren ausgerechnet: 1720 kg Gold steckten 2012 in über 85 Mio. ausrangierten Handys – zu einem damaligen Marktpreis von 54 Mio. EUR! Und inzwischen sind es 2018 bereits 124 Mio. Altgeräte!

Doch Handys sind nicht nur eine Goldgrube: Über 60 Rohstoffe sind nötig, um sie zu produzieren. Kunststoffe, Keramik und Metalle werden gebraucht, um unter anderem Leiterplatten, Gehäuse, Displays oder Akkus zu fertigen. Dabei haben Kupfer und Silizium den größten Anteil; seltene Metalle sind ebenfalls im Spiel: Kobalt, Gallium, Indium, Niob, Tantal, Wolfram und Platingruppenmetalle. Das ist besonders brisant, was 2010 auch die EU-Kommission [5] erkannte. Sie zählt die genannten Rohstoffe zu den 14 „kritischen Metallen"! Dazu teilen die EU-Kommissare mit: „Prognosen zufolge wird sich bis zum Jahr 2030 die Nachfrage nach einigen dieser Rohstoffe gegenüber 2006 mehr als verdreifachen." Ein großer Teil des weltweiten Abbaus erfolgt in wenigen Ländern wie China, Russland, Kongo und Brasilien, wodurch die „große Gefahr einer Verknappung" entsteht. Außerdem stellt die Kommission fest: „Diese Konzentration der Produktion geht in vielen Fällen mit geringer Nachhaltigkeit und einem niedrigen Recyclinganteil einher." Ein Beispiel mangelhafter Nachhaltigkeit: Die Hälfte der globalen

Kobaltförderung kommt aus dem Kongo: „Der Klein-
bergbau [ist] aufgrund des informellen Charakters häufig
von Kinderarbeit und schlechten Arbeitsbedingungen
geprägt", stellt das Öko-Institut fest. Kritisch seien
auch „schwache staatliche Strukturen und die politische
Situation im Kongo", etwa Korruption und irreguläre
Besteuerung.

Verknappung, Korruption …droht nach dem Krieg
um Öl auch ein Krieg um „kritische Metalle"? Um
solche globalen Auseinandersetzungen zu vermeiden, ist
Recycling ein wichtiger Weg. Doch weltweit steckt die
Wiederverwertung von Handys in den Kinderschuhen,
was Wissenschaftler belegt haben: „In der Regel wird aus
den Endprodukten nur ungefähr ein Prozent recycelt
– der Rest wird als Abfall entsorgt und damit aus dem
Rohstoff-Kreislauf entfernt", schreiben Simon M. Jowitt
und seine Kollegen [6].

Nun zur Vogelperspektive: Der Weg zur Debatte
ums Wirtschaftswachstum scheint weit zu sein, ist aber
schnell zurückgelegt. Denn beim Thema „kritische
Metalle" wird deutlich: Wächst die globale Nachfrage
nach Smartphones weiter so rasant, könnten die Roh-
stoffquellen für deren Elektronik bald zur Neige gehen.
Ohne stärkeres Recycling erschöpfen sich diese endlichen
Ressourcen. Ein Phänomen, das sich genauso beim Erdöl
am Horizont abzeichnet. So löst sich in vielen wirtschaftlichen Bereichen die Idee in Luft auf, Produktion und
Ressourcenverbrauch entkoppeln zu können. Denn nur
so ließe sich das momentane Wachstumsmodell fortsetzen,
ohne dass wir fünf zusätzliche Erdkugeln brauchen.

Tim Jackson [7], Professor für Nachhaltige Entwicklung an der Universität Surrey, stellt in seinem Buch
Wohlstand ohne Wachstum klar: Ein wichtiger Indikator ist
die „Materialintensität", also die Menge an Rohstoffen,
um eine Einheit Bruttoinlandsprodukt (BIP) zu erzeugen.

Sie ist in den letzten Jahrzehnten tatsächlich gesunken, zumindest in einigen Industriestaaten. Es gäbe „eindeutige Belege für eine ‚relative Entkopplung‘", was an einem effizienteren Einsatz der Rohstoffe liegt. Aber: „Relative Entkopplung ist nicht einmal die halbe Miete", schreibt der britische Ökonom. Entscheidend seien die absoluten Mengen beim Rohstoffverbrauch; so sei der globale Abbau von Metallerzen 1990 bis 2007 um rund 50 % gestiegen. Jackson: „Die Förderung von Eisenerz, Bauxit, Kupfer und Nickel nimmt heute stärker zu als das Welt-BIP." Abgesehen von ein paar Industriestaaten bewege sich die Ressourceneffizienz weltweit in die falsche Richtung; „nicht einmal eine relative Entkopplung findet statt". Da erscheinen die gewaltigen Zuwächse bei Smartphones in einem neuen Licht: Allein 2019 gingen 22,9 Mio. Smartphones in Deutschland über die Theke.

Auch der Wissenschaftler Ernst-Ulrich von Weizsäcker [8] kommt zu dem Schluss: „Bisher ist das Wachstum an einen steigenden Ressourcenverbrauch gekoppelt, weil wir keine ernsthaften Anstrengungen unternehmen, diese zwei Entwicklungen zur trennen." Schon der Ökonom William Stanley Jevons untersuchte 1865, wie sich der Kohleverbrauch entwickelte, nachdem James Watt seine Dampfmaschine erfunden hatte. Diese Maschine verbrannte ihren Brennstoff viermal effizienter als die Vorgängermodelle. Die Folge: „Der Kohleverbrauch war nicht gesunken, sondern dramatisch gestiegen – gerade weil Watts Dampfmaschine eine so großartige Effizienz aufwies", argumentiert von Weizsäcker. Plötzlich ergaben sich sehr viele Möglichkeiten, die neue Dampfmaschine einzusetzen, etwa als Dampflokomotive. Das Eisenbahnnetz entstand und damit ein gewaltiger Bedarf an Kohle.

Dieser Rebound- oder Bumerangeffekt lässt sich auch heute beobachten. Zwar könnte die Materialintensität sinken, sobald Hersteller in einem einzelnen Smartphone weniger „kritische Metalle" verbauen. Wenn sie aber von diesen Geräten immer größere Mengen auf den Markt werfen, bleibt diese relative Entkopplung wirkungslos – und in absoluten Zahlen steigt der Rohstoffverbrauch erheblich, was in einer endlichen Welt auf unüberwindliche Grenzen stößt. Willkommen im Wachstumsdilemma!

„Die Essenz dieser Kultur ist der allem Anschein nach fehlgeschlagene Versuch, eine ursprünglich im Jenseitigen angesiedelte Idee, nämlich die Gottesidee völliger Unbegrenztheit, diesseitig zu wenden", schreibt der Sozialwissenschaftler Meinhard Miegel [9] in seinem Buch *Hybris – die überforderte Gesellschaft.* Und weiter heißt es:

> Alles sollte immerfort wachsen, schneller, weiter, höher werden. Begrenzungen jedweder Art wurden verworfen, Maß und Mitte oder menschliche Proportionen wurden zu Synonymen für Spießertum und Mittelmäßigkeit, für Langeweile. Die Grenzüberschreitung, das Überbieten von allem bislang Dagewesenen, der ultimative Kick entwickelten sich zu Idealen [9].

Wachstum garantiert kein Glück

Wir jagen dem neuesten iPhone nach, und nach 18 Monaten ist es so „veraltet", dass wir es nur noch mit spitzen Fingern anfassen. Die nächste Generation verspricht doch viel mehr – und so landen wir als Konsumenten in einem Hamsterrad, das sich immer schneller dreht. Fatal dabei: Wir brauchen tatsächlich das neueste iPhone! Nicht, weil es so viel besser ist als das alte. Nein, wir brauchen es, um den kurzfristigen Kitzel zu genießen, den uns das Marketing der Industrie verspricht. Dieser Kitzel ist zwar nur von kurzer Dauer, dann muss ihn ein neuer Reiz ablösen, der wieder für Wohlbefinden sorgt. So bezieht die Wachstumsökonomie ihre gewaltige Dynamik aus der These der „Nichtsättigung", die alle VWL-Studenten im ersten Semester lernen müssen.

Aber: Materielle Reize haben eine begrenzte Halbwertszeit, sie verlieren rasch ihren Wert. Und schon muss das nächste iPhone unter dem Weihnachtsbaum liegen, für den nächsten „ultimativen Kick", wie es Miegel [9] ausdrückt. Wir werden angeblich niemals satt! Das führt zu einem Ressourcenverbrauch, der nicht mit einer nachhaltigen Wirtschaftsweise zu vereinbaren ist. Die ständig wachsenden Bedürfnisse bewirken in unserer Gesellschaft, dass wir endliche Ressourcen so gedankenlos ausbeuten, als hätten wir einen zweiten Planeten in der Hinterhand. Parallel gelangt die Aufnahmekapazität der Umwelt für Schadstoffe immer mehr an ihre Grenze.

Die Annahme der Nichtsättigung ist konstitutiv für das heutige Wirtschaftssystem. Der Grund: Es kommt zu einem Wechselspiel von wachsenden Bedürfnissen und der Entdeckung neuer ökonomischer Potenziale. So entsteht die allesbeherrschende Wachstumsdynamik, wie sie in den letzten zwei Jahrhunderten zu beobachten ist. Die Ambivalenz dabei: Wir stürzen uns begeistert auf die Produkte der Elektronikindustrie und ruinieren nebenbei unseren Planeten. So handeln wir ständig, weil wir „Maß und Mitte" für Kategorien des Spießertums halten, wie es Miegel [9] treffend beschreibt.

„Wir brauchen einen Paradigmenwechsel, da unser ökonomisches Wachstumsmodell an deutliche Grenzen stößt", fordert daher Prof. Thomas Fischer [10], Lehrbeauftragter für Führungspsychologie (Fachhochschule Nordwestschweiz). Seine These: Der Weg führt über die Selbstreflexion der Menschen, das Sein verwandelt sich durch Bewusstsein. Der umgekehrte Weg ist zum Scheitern verurteilt. „Mehr Glück durch mehr Güter" –

diese Formel sei eine Milchmädchenrechnung: Der „psychologische Grenznutzen" materieller Güter geht gegen null, so Prof. Fischer.

Ganz anders dagegen der „psychologische Grenznutzen" immaterieller Güter: „Ich war joggen", erzählt der Psychologe, „und plötzlich stand mir ein Reh gegenüber, Auge in Auge." Solche Erlebnisse können viel mehr wert sein als das neueste iPhone – und sie kosten keinen Cent. Und ihr Grenznutzen bleibt groß, denn kleine Ereignisse bringen immer wieder einen hohen seelischen Gewinn. Die Natur ist voll davon, vom Schneckenhaus bis zum Alpenpanorama.

Hinzu kommt: Wir sollten alle im Leben ein Maß entwickeln, wie wir unser Verhältnis zu materiellen Gütern entwickeln. Das hatte vor rund 2000 Jahren auch ein Meister der Philosophie erkannt: Aristoteles. Er formulierte die Tugend der „Mäßigung" – als Mittelweg zwischen „Stumpfheit" und „Wollust". Mit diesem Konzept lässt sich vielleicht aus der Wachstumslogik aussteigen: Nicht der Verzicht ist das Ziel, sondern der bewusste Umgang mit der digitalen Wunderwelt. Geben wir unserer „Wollust" weniger Raum, kann das neue Handy auch ein Jahr länger warten.

Praktische Tipps für die digitale Welt

- Nutzen Sie Geräte einfach längere Zeit, als Sie es bisher gewohnt sind. So verringern Sie Kosten, nervenaufreibende Neuinstallationen, Müllaufkommen und den Verbrauch wertvoller Ressourcen.
- Verschenken oder verkaufen Sie funktionstüchtige Geräte z. B. an Freunde, Verwandte oder nichtkommerzielle Geschenkportale sowie karitative Einrichtungen.

- Der sogenannte Re-Commerce ist auch eine Lösung: Verkaufen Sie Ihre alten Geräte über entsprechende Portale (z. B. www.wirkaufens.de).
- Vor Verkauf, Weiter- oder Rückgabe sollten Sie alle privaten Dateien auf Ihrem Handy löschen.
- Alle großen Netzbetreiber nehmen Altgeräte per Post zurück. Um diesen Service zu nutzen, können Sie im Internet portofreie Versandumschläge anfordern oder im Handyshop abholen.
- Vermeiden Sie Amazon und unkontrollierte Shopping-Dynamik vor allem vor Weihnachten, am Wochenende und an Brückentagen.
- Verzichten Sie so oft wie möglich auf einen Besuch großer Einkaufszentren. So entziehen Sie sich der Marketingmaschinerie, die mit blinkenden Displays und glänzenden Geräten um Ihr Geld kämpft.
- Der Preisverfall bei Elektronik ist dramatisch. Sprechen Sie in Ihrem Freundeskreis davon, dass Sie ein gebrauchtes Gerät kaufen wollen. So erhalten Sie Ihr Gerät zu einem weit günstigeren Preis.
- Lassen Sie sich nicht aus Euphorie zu einem schnellen Aktionskauf verführen, z. B. durch den 1-Click-Button bei Amazon. Nutzen Sie davor Kaufberatungsportale wie www.fastprice.de (Handys) oder www.beratungs-portal.de (Kameras).

Übung macht den Loser

Wie sich digitales Glück einfach kaufen lässt Immer diese Ökofuzzis! Erzählen was von CO_2, Rohstoffver-schwendung und Treibhausgasen. Alles nicht bewiesen, davon merkt doch keiner was, oder? Stürze dich daher in echte Shopping-Orgien! Das bringt ultimativen Spaß und macht glücklich! Stoppe deine Einzahlungen in die sinn-freie Riester-Rente, das beschert dir Kaufkraft. Denn es gibt schon das neue iPad. Bestelle die Luxusvariante mit eigener Gravur und einem Speicher, mit dem sich Atomkraftwerke betreiben lassen. Dein Glücksgefühl wird explodieren … und ist noch zu steigern: durch eine Smart-Body-Analyser-Waage und diverse Fitness-Apps, die dich auf den Ironman in Hawaii vorbereiten.

Du läufst nur vom Fernseher zum Kühlschrank, Schwimmen hast du nicht gelernt, und du hast Angst vorm Fahrradfahren? Kein Problem. Deine Freunde werden über die Apps staunen. Image ist alles! Dann brauchst du noch ein Logitech-Keyboard Folio, damit du auf dem iPad schreiben kannst. Kaufe gleich drei Stück, in den Modefarben Rot, Weiß und Pink. So ist jeden Tag ein Wechsel möglich, und du beweist, dass du am Puls der Zeit lebst.

Auf keinen Fall zusätzliche Ladekabel und Adapter vergessen. Du kannst nie wissen, wo du das Gerät einmal anschließt. Nach einem halben Jahr ist alles hoffnungslos veraltet. Kaufe das neue Tablet in einer kleineren Variante – leichter, schneller und in neuen Farben. Der Speicher reicht jetzt für drei Atomkraftwerke, Gott sei Dank! Wirf den alten Kram einfach in die Mülltonne, Recycling wird sowieso maßlos überschätzt. Und fiebere bereits jetzt dem Moment entgegen, wenn in einem halben Jahr das neue Tablet auf den Markt kommt. In einschlägigen Nerd-Foren geht bereits das Gerücht um, es ließe sich durch Gedanken steuern!

Literatur

1. Fre R (2007) Technik-Freaks stürmen die Läden. https://www.tagesspiegel.de/wirtschaft/iphone-hype-technik-freaks-stuermen-die-laeden/973914.html. Zugegriffen: 23. Dez. 2019
2. o. V. (2007) Ansturm auf die ersten iPhones. https://www.focus.de/digital/handy/iphone/usa_aid_65024.html. Zugegriffen: 23. Dez. 2019
3. Bitkom (2018) https://www.bitkom.org/Presse/Presse-information/124-Millionen-Alt-Handys-liegen-ungenutzt-herum.html. Zugegriffen: 23. Febr. 2020

4. Informationszentrum Mobilfunk (o. J.) Lebenszyklus eines Handys und ökologischer Rucksack. https://www.informationszentrum-mobilfunk.de/umwelt/mobilfunkendgeraete. Zugegriffen: 23. Febr. 2020
5. EU-Kommission (2010) Bericht zufolge 14 wichtige mineralische Rohstoffe knapp. https://europa.eu/rapid/press-release_IP-10-752_de.htm. Zugegriffen: 23. Dez. 2019
6. Jowitt SM, Werner TT, Weng Z, Mudd, GM (2018) Recycling of the rare earth elements in: https://www.sciencedirect.com/science/article/abs/pii/S2452223617301256#. Zugegriffen: 3. Febr. 2020
7. Jackson T (2017) Wohlstand ohne Wachstum: Leben und wirtschaften in der endlichen Welt. Oekom, München
8. Leipner I (2013) Interview mit Ernst-Ulrich von Weizsäcker: Minus trotz Effizienz. econo 6(5):15
9. Miegel M (2015) Hybris – die überforderte Gesellschaft. List Taschenbuch, Berlin
10. Leipner I (2014) Wie man Managern zu hohe Boni abgewöhnt. https://www.fr.de/ratgeber/karriere/managern-hohe-boni-abgewoehnt-11221338.htm. Zugegriffen: 3. Febr. 2020

11

BILDung durch BILDschirm?

Wie wir durch Edutainment verlernen, dicke Bretter zu bohren

© Springer-Verlag GmbH Deutschland, ein Teil von Springer
Nature 2020
G. Lembke und I. Leipner, *Zum Frühstück gibt's Apps,*
https://doi.org/10.1007/978-3-662-61800-4_11

Mike blickt verzückt auf sein neues iPhone, während er auf dem Weg zum Hörsaal ist. Die Faszination ist ungebrochen, obwohl Mike schon seit Tagen die neuen 3-D-Icons bestaunt. So viel Schönheit! So viel Kraft! Danke Apple, für dieses wunderbare Geschenk! Die Tür zum Hörsaal geht auf – und plötzlich befindet sich Mike in einer noch besseren Welt: Kein Kreidestaub liegt in der Luft, die grüne Schiefertafel ist verschwunden, und das strahlende Weiß eines Smartboards zieht den Studenten in seinen Bann.

„Endlich", seufzt er, „die Zukunft hat auch bei uns begonnen!" Was hat Mike nicht alles von diesen Wundertafeln gehört: Ein Beamer wirft die Präsentation an die Tafel, mit Finger oder Spezialstift schreibt der Dozent Bemerkungen auf das Smartboard – und sein Rechner speichert das sofort in der entsprechenden Datei. Die Tafel wird lebendig, sie verwandelt in ein Wundergerät der Interaktion mit…, ja mit wem eigentlich? „Jetzt werden wir spannende Videos sehen", denkt Mike. Multimedia vom Feinsten! Und nie wieder kaputte Hände, das stundenlange Mitschreiben hat sich endgültig erledigt. Der „Tafelanschrieb" ist digital verfügbar, der Dozent stellt seine Dateien einfach ins Internet. … doch plötzlich fällt die Tür krachend ins Schloss, Mikes Tagtraum wird rüde unterbrochen: „Jetzt haben die dafür wirklich Tausende von Euros zum Fenster rausgeschmissen", schimpft Prof. Unrat, der nach dem Studenten den Hörsaal betritt.

Aktives Lernen

„Studieren bedeutet, den Schritt vom rezeptiven Lernen zum aktiven Studieren zu machen", so Dr. Rüdiger Rhein vom Institut für Erziehungswissenschaften an der Leibniz Universität Hannover, „nicht Antworten zu verstehen, sondern die zugrunde liegenden Fragen zu begreifen und selbst Fragen zu stellen."

Mike schaut seinen Professor erstaunt an. Warum regt der sich so auf? Ist doch klasse, endlich Hightech an der Uni! Prof. Unrat merkt, dass er nicht alleine ist, und dämpft seine Stimme. „Was bringt Ihnen das?", fragt er Mike. „Na ja, endlich Multimedia, Google Earth im Hörsaal, speicherbare Inhalte – alles viel einfacher als nur Zuhören und Mitschreiben", antwortet Mike, der immer noch ganz begeistert ist. „Das Lernsubjekt wird durch diese Technologie zum Lernobjekt", knallt ihm der Professor an den Kopf und erinnert Mike an das gescheiterte Referat, das sein Freund Thomas gehalten hatte: „Dein Kommilitone hat einfach die Marketingsprüche der Versicherungen kopiert" (Kap. 2). Ohne wissenschaftliches Know-how sei dieses ganze digitale Spielzeug nutzlos, so Prof. Unrat. Sprach's und rauscht aus dem Hörsaal.

Zeigt sich so die Hilflosigkeit älterer Generationen? Oder ist Prof. Unrats Skepsis berechtigt? Das werden Wissenschaftler erst in ein paar Jahren beurteilen können. Im Moment erleben wir den Anfang einer Welle, die immer mehr Technik in Klassenzimmer und Vorlesungsräume spült. Dabei ist zu befürchten, dass eine weitere Ökonomisierung der Bildung stattfindet, wenn immer mehr Begriffe aus der industriellen Produktion in die Schule und Universität schwappen: Vereinfachung, Standardisierung, Outputmaximierung, Inputminimierung, Automatisierung, Evaluierung, Effizienzsteigerung etc. Auf diese Weise soll sich die Spirale der pädagogischen Wertschöpfung immer schneller drehen … Bleibt dabei Bildung auf der Strecke?

Smartboards, WLAN-Router und Tablets – davon profitiert zunächst die Hardware-Industrie, wenn Bildung digitalisiert wird. Wer Software für den Unterricht entwickelt, kann sich auch ein Stück vom globalen Kuchen abschneiden. Das Unternehmen Netop zum Beispiel bietet die Software „Vision" an; auf der Website heißt es:

„Sehen Sie alles, was Ihre Schüler auf ihren Computern sehen. Sehen Sie auf einen Blick, wer die Aufgabe bewältigt und wer Hilfe benötigt."

Daher sind alle Rechner im Klassenzimmer vernetzt – und der Lehrer steuert von seinem Platz, wie die Schüler an ihren Computern arbeiten. Dazu kann er in kleinen Fenstern alle Bildschirme seiner Klasse überblicken. Klare Werbebotschaft: Es geht darum, die Aktivitäten der Schüler am Bildschirm zu überwachen und etwa eine Ablenkung durch Social Media zu verhindern. Bemerkenswert dabei: Der Lehrer ist bei seinem „Unterrichtsgespräch" nicht mehr gezwungen, seinen Schülern in die Augen zu schauen. Es ist möglich, von Bildschirm zu Bildschirm mit den Schülern zu kommunizieren oder Präsentationen überall gleichzeitig einzuspielen. So sehen die Funktionen dieser Software aus [1].

Ob André Spang [2] auch von Netop begeistert ist? Wir wissen es nicht, aber in der *taz* schildert er das Potenzial, das digitale Medien für die Schule haben. Sein Projekt heißt: „Mobiles Lehren und Lernen mit Wikis und Tablets". Der Lehrer schreibt: „Es geht um kritisch-analytische, verantwortungsvolle und konstruktive Mediennutzung." Dazu würden die Schüler „Content" für die eigene Wiki-Plattform erstellen sowie auf Blogs projekt-, produktorientiert und selbstbestimmt zusammenarbeiten. Es gibt YouTube-Videos, Bilder und Audioaufnahmen sowie Links zu passenden Texten, und laut Spahn ersetzt dieser „Materialpool" alle Arbeitsblätter.

Seine Schule stellt das KAS WIKI [3] ins Netz, dessen Beiträge sich auch im SchulWiki Köln [4] wiederfinden, betrieben von der Stadt Köln. Wer in diesem Wiki „blättert", reibt sich an mancher Stelle die Augen. Der Beitrag „evangelisch-katholisch" fragt nach den Unterschieden und Gemeinsamkeiten der Konfessionen. Es

folgt unter der Rubrik „Lesenswert" eine Sammlung von
acht Links, dann kommt das Stichwort „Gemeinsamkeiten: Ökumene". Unter dieser Überschrift werden
erstaunliche Erkenntnisse verkündet:

- „Die evangelischen und katholischen Gläubigen sind
  Christen."
- „Sie wollen möglichst so leben, wie Jesus es ihnen vor-
  gemacht hat."

Wer will nicht leben wie Jesus? Aber bitte ohne
Kreuzigung! Am Ende des Beitrags taucht eine Liste mit
neun Unterschieden auf, z. B. die Gegenüberstellung „Hat
einen Papst/Hat keinen Papst". Leider ist nicht ersicht-
lich, wie alt die Schüler waren, dennoch drängt sich der
Eindruck auf: In diesem kurzen Textstück jagt ein All-
gemeinplatz den anderen. Eine „kritisch-analytische, verantwortungsvolle und konstruktive Mediennutzung" sieht
jedenfalls anders aus.

Natürlich ist es großartig, wenn Schüler recherchieren,
Texte entwerfen und ihre Ergebnisse online publizieren.
Dabei dürfen Fehler passieren, das gehört zu jedem Lernprozess. Kritisch ist der Befund aus unserer Stichprobe,
da sich Recherchen oft auf Copy&Paste sowie auf das
Sammeln von Links beschränkt. Hinzu kommt: Eine
Qualitätskontrolle der Texte ist am Kölner Beispiel nicht
zu erkennen, sonst würden die Schüler weniger durch eine
abenteuerliche Rechtschreibung glänzen.

Sicherlich gibt es auch präzisere Einträge … doch Wikis
laufen als Bildungsinstrument intellektuell ins Leere,
wenn sie pure Form ohne adäquaten Inhalt bleiben! Noch
schlimmer: Schüler könnten der Suggestion ihrer Lehrer
unterliegen, sie hätten intellektuell eine Leistung vollbracht,
indem sie einfach Links zusammentragen. Doch Wissen

entsteht erst, wenn sich Lernende intensiv mit konträren Inhalten auseinandersetzen: Warum hat die evangelische Kirche das Papsttum abgeschafft? Passt eine zentrale, globale Autorität zum Konzept freier Gesellschaften? Sprengstoff für viele Diskussionen, die sich auch in einem SchulWiki dokumentieren ließen … als eigenständige Textbeiträge, die differenziert solche Fragen stellen. Sicher, ein Thema für die Oberstufe, aber es wäre auch in abgespeckter Form für jüngere Schüler interessant. Auf jeden Fall sollten junge Menschen nicht in Allgemeinplätzen stecken bleiben … Dafür tragen Lehrer die Verantwortung.

Ein weiterer Fund im SchulWiki Köln: „OER Aristoteles". OER steht für „Open Educational Resources", eigentlich für Lehrer ein kostengünstiger Weg, Inhalte für den Unterricht zu finden. Als OER werden freie Lern- und Lehrmaterialien bezeichnet, die eine offene Lizenz haben. Dazu zählt auch der Beitrag „OER Aristoteles". Aber: Er ist eine recht genaue Kopie aus dem entsprechenden Beitrag im ZUM-Wiki [5], für das die Zentrale für Unterrichtsmedien im Internet e. V. verantwortlich ist. Sie produziert seit 1997 offene Bildungsinhalte und Materialien, und das in einer großen Vielfalt. Lehrer können sie wie andere Open-Source-Produkte kostenlos für den Unterricht nutzen.

Es scheint uns kein pädagogischer Gewinn zu sein, bereits existierende Texte in ein neues Layout und ein anderes Wiki zu kopieren. Daraus ergibt sich ein merkwürdiges Vorbild für Schüler, die sowieso als Copy&Paste-Experten heranwachsen. Hätte nicht ein Link zur Originalquelle gereicht, angereichert mit einer fortführenden Information zum Original? Und: Im Zweifel lassen sich tiefergehende Informationen bei der Mutter aller Wikis, auf Wikipedia, finden. Oder vielleicht in einem altmodischen Schmöker, der sich mit griechischer Philosophie beschäftigt … ganz ohne Links!

OER ließen sich auch über eine Schul-Cloud verteilen, an der das Hasso-Plattner-Institut (HPI) arbeitet. Diese privat finanzierte Hochschule hat ihren Sitz in Potsdam und wurde von dem SAP-Mitgründer und Multimilliardär Hasso Plattner 1998 ins Leben gerufen.

Die Schul-Cloud ist ein zentrales Projekt im Bildungs-bereich, ihre Notwendigkeit begründet das HPI [6] in dieser Weise: „Durch zahlreiche Zusatzaufgaben überforderte Lehrkräfte, technisch mangelhaft ausgestattete Klassen-zimmer, vernachlässigte Computernetzwerke, hohe Lizenz- und Personalkosten prägen das Bild in vielen deutschen Schulen. Zeitgemäßer Unterricht mit moderner Technologie ist am IT-Standort Deutschland stark ausbaufähig."

Die Antwort darauf lautet: Aufbau einer zentralistischen Infrastruktur! Konkret: „Die Einrichtung einer ‚Schul-Cloud' bietet eine zukunftsorientierte Lösung", so das HPI, „mit der Schüler flächendeckend neueste und professionell gewartete Programme nutzen können." Auf Deutsch heißt „Cloud" Wolke, was in diesem Kontext bedeutet: Statt dezentral Daten und Programme auf einzelne Server abzulegen, landen diese Inhalte auf einem zentralen Server, also in der Cloud.

Ganz offen schreibt das HPI: „Die Schul-Cloud wird dazu beitragen, einen prosperierenden Bildungsmarkt mit innovativen digitalen Bildungsprodukten zu etablieren."

Auf diese Weise wird die Schul-Cloud zum trojanischen Pferd wirtschaftlicher Interessen – und es stellt sich die Frage, ob unsere Gesellschaft einen ständig wachsenden Einfluss der Wirtschaft akzeptieren will. Wollen wir wirk-lich, dass das Konzept der Employability (Beschäftigungs-fähigkeit) andere Ideen von Bildung immer mehr in den Schatten stellt?

Und: Es ergibt sich eine weitere entscheidende Frage, sobald wir den *FAZ*-Text von Meinel [7] weiterlesen. Da heißt es: Mit den Mitteln der Learning Analytics können die digitalen Lernangebote auf der Basis des Nutzerverhaltens gezielt weiterentwickelt und Lernen individueller und erfolgreicher gestaltet werden."

„Learning Analytics"? Das klingt nach einer aktiven Bewertung von Lerninhalten, geht aber völlig an der Realität von Learning Analytics vorbei. Wie diese rechnergestützte Analyse von Lernprozessen abläuft, schildern Jörg Dräger und Ralph Müller-Eiselt [8], die das Geschäftsmodell von Jose Ferreira beschreiben (Firma Knewton): „Mit Hilfe von Big Data will er über jeden so viel wie möglich erfahren, um mit diesem Wissen und einer sich anpassenden Lernsoftware den Unterricht zu personalisieren."

Argument: Im Gegensatz zu Lehrern in großen Klassen ist die Software Knewton in der Lage, „jedes Detail zu jedem Schüler" zu speichern. Konkret heißt das: „Knewton durchleuchtet jeden, der das Lernprogramm nutzt. Die Software beobachtet und speichert minutiös, was, wie und in welchem Tempo ein Schüler lernt. Jede Reaktion des Nutzers, jeder Mausklick und jeder Tastenanschlag, jede richtige und jede falsche Antwort, jeder Seitenaufruf und jeder Abbruch wird erfasst."

Genau dieser Rückkanal ist die Achillesferse automatisierter Lernsysteme, die biometrische Messungen an Schülern ergänzen können. Das Ergebnis sind minutiöse Lernprotokolle, die sich versilbern lassen. Dräger und Müller-Eiselt [8] nennen Ferreiras Geschäftsmodell „individuelle Bildung für alle im Tausch gegen Daten von jedem".

Vor diesem Hintergrund gewinnt das Bild des „Spinnennetzes" (Solschenyzin) an Brisanz; wir haben es bereits im Zusammenhang mit Geheimdiensten, die uns alle im Internet überwachen, kennengelernt (Kap. 8).

Es droht auch im Bereich der Bildung „eine mächtige neue Form der Kontrolle" (Carr), etwa durch zentralistische Konzepte wie die Schul-Cloud. Wenn wir Meinels Idee von Learning Analytics zu Ende denken, entfaltet sich ein „Spinnennetz" von Schülerdaten am virtuellen Himmel. Die Konsequenz des russischen Dissidenten sei noch einmal betont: „Jedermann, der sich seine eigenen unsichtbaren Fäden dauernd bewusst ist, entwickelt einen natürlichen Respekt für die Leute, die die Fäden manipulieren." Das ist das glatte Gegenteil kritischer Mündigkeit!

Zurück an die Universität. Wir machen eine Zeitreise ins Jahr 2001 (zu diesem Zeitpunkt sollten noch zwei Jahre vergehen, bis Facebook online geht). In diesem Jahr äußerte sich der Deutsche Hochschulverband [10] zu „Chancen und Risiken virtueller Universitäten":

Multimedial unterstützte akademische Lehre kann die menschliche Begegnung zwischen Lehrendem und Studierendem sowie der Studierenden untereinander nicht ersetzen. Erkenntnis gewinnt man im Dialog und im unmittelbaren Austausch. Deswegen ist die physische Präsenz des Hochschullehrers für die Motivation der Studierenden und die Vermittlung fachlicher Kompetenz unersetzlich [10].

Wer sich an seine Studienzeit erinnert, wird motivierende Hochschullehrer an einer Hand abzählen können. Schlechte Didaktik gab es schon immer, egal ob Professoren stur aus ihrem Lehrbuch vorgelesen haben oder heute vor einem Smartboard die Freude am Lernen ersticken. Trotzdem gilt 2020 wie 2001: „Virtualisierung darf nicht dazu führen, dass akademische Lehre zu einem Transport reinen Lehrbuchwissens wird. Der elementare und nicht ersetzbare Gesprächscharakter akademischer Lehre und akademischen Lernens muss auch in der ‚virtuellen Universität' erhalten bleiben", so der Deutsche Hochschulverband. Wichtig ist der „nicht ersetzbare Gesprächscharakter", der bereits durch den Bologna-Prozess gefährdet ist, weil die universitäre Ausbildung deutlich an Freiheitsgraden verloren hat. Kommt ein unkritischer Umgang mit Digitalität dazu, ist zu befürchten, dass sich die Probleme an deutschen Bildungseinrichtungen weiter verschärfen. Denn digitale Systeme haben natürlich ein hohes Potenzial, Bildungsprozesse zu rationalisieren – zum vermeintlichen Wohl der Staatskasse und auf Kosten der Bildungsqualität, die eigentlich vom intellektuellen Format der Professoren und Dozenten abhängt. Sie kann kein Computer ersetzen.

Jetzt wollen wir noch weitere Fragen diskutieren, die an Universitäten der vermehrte Einsatz von Algorithmen aufwirft: Wird Mathematik zum Schicksal? Gibt es einen Rückfall ins Mittelalter, dank Big Data? Konkret geht es um Studienabbrüche, die eine persönliche Katastrophe sein können. Jahrelang gelernt – und am Ende gescheitert. Wer will nicht verhindern, dass Studenten diese schmerzhafte Erfahrung machen?

Ein Weg dazu sind in den USA E-Tutoren: Diese Programme bauen auf den Datenschätzen von Big Data auf und sollen Studierende bei der Entscheidung unterstützen, welche Kurse sie erfolgreich belegen können. Zum Beispiel an der Austin Peay State University in Tennessee, wo die Software Degree Compass zum Einsatz kommt. Sie kann eine Prognose stellen, in welchem Kurs ein Studierender mindestens mit der Note „gut" abschneidet – und das mit einer Sicherheit von 90 %. Im Durchschnitt aller Studenten sind aber nur 60 % genauso erfolgreich [11].

Die Methode: In einer Datenbank finden sich die Studienverläufe Tausender Studenten aus der Vergangenheit. Sie lassen sich zu Clustern zusammenfassen, mit sehr ähnlichen Kurs- und Leistungskombinationen. Dann vergleicht der Algorithmus bildungstechnische Merkmale: die Eigenschaften des ratsuchenden Studenten mit den Clustern aus der Datenbank. Das beste Matching führt zur Empfehlung eines Kurses, für den in der Vergangenheit Studenten die Note „gut" bekamen – und dieselben Merkmale aufwiesen. Dies erinnert an die Methoden von Parship und Co. (Kap. 4), oder?

An dieser Stelle würde ein Werbetext enden … doch in Wirklichkeit gehen die Fragen erst los: Was passiert, wenn die Stochastik die Regie bei persönlichen Entscheidungen übernimmt? Was passiert, wenn die Extrapolation der Vergangenheit die Zukunft bestimmt? Was passiert, wenn ein stochastisch perfektes System an die Stelle individueller Überlegungen tritt?

- *Regie der Stochastik:* Natürlich wird es im Beratungsgespräch heißen, die Aussagen des Programms dienten nur der Orientierung. Doch allein der ökonomische Druck wird dazu führen, dass die stochastischen Aussagen im Vordergrund stehen. Die scheinbar objektiven Informationen nisten sich im Bewusstsein ein, das subjektive Urteil tritt in den Hintergrund, der Entscheidungsprozess nimmt einen bequemeren Verlauf, da mathematisch „exakte" Argumente den Ausschlag geben. Die Auseinandersetzung mit eigenen Stärken und Schwächen wird ausgelagert, die Verantwortung für das eigene Leben relativiert der Algorithmus. Es zeichnet sich ein Weg zum „Lernobjekt" ab, wie es Prof. Unrat in seinen schlimmen Träumen befürchtet. Denn: Auf der Strecke bleibt die Freiheit des selbstbewussten Subjekts, das sich einer stochastischen Scheinrationalität unterzuordnen hat.

- *Extrapolation:* Das ist ein altes Problem, das bei statistischen Prognosen auftaucht. Die Zukunft wird niemals sein wie die Vergangenheit – trotzdem versuchen Prognostiker, mit Daten von gestern Voraussagen zu machen. Es sind aber Voraussagen, die auf der Wahrscheinlichkeitsrechnung beruhen, weshalb sie im individuellen Fall weit von der Wahrheit entfernt sein können.
- *Perfektes System:* Der stochastische Algorithmus arbeitet ohne Emotionen. Seine Ergebnisse sind mathematisch fundiert und rational nicht mehr anzuzweifeln. Wer trotz guter Prognose „versagt", hat seine Chancen nicht genutzt. Diese Einschätzung folgt derselben neoliberalen Denkhaltung, die Scheitern ausschließlich personalisiert und wenig an sozioökonomischen Rahmenbedingungen festmacht.

Die Benchmark sind die stochastischen Erfolgsmenschen: Es droht eine standardisierte Blaupause, an der sich künftig Bildungsbiografien zu orientieren haben. Da bleibt kein Platz für Zufälle, persönliche Begegnungen oder überraschende Erkenntnisse. Alles, was das Leben in seiner Vielfalt ausmacht, gerät ins Räderwerk von Big Data. Die scheinbare Voraussagbarkeit ist der natürliche Feind kreativer Spontaneität; die menschliche Freiheit wird in ihrem Kern bedroht. Dazu gehört auch die Chance des Scheiterns, das Recht auf Umwege im Leben und die Möglichkeit, aus eigenen Erfahrungen sein Leben zu gestalten. Nicht programmiert durch einen Algorithmus, der Studenten erklärt, was ihre nächsten Schritte sein sollten.

Fazit: Big Data in der Studentenberatung – auch an diese Anwendung knüpfen Fans digitaler Bildung große Hoffnungen. Weniger Studienabbrüche, bessere Noten – wer wollte das nicht den Studenten wünschen? Nur der Weg über Big Data scheint zweifelhaft zu sein. Statt Anstöße zur persönlichen Entwicklung zu geben, kalkulieren Programme wie Degree Compass Wahrscheinlichkeiten des Studienerfolges. Eigentlich ein Rückfall ins Mittelalter: Damals waren Großvater und Vater Bäcker, also lernte auch der Sohn dieses Handwerk …

Bald bestimmt nicht mehr die soziale Herkunft, sondern ein Algorithmus, welcher Weg im Zeitalter von Big Data einzuschlagen ist. Was für ein Rückschlag für die Freiheit des Menschen, was für eine rückständige Technologie!

Spaß am Bohren dicker Bretter

„Kinder und Uhren dürfen nicht beständig aufgezogen werden. Man muss sie auch gehen lassen." Was Jean Paul (1763–1825) geschrieben hat, gilt besonders in digitalisierten Zeiten. Daher haben wir Prof. Unrat die besorgten Worte in den Mund gelegt: „Das Lernsubjekt wird durch diese Technologie zum Lernobjekt." Denn „gehen lassen" bedeutet: aktives Handeln, Schwierigkeiten überwinden, Initiative ergreifen – und zwar durch die Menschen, die wir gehen lassen. Kurz gesagt: „Dann sind wir alle Herr im eigenen Haus." Wir sind ein Subjekt, das aus intrinsischer Motivation sein Leben gestaltet. Werden wir aber nur „aufgezogen", funktionieren wir zwar perfekt wie ein Uhrwerk, aber in Wirklichkeit reduzieren wir uns auf ein Objekt, das passiv zum Spielball anderer Menschen wird. Oft getrieben aus rein extrinsischer Motivation.

Der Gehirnforscher Gerald Hüther [12] bringt diesen Sachverhalt so auf den Punkt: „Kinder dürfen nicht ihre angeborene Freude am Entdecken und Gestalten verlieren. Damit das gelingt, dürfen wir sie niemals zum Objekt machen – von Erwartungen, Absichten, Belehrungen oder Bewertungen sowie von Maßnahmen und Anordnungen." Würde ein Kind in die Rolle als Objekt gedrängt, verliere es schnell seine natürliche Offenheit. Es werde unter Druck gesetzt, immer mehr Erwartungen zu erfüllen. Hüther: „Dazu muss es seine Freude am eigenen Entdecken unterdrücken – und es schreibt sich in seinem Gehirn das Muster ein: ‚Ich habe keine Lust mehr, ich habe keinen Bock mehr.'"

Dieser Verlust der Entdeckerfreude ist bei jungen Leuten oft zu spüren. Hüther nennt als Grund, „dass wir junge Menschen in unseren Bildungseinrichtungen systematisch zu Objekten machen. Das geschieht umso mehr, je stärker wir versuchen, junge Leute zum Funktionieren zu bringen." Je mehr die Schule Effizienz im Unterricht einfordere, desto mehr Druck entstehe im System. „Die Schüler werden zum Objekt von Kontrollen und einseitigen Belehrungen", sagt der Gehirnforscher.

Was hat das alles mit digitalen Medien im Unterricht zu tun? Einiges, wie wir gleich sehen werden. Oder ist Prof. Unrat doch nur ein verhinderter Maschinenstürmer? „Das Lernsubjekt wird zum Lernobjekt", hat der fiktive Professor geschimpft. Um das zu verstehen, lohnt es sich, nicht nur Gerald Hüther zu befragen. Wir schlagen dazu bei einem weiteren „echten" Professor nach. Der deutsche Erziehungswissenschaftler Prof. Herbert Gudjons [13] schreibt in seinem Buch *Handlungsorientiert lehren und lernen*: „Eine besondere Note bekommt das Prinzip der Selbststeuerung dadurch, dass nicht nur Elemente wie Spaß am Lernen, also das Lustprinzip, betont werden." Lustprinzip? Ja, darum geht's am locker-flockigen Edutainment, einer Kreuzung aus *Edu*cation (Bildung)

und Enter*tainment* (Unterhalt). Da geht die neuere Lern-
psychologie andere Wege, sie rückt auch die „Volition" in
den Vordergrund. Mit diesem Begriff mein Prof. Gudjons
die willentliche Ebene unseres Handelns: „Effektives
eigenes Lernen ist gebunden an willentliche Kontrollprozesse in der Motivation."

Was das bedeutet, erklärt der Erziehungswissenschaftler
an einer Reihe von Beispielen. Es geht darum, die Aufmerksamkeit längere Zeit auf einen Lerngegenstand zu
richten. Dazu sei alles auszublenden, was den Erfolg des
Lernens gefährden könnte. Weiterhin sind Emotionen zu
beherrschen: Bei Pannen darf der Ärger nicht übermächtig
werden, stattdessen sind neue Wege auszuprobieren. Dann
ist es nötig, Misserfolge zu ertragen und sich nicht enttäuscht abzuwenden, sobald ein neuer Anlauf gefragt
ist. Schließlich ist die unmittelbare Lernumgebung
zu gestalten und zu kontrollieren, etwa durch ein
abgeschaltetes Handy. Treffen diese Aspekte der Volition
zu, führt dies laut Gudjons zu folgendem Ergebnis:

> Der Lohn einer solchen Einbindung der Selbststeuerung
> in Verantwortlichkeit und Verbindlichkeit ist auf die
> Dauer eine Steigerung der Könnenserfahrung und damit
> des grundlegenden Gefühls der Selbstwirksamkeit. Die
> Könnenserfahrung der Schüler und Schülerinnen wächst
> mit ihrer methodischen Kompetenz. [13]

Das lässt sich etwa so zusammenfassen: Das Bohren dicker
Bretter ist existenziell für den Erfolg beim Lernen! Wer
sich durch einen komplizierten Stoff „durchbeißt", erlebt
Selbstwirksamkeit – so macht Lernen wirklich Spaß.
Er ist ein „Lernsubjekt" im besten Sinne des Wortes.
Unter Selbstwirksamkeit versteht die Psychologie, dass
Menschen davon fest überzeugt sind, etwas lernen oder
eine bestimmte Aufgabe ausführen zu können.

Wie könnten digitale Medien diese existenziellen Erfahrungen untergraben? Sie haben den Anspruch, intensivere Lernerfahrungen zu ermöglichen, etwa durch den Einsatz von Videos, bunter Animationen und einiger Elemente aus Computerspielen (Gamification). Dabei orientieren sich offenbar viele Programmierer am „Lustprinzip", wie es Gudjons [13] beschrieben hat. Doch in der Praxis gibt es einige Indizien, die befürchten lassen, dass der Schuss nach hinten losgeht. So macht etwa das Smartboard den Tafelanschrieb digital verfügbar; die aktive Aufnahme der Inhalte ist nicht mehr gefragt, weil sich das Mitschreiben im Unterricht erledigt. Das könnte eine Konsumentenmentalität fördern, die immer mehr um sich greift.

Diese Erfahrung machen Dozenten bereits heute. Wer Studierenden Folien mit ökonomischen Grafiken zur Verfügung stellt, bekommt stets die Klage zu hören: „Viel zu wenig Text! Könnten Sie nicht mehr auf die Folien schreiben?" Mitschreiben als produktiver Lernprozess, um zu Hause dicke Bretter zu bohren – das ist *old school*. Die digitale Variante ist viel attraktiver! Warum? Weil Videos und bunte Animationen leicht zu rezipieren sind und Gudjons Lustprinzip beim Lernen bedienen. Sicher nicht falsch, aber stärken sie auch die Volition, nämlich die Fähigkeit, durch harte Arbeit „Könnenserfahrungen" zu sammeln?

Wer sich Lernvideos anschaut, kann wertvolle Impulse erhalten. Manch ein Statistikprofessor mit grauenhaften Vorlesungen könnte etwas lernen, wenn er einmal auf YouTube unterwegs wäre … Aber: Lernen ist immer ein sozialer Prozess! Da reicht es nicht, Videos anzuschauen, sich auf Online-Foren auszutauschen und Chatbotschaften zu schreiben. Wer in seinem Studium hunderte Stunden in Lerngruppen verbracht hat, weiß

genau: Die unmittelbare Interaktion sichert den Lernerfolg, und zwar von Mensch zu Mensch – ohne zwischen-
geschaltete Technik. So werden wir zu Lernsubjekten,
weil wir bewusst über „willentliche Kontrollprozesse" den
eigenen Lernerfolg in die Hand nehmen.

Diesem Ideal stehen heute systemische Hürden im Weg.
Das verkürzte Gymnasium (G-8) hat zu einer enormen
Stoffverdichtung geführt, und an den Hochschulen setzt
sich dieser Trend fort, Stichwort: Bologna-Prozess mit
Bachelor und Master. Kommt der bequeme Konsum
digitaler Medien hinzu, verschärft sich die Situation für
die Studierenden. Was scheinbar Erleichterung schafft,
gefährdet wesentliche Kompetenzen, um im Leben
bestehen zu können. Was zählt, ist der schnelle, formale
Erfolg. Selbst Studierende nennen dieses Phänomen
Bulimie-Lernen: „reinfuttern, ausspucken, vergessen".
Riesige Stoffmengen werden für Klausuren gebüffelt,
wenige Tage später ist alles wieder weg. Es geht nicht um
ein Interesse an wissenschaftlichen Inhalten. Nein, das Ziel
besteht darin, Prüfungen schnell und effizient abzuhaken.
Dabei gilt: Nach der Klausur ist vor der Klausur! Das
führt zu keiner positiven „Könnenserfahrung" (Gudjons),
die Handlungskompetenz bleibt auf der Strecke. So
werden die Studierenden endgültig zu passiven Lern-
objekten – egal, ob sie sich vor der Klausur noch ein Lern-
video auf YouTube reingepfiffen haben.

Zu diesen Verhältnissen an deutschen Hochschulen
sagte Kienbaum-Chef Erik Bethkenhagen [14] gegenüber
Spiegel online: „Scheitern als Prozess des Hinfallens, aber
auch des Wiederaufstehens und Weitergehens wird von
den ganz Jungen so kaum erlebt und damit auch nicht
gelernt." Seine Diagnose lautet: „Vielen Studenten fehlt
heute der nötige Spielraum, den es beispielsweise vor zehn
oder fünfzehn Jahren noch gab – auch dafür, durch Versuch und Scheitern Erfahrungen zu sammeln."

Heute sehen wir die ersten Anzeichen für eine Entwicklung, die der Deutsche Hochschulverband schon vor 19 Jahren befürchtet hat. Die Lehre an Hochschulen wird zu einem „Transport reinen Lehrbuchwissens". Dieser Transport findet immer stärker statt, gestützt durch den scheinbar so progressiven Einsatz digitaler Medien. Aber Vorsicht: Kein Mensch will zurück auf die Bäume! Die Digitalisierung der Welt ist eine Tatsache, und Hans Magnus Enzensberger [15] vertritt sicher eine exotische Position, wenn er in der *FAZ* fordert: „Wer ein Mobiltelefon besitzt, werfe es weg. Es hat ein Leben vor diesem Gerät gegeben, und die Spezies wird auch weiter existieren, wenn es wieder verschwunden ist." Dennoch ist genau zu prüfen, wo sich digitale Medien sinnvoll einsetzen lassen und ob sie nicht Prozesse verhindern, die sie vorgeben zu fördern. Wir brauchen junge Menschen mit Courage, Engagement und Handlungskompetenz – und keine Uhrwerke, die sich leicht aufziehen lassen.

Praktische Tipps für die digitale Welt

- Nutzen Sie ruhig Videos aus Videoportalen, um zu lernen. Ersetzen Sie dadurch aber nicht das Lesen und Studium (wiederholtes Lesen) von Basisliteratur und aktuellen Fachmagazinen, die von Profis redigiert wurden. So gewinnt der Lernprozess Tiefe – und Sie kommen der „Wahrheit" zu einem Thema wirklich näher.
- Wenn Sie nur weitere Zertifikate für Ihre nächste Bewerbung benötigen, sparen Sie sich die Teilnahme an E-Learning-Maßnahmen. Misstrauen Sie den Versprechungen der technischen Lernindustrie. Die Verdienstmöglichkeiten sind dort sehr groß, weil ein einziges Video tausendfach wiederverkauft wird.

- Achten Sie auf ein ausgewogenes Verhältnis zwischen Präsenzlernen und virtuellem Lernen (Empfehlung: 70 : 30 des Zeitaufwands).

- Seien Sie skeptisch bei kompletten Online-Angeboten, sowohl in der Weiterbildung als auch im akademischen Umfeld. Schauen Sie sich mehrere Testvideos an. Erreicht Sie der digitale Dozent? Sind die schriftlichen Unterlagen nachvollziehbar und niveauvoll? Sind sie in ein didaktisches Konzept eingebunden? Gibt es die Möglichkeit, mit anderen Teilnehmern und Dozenten jederzeit ein persönliches Gespräch zu führen? Sollte das nicht möglich sein, lassen Sie die Finger davon.

- Setzen Sie sich mit Jugendlichen gemeinsam an digitale Lernprogramme. Zeigen Sie ihnen, welche Programme gut sind und welche nur ihre Zeit fressen. So lernen ältere Kinder ab zwölf bis 14 Jahren, aktiv zu unterscheiden – das ist ein wichtiges Stück Medienkompetenz.

- Glauben Sie nicht, dass allein moderne Hardware wie Tablets einen Lernerfolg bringt. Viele Programme sind (noch) nicht so didaktisch aufbereitet, wie es für einen nachhaltigen Lernerfolg nötig wäre.

Übung macht den Loser

In wenigen Schritten zum Tablet-Doktor Wie einfach doch alles geht! In kürzester Zeit zum Doktor – durch digitale Medien. Das ist die perfekte Weiterbildung, direkt auf dem Sofa. Frühe Enthusiasten haben sich für das Bildungsfernsehen der 1970er Jahre begeistert – Lernen vor der Glotze, toll! Heute führt der Weg zur höheren Bildung über YouTube-Videos. Bibliotheken? Reine Altpapierlager. Denn ein Tablet erschließt dir blitzschnell jedes Wissensgebiet, z. B. auch die „Edutainmentologie", gemeinhin Spaßwissenschaft genannt. Zum Aufwärmen am Tablet sind geistfreie Unboxing-Videos zu empfehlen: Menschen packen minutenlang Smartphones aus, alles vor der eigenen Kamera. Macht nichts, da musst du jetzt durch, der Doktortitel winkt.

Edutainmentologie wird in 36 Videos à 45 min auf dich ausgeschüttet. Markus Lanz ist auch vertreten. Er predigt in einem 45-Minuten-Monolog, wie grobe Unhöflichkeit Quote bringt, Fallbeispiel Sarah Wagenknecht. Ganz wichtig: Stelle diese These nicht infrage! Und: Stelle nie etwas infrage, was hübsch verpackt auf dem Bildschirm auftaucht. Tiefe Gläubigkeit ist das Fundament der Edutainmentologie, das musst du später selbst verkünden.

Die nächste Etappe: Testfragen, die du im Copy&Paste-Verfahren beantwortest; Wikipedia liefert bequem die gewünschten Informationen. Auch hier gilt: bloß nicht fragen, nur kopieren. Hauptsache, der kopierte Text ist lang genug für die Eingabemaske. Du hast alle Videos angeschaut? Und du weißt nicht mehr, wer Markus Lanz ist? Dann bist du bereit, deine Dissertation in Edutainmentologie zu schreiben. Ein weiteres Video klärt dich auf, wie du den Guttenberg machst: „Doktorarbeit im Handumdrehen – in vier Wochen zum akademischen Erfolg!" Alles klar?

Literatur

1. co.Tec (2019) Netop Klassenraum-Management-Software. https://www.netop.com/de/edu.htm. Zugegriffen: 29. Dez. 2019

2. Spang A (2012) Spitzer versteht das Netzlernen nicht. https://taz.de/Archiv-Suche/!5085881&s=André%2BSpang/. Zugegriffen: 29. Dez. 2019

3. o. V. (2013) Willkommen im KAS WIKI. https://wikis.zum.de/kas/Hauptseite. Zugegriffen: 29. Dez. 2019

4. o. V. (2013) Willkommen. https://wiki.stadt-koeln.de/schulen/zentral/index.php?title%2520Hauptseite. Zugegriffen: 29. Dez. 2019

5. o. V. (2013) Das ZUM-Wiki ist eine offene Plattform für Lehrinhalte und Lernprozesse. https://wikis.zum.de/zum/Hauptseite. Zugegriffen: 29. Dez. 2019

6. Hasso-Plattner-Institut 2018 Die Schul-Cloud. https://hpi. de/fileadmin/user_upload/hpi/dokumente/publikationen/ projekte/schul-cloud_beschreibung_website.pdf. Zugegriffen: 7. Dez. 2020

7. Meinel C (2017) Eine Vision für die Zukunft digitaler Bildung. https://hochschulforumdigitalisierung.de/de/ blog/christoph-meinel-hpi-vision-zukunft-digitale-bildung. Zugegriffen: 7. Febr. 2020

8. Dräger J, Müller-Eiselt R (2015) Die digitale Bildungs- revolution: Der radikale Wandel des Lernens und wie wir ihn gestalten können. Deutsche Verlagsanstalt (DVA), München

9. Loser K-U (2018) Positionen zu Learning Analytics. https://www.e-teaching.org/community/meinung/ positionen-zu-learning-analytics. Zugegriffen: 7. Febr. 2020

10. Deutscher Hochschulverband (2001) Resolution des 51. Hochschulverbandstages. https://www.hochschulverband. de/cms1/505.html. Zugegriffen: 29. Dez. 2019

11. Mayer-Schönberger V, Cucier K (2014) Lernen mit Big Data. Die Zukunft der Bildung. Redline, München

12. Leipner I (2018) „Kinder nicht zu Objekten machen", Gespräch mit Gerald Hüther. Wirtschaftsmagazin econo 5, Mannheim, S. 112–117

13. Gudjons H (2014) Handlungsorientiert lehren und lernen, 8. Aufl. Klinkhardt, Bad Heilbrunn

14. o. V. (2012) Schnöselige Chefs: „Manche Jungmanager sind zu arrogant zum Scheitern". https://www.spiegel.de/ karriere/schnoeselige-chefs-manche-jungmanager-sind-zu- arrogant-zum-scheitern-a-813028.html. Zugegriffen: 29. Dez. 2019

15. Enzensberger HM (2014) Wehrt Euch!. https://www.faz. net/aktuell/feuilleton/debatten/enzensbergers-regeln-fuer- die-digitale-welt-wehrt-euch-12826195.html. Zugegriffen: 29. Dez. 2019

12

Tobender Mob im Netz

Wie Shitstorms wüten und unsere Kinder in die Chatfalle stolpern

© Springer-Verlag GmbH Deutschland, ein Teil von Springer Nature 2020
G. Lembke und I. Leipner, *Zum Frühstück gibt's Apps,*
https://doi.org/10.1007/978-3-662-61800-4_12

Michael ist entsetzt: „Das ist Kommentar Nr. 4321! Der Typ wirft uns vor, Kinder zu fressen und schwarze Messen zu feiern!" „Und der nächste ist genauso irre", entgegnet sein Kollege, „hier heißt es, wir würden Leichen ausgraben und Frankenstein-Experimente machen." Längst ist den beiden das Lachen vergangen. Denn der Strom wilder Beschimpfungen reißt nicht ab, seit Tagen ergießt er sich über ihr Unternehmen. Auf allen Social-Media-Kanälen! Arbeitet Michael etwa für eine Sekte? Oder in der Pharmabranche? Nein, Michael ist als Leiter der PR-Abteilung in der „Tiefschlaf GmbH" tätig; sein Unternehmen verkauft ganz harmlose Produkte: Betten, Matratzen und Lattenroste.

Eine enttäuschte Kundin machte Ihrer Unzufriedenheit über einen gelieferten Lattenrost Luft und schrieb kritisch über die Firma auf Facebook, allerdings in einem sachlichen Ton. Dieser Beitrag landete bei ihren 2345 „Freunden", die ihn kommentierten und vor allem im Netz verbreiteten. Wenn 1000 von ihnen den Beitrag nur mit jeweils 100 Freunden teilten, konnten sich weitere 100.000 Menschen über die Lattenrostgeschichte aufregen. Und als diese Freunde den Beitrag wieder teilten, war die Kettenreaktion nicht mehr aufzuhalten. So weit die quantitative Seite des Geschehens. Viel verheerender war aber, wie sich die Qualität der Kommentare änderte, je mehr Menschen glaubten, ihren Senf dazugeben zu müssen.

„Schau mal hier", sagt Michael zu seinem Kollegen, „die ersten 30 Kommentare bestätigen nur die schlechten Erfahrungen der Kundin." Dann scrollt er weiter, und ab dem 100. Kommentar ändert sich das Bild: Die Kritik wird pauschal und undifferenziert. Plötzlich heißt es, die Firma wäre noch nie in der Lage gewesen, Produkte richtig auszuliefern.

„Das hat aber immer noch mit unseren Betten zu tun", wendet der Kollege ein, „aber schau mal, was hier passiert." Er deutet auf den 167. Kommentar: „Alles Verbrecher, ob Lattenroste oder Chemiewaffen. Die Kapitalisten interessiert nur der Profit." „Ja, da werden jetzt Nebenkriegsschauplätze aufgemacht, das ursprüngliche Thema verschwindet", sagt Michael.

So nimmt der schräge Diskurs seinen Lauf: Ab Kommentar 1567 erhitzen sich die Gemüter, weil der Geschäftsführer einen Porsche fährt … ab Kommentar 2345 geht es um angeblich betrogene Leiharbeiter … ab Kommentar 3456 schießen sich alle auf angeblich Steuerdelikte ein … und Kommentar 4321 wirft den Verdacht schwarzer Messen auf.

Doch damit nicht genug: Inzwischen sind ein paar Blogger auf das Thema aufgesprungen. Sie fangen an, die Geschäfte des Unternehmens kritisch zu sezieren, nach dem Motto: Wo Rauch ist, gibt es Feuer! Und dann ist die nächste Stufe der Eskalation erreicht, vor zwei Stunden veröffentlichte *Spiegel online* eine kurze Geschichte, die sich um die bizarren Vorwürfe dreht. Bald ist die seriöse Lattenrostfirma gezwungen, gegen einen medialen Orkan zu kämpfen. „Und jetzt hat gerade einer geschrieben, unser Chef sei pädophil!", stellt Michael geschockt fest, der wieder die Kommentare auf Facebook verfolgt.

Solche Schocks gibt es seit Jahren immer häufiger in unserer Gesellschaft. Betroffen sind Unternehmen, gemeinnützige Organisationen, Radio- und Fernsehsender oder einzelne Personen. Sie sind Opfer eines Shitstorms. Anatol Stefanowitsch [1] macht in seinem sprachkritischen Blog SciLogs darauf aufmerksam, dass dieser Begriff zum ersten Mal 1948 bei Norman Mailer auftaucht, und zwar in seinem berühmten Roman Die Nackten und die Toten. Da ist ein Shitstorm eine gefährliche Situation unter feindlichem Feuer, wahrscheinlich amerikanischer Soldatenslang aus dem Zweiten Weltkrieg. Später machte der Shitstorm im angelsächsischen Sprachraum Karriere und stand für chaotische Ereignisse, die sich nicht kontrollieren lassen.

Shitstorm gegen den WDR

Ein satirisches Lied des WDR-Kinderchors [2] löste Empörungswellen aus, genau zur Jahreswende 2019/20: Der Sender hatte ein bekanntes Kinderlied umdichten lassen: *Meine Oma fährt im Hühnerstall Motorrad.* Aus der Oma wurde eine „Umweltsau", weil sie billiges Fleisch konsumiert oder Motorrad fährt. Der Anfang des neuen Liedes lautet: „Meine Oma fährt im Hühnerstall Motorrad, Motorrad, Motorrad. Das sind 1000 L Super jeden Monat. Meine Oma ist ne alte Umweltsau!" Darauf tobte sich unter dem Hashtag #Omagate ein Shitstorm aus, der sich gewaschen hatte. Auf Twitter und Facebook lief die Empörungsmaschine heiß, Mitarbeiter des WDR erhielten Morddrohungen, Personenschutz für Redakteure wurde nötig.

Die Vorwürfe: Kinder würden instrumentalisiert, um alte Menschen pauschal zu beleidigen. Besonders rechte Kreise glaubten, den öffentlich-rechtlichen Sender unter Feuer nehmen zu können … Der WDR knickte ein, nahm das Video aus dem Netz, und Intendant Tom Buhrow meldete sich in einer Radio-Sondersendung zu Wort: Das Video mit dem „verunglückten Oma-Lied war ein Fehler", sagte er. „Ich entschuldige mich ohne Wenn und Aber dafür."

Das kommentierte der FR-Kolumnist Michael Herl [3] mit drastischen Worten: „WDR-Intendant Tom Buhrow, einst ein kritischer, aufgeräumter Journalist, fühlte sich bemüßigt, nach dem Motto ‚AfD befiehl, Ich folge Dir' die Freiheit der Satire außer Kraft zu setzen und die mittlerweile berühmte Umweltsau-Oma mit einem Kanonenschlag aus dem Programm zu böllern – und damit sich selbst im Ranking der Eierlosen an oberste Stelle."

2006 tauchte der Begriff zum ersten Mal in deutschen Medien auf, 2011 wurde er zum „Anglizismus des Jahres" gekürt. Seitdem steht der Shitstorm für eine Form der öffentlichen Massenempörung, die ihren Ausgangspunkt in einem skandalisierten Sachverhalt findet. Kann die Kritik zu Beginn noch sachorientiert sein, ändert sich ihr Charakter im Laufe der Zeit. Sie entwickelt sich über verschiedene Stufen zu einer bösartigen Schmähkritik, die oft in keinem Zusammenhang mehr steht mit den anfänglichen Gründen, die zu der öffentlichen Entrüstung geführt hatten. Ein Shitstorm greift in Windeseile um sich, über Blogbeiträge und -kommentare sowie Tweets und Facebook-Nachrichten.

Wie sich diese Dynamik mit Macht entfaltet, haben Barbara Schwede und Daniel Graf [4] beschrieben. Sie haben eine Shitstorm-Skala von 0 bis 6 aufgestellt, die vor allem die Wechselwirkungen zwischen Social Media und anderen Medien ins Auge fasst:

Stufe 0 (Windstille)	Über allen Wipfeln ist Ruh … weder in den Social Media noch in anderen Medien taucht Kritik auf
Stufe 1 (leiser Zug)	Es gibt vereinzelt Kritik, aber ohne Resonanz. Kein Interesse auf Seiten anderer Medien
Stufe 2 (schwache Brise)	Kritik wird von Einzelpersonen wiederholt, allerdings nur mit schwacher Resonanz in der zugehörigen Community; die Kommunikation verläuft weiterhin auf einem einzigen Kanal. Immer noch kein Interesse anderer Medien
Stufe 3 (frische Brise)	Kritik wird dauerhaft geäußert, die Community steigt stärker ein, und es kommen neue Kanäle dazu. Einzelne Journalisten beginnen sich zu interessieren, erste Beiträge in Blogs und Online-Medien greifen das Thema auf
Stufe 4 (starker Wind)	Es entwickeln sich vernetzte Protest-gruppen, ein aktives Publikum aus Followern entsteht, und zwar auf allen Social-Media-Kanälen. Zahl-reiche Blogs und Online-Medien berichten, das erste Printmedium bringt eine Geschichte

Stufe 5 (Sturm)	Die Kritik wächst sich zu einer Kampagne aus, immer mehr User schließen sich dem Shitstorm an, und eine Kettenreaktion auf allen Kanälen kommt in Gang. Pauschale, stark emotionale Kommentare greifen massiv um sich. Die Blogbeiträge werden immer ausführlicher, nachfolgende Artikel erscheinen in Online-Medien – und die klassischen Medien (Print, Radio und TV) stürzen sich auf das Thema
Stufe 6 (Orkan)	Der Schneeballeffekt im Internet lässt sich nicht mehr stoppen, die Lawine rollt. Die Tonalität wird immer aggressiver, Drohungen werden ausgestoßen, und das angestachelte Publikum will virtuell Blut sehen. Alle Online-Medien machen mit diesem Thema auf; Zeitungen, Radio- und Fernseh-sender berichten intensiv über den Shitstorm

Unser Lattenrosthersteller navigiert inzwischen im Sturm (Stufe 5) – und der Orkan ist bereits in Sichtweite … Daher fragt der Erfinder dieser Skala zu Recht: „Wie über-lebt man einen Shitstorm?" Die Antwort von Daniel Graf [4]: „Ruhig bleiben und sich Zeit nehmen, die Dynamik auf Social Media genau zu beobachten." Tobt aber schon ein Sturm, kann es dafür zu spät sein – wie beim WDR.

Viele Organisationen und ihre Führungskräfte sind völlig überrascht, wenn ein Shitstorm über sie hereinbricht. Mittlerweile gibt es einige Erfahrungen. Ein schön nach-vollziehbares und dokumentiertes Beispiel lässt sich bei Vodafone finden. An einem Freitag schrieb eine frustrierte Kundin, wie sie sich von Vodafone über den Tisch gezogen fühlte. Ihr Fazit auf der Facebook-Seite des Unternehmens:

„Im Übrigen finde ich, dass es eine Sauerei ist, wie VF mit seinen Kunden umgeht." Ein einziger kurzer Wellenschlag – scheinbar so harmlos, dass Vodafone lediglich postete, die Kundin solle sich an die Beschwerdehotline wenden. Dann gingen Technik und Marketing ins Wochenende, und der Shitstorm brach los. Bis Montag drückten über 60.000 User den „Gefällt mir"-Button unter dem kritischen Beitrag; rund 6000 neue Kommentare kamen hinzu, die weitere Likes und Kommentare nach sich zogen. Der Orkan tobte und traf Vodafone völlig unvorbereitet. Wenige Tage später gab es bereits über 100.000 Likes und rund 10.000 Kommentare [5]. Und große Medien wie *n-tv* stiegen in das Thema ein: „Vodafone weht ein heißer Shitstorm ins Gesicht."

Was in einem solchen Fall zählt, sind die klassischen Instrumente der Krisen-PR, allerdings auf das Internet zugeschnitten: Verantwortlichkeiten und Krisenpläne sollten vor einem Shitstorm feststehen, das Unternehmen muss mit einer Stimme sprechen und posten. Wer bereits in sozialen Netzwerken aktiv ist, reagiert schneller und besser, zumal er Diskussionen im Netz aktiv verfolgt (Monitoring). So lässt sich ein anwachsender Shitstorm als „frische Brise" erkennen, und ein Unternehmen bekommt die Chance, selbst die Initiative zu ergreifen. Zum Beispiel, indem es treue Kunden mobilisiert, die sich für das Unternehmen einsetzen.

Dabei absolut notwendig: Authentizität, Ehrlichkeit und Transparenz, verbunden mit dem Verzicht auf Salami-taktik. Den ehemaligen Bundespräsidenten Christian Wulff trieben die Medien vor sich her, weil er nicht zu Beginn der Krise reinen Tisch gemacht hatte. Aber: Wer geschickt durch die schwere See manövriert, kann gestärkt aus solchen Stürmen hervorgehen. Max Frisch: „Die Krise ist ein produktiver Zustand. Man muss ihm nur den Beigeschmack einer Katastrophe nehmen."

Dazu ist Michael noch nicht in der Lage. Beim Abend-essen berichtet er vom stürmischen Tag in der Firma, gerade ist er bei den „schwarzen Messen" angekommen. „Und dann klingelte ständig das Telefon, weil immer mehr Schreiberlinge Blut geleckt hatten", erzählt er genervt. Seine Frau Nicole hört geduldig zu; sie weiß als freiberufliche Journalisten, wohin der Hase läuft.

Doch heute hat sie ein brisanteres Thema, über das sie mit ihrem Mann reden will. Sie setzt sich zu ihm, nachdem sie ihren Sohn ins Bett gebracht hat. Das Feuer im Ofen brennt gemütlich, aber Nicole fröstelt bei dem Gedanken, was ihrer Tochter hätte passieren können. Die 14-jährige Yvonne hatte erst ein paar Andeutungen gemacht und sich schließlich der Mutter anvertraut. Der Grund: Sie wäre fast zum Opfer von Cybermobbing geworden. Als Nicole ihrem Mann davon erzählt, ist dieser total erschrocken: „Was, unser Kind?"– „Na ja", sagt Nicole, „ein Kind ist sie ja nicht mehr, aber die Jugendlichen haben einfach zu wenig Lebenserfahrung und fallen leicht auf Betrüger rein, wenn sie mit Unbekannten chatten!"

Wie wir uns vor Mobbing schützen

„Cybermobbing kann jeden treffen" schreibt die Polizeiliche Kriminalprävention der Länder und des Bundes (ProPK) [6]. Daher gibt ProPK Tipps, wie wir uns vor dieser Verfolgung im Netz schützen können:

- Geben Sie möglichst wenig Daten von sich im Internet preis.
- Geben Sie in Profilen von Sozialen Netzwerken niemals die vollständige Adresse oder die Handynummer an.
- Stellen Sie möglichst wenige Bilder und Videos von sich selbst ins eigene Profil ein.
- Beachten Sie beim Anlegen Ihres Profils die Sicherheitseinstellungen für den privaten Bereich.
- Geben Sie diesen Privatbereich nicht für jedermann frei. Prüfen Sie stattdessen jede Freundschaftsanfrage.
- Grundsätzlich sollten Sie nur Ihrem engsten Freundeskreis (also Personen, die Sie auch aus dem realen Leben gut kennen) diesen Bereich zugänglich machen.

Diese (wörtlich zitierten) Vorsichtsmaßnahmen schützen auch vor Phishing-Attacken oder Schadsoftware.

Und das hat Yvonne ihrer Mutter erzählt: Ein angeblich 15-Jähriger hatte sie bei Facebook „angestupst", und sie ließ sich auf ein paar Chats ein. Völlig unverfänglich am Anfang ... ein paar Komplimente für das schöne Foto in ihrem Profil, Interesse an denselben Hobbys, Schwimmen und Fotografie. Yvonne freute sich immer mehr darauf, den interessanten „Björn" „wiederzusehen". Der Austausch wurde persönlicher – und plötzlich tauchten Fragen auf, die immer mehr unter die Gürtellinie zielten: Ob Yvonne Intim-Piercing mag, war noch eine der harmloseren Fragen. Die 14-Jährige ließ sich auf das gefährliche Geplänkel ein, Björn hatte geschickt ihr Vertrauen gewonnen, zumal auch er immer offener über sexuelle Vorlieben berichtete. Doch allmählich bekam Yvonne ein mulmiges Gefühl – und als sich Björn ein Oben-ohne-Bild wünschte, stieg Yvonne aus.

Der Skandal TikTok

Der Skandal um die App Musical.ly (heute: TikTok) zeigt deutlich: Social-Media-Dienste bergen die Gefahr, dass Kinder und Jugendliche sexuell belästigt werden. Denn: Erwachsene versuchen, zu Kindern Vertrauen aufzubauen, um an freizügige Fotos zu gelangen. Wer 2018 mit einschlägigen Hashtags wie #bellydancing, #bottom oder #bikini auf die Suche ging, hatte schnell Erfolg: Er stieß im Netz auf Zehntausende Videos, die Mädchen in knappen Hotpants oder bauchfrei zeigten. Nutzer wie „daddys_girlz29" oder „loveyourbelly13" kommentierten solche Aufnahmen sehr deutlich, etwa so: „Du bist so heiß!" Dann forderten sie das Video gleich per Direktnachricht an, um es auf ihrer Seite zu bewerben. Kinder reagierten oft arglos: Sie erkannten nicht die wahre Motivation der Erwachsenen!

So ergeht es vielen Kindern im Netz. Dr. Torsten Porsch [7] ist Polizeipsychologe und schildert in einem Gespräch mit den *Westfälischen Nachrichten,* wie Kinder in Chatfallen geraten: „Nach und nach werden ihnen sexualisierte Gespräche aufgezwungen, die sie sich gar nicht gewünscht haben, Fotos zugeschickt – oder sie sehen via Webcam, wie sich jemand entblößt." Dann eskaliert die Situation immer mehr: „Womöglich kommt es zum ‚Grooming', dem Versuch, ein Treffen zu arrangieren, indem das Chat-Gegenüber Gemeinsamkeiten vortäuscht oder sein Opfer mit dessen zuvor verschickten Fotos erpresst", so Dr. Porsch. „Einige Nutzer erstellen sogar Sammlungen, die sich nur auf aufreizende Selbstdarstellungen von Kindern konzentrieren", erklärt Inga Pöting [8] von mobilsicher.de.

Wie die Erpressung tatsächlich funktioniert, zeigt der Fall von Amanda Todd in Kanada. Sie ging in die siebte Klasse und suchte Freunde per Videochat im Internet. Bei ersten Kontakten wurden Komplimente gemacht, sie sei wunderhübsch und perfekt. In ihrer Naivität zeigte sie einem „Camfreund" ihren entblößten Oberkörper, und das Bild landet auf seiner Festplatte. Viel später stellte die Schülerin in einem YouTube-Video fest: „I can never get that photo back." Und: „It's out there forever …"

Der „Camfreund" findet heraus, wie Amanda lebt, und versucht, noch mehr derartige Aufnahmen zu erpressen. Schließlich landet das Foto in ihrer Schule und wird über Facebook publik … die Lawine rollt. Hohn und Spott ergießen sich über Amanda, sie wechselt zweimal die Schule, aber das eine Bild verfolgt sie auf Schritt und Tritt. Depressionen, Angstzustände und Drogen folgen. Dann schildert die Schülerin auf YouTube stumm ihr Schicksal: Sie dokumentiert ihren Leidensweg, indem sie 74 handgeschriebene Zettel in die Kamera hält. Zwei Wochen später, am 10. Oktober 2012, begeht sie Selbstmord [9].

„Wer sich SüßeMaus92 nennt, verrät nicht nur sein Alter, sondern muss damit rechnen, angesprochen zu werden", sagt Dr. Porsch [7], „Schutz fängt damit an, bei der Wahl des Nickname aufzupassen." Grundsätzlich sei eine gesunde Skepsis wichtig: „Sich beim Chatten im eigenen Zimmer zu befinden, ist eine trügerische Sicherheit."

Laut KIM-Studie 2016 [10] haben 3 % der Kinder zwischen sechs und 13 Jahren schon einmal erlebt, wie ein Fremder versucht hat, Kontakt mit sexuellem Hintergrund aufzunehmen (Cybergrooming). 2 % machten mehrmals diese Erfahrung. Mädchen waren zu 4 % einmal und zu 1 % mehrmals betroffen. 2 % der Jungen machten einmal schlechte Erfahrungen, 3 % waren mehrfach betroffen. Ältere Kinder erlebten häufiger solche Kontaktversuche als jüngere. Auf die Frage, wo genau unangenehme Konfrontationen passiert seien, nannten 38 % Facebook, 30 % das Chatten allgemein und 11 % WhatsApp.

3–4 % Cybergrooming – das klingt wenig. Hinzu kommen aber eine Million Mobbing-Erfahrungen im Internet, allein in Deutschland! Denn das Netz der Netze senkt die Hemmschwelle, andere Menschen zu attackieren. Die Anmeldung bei Social Media ist kinderleicht, und es gibt keinerlei Kontrollen der Portal- oder Appbetreiber, wer einen Account freischaltet. Zwar dürften bei TikTok keine unter 13-Jährigen dabei sein, das fordern die Nutzungsbedingungen. Doch der Provider prüft weder das angegebene Geburtsdatum noch die E-Mail-Adresse. Zudem ist jeder neu angelegte Account standardmäßig „öffentlich" eingestellt.

„Viele Kinder und Jugendliche trauen sich in der scheinbar anonymen virtuellen Welt eher, eigene Angriffe gegen andere, Beleidigungen oder Bloßstellungen von Menschen zu vollziehen", informiert die Polizei auf ihrer Website über Cybermobbing [6]: „Dabei gibt es einen fließenden Übergang von ‚Spaß' oder ‚Neckereien' zur Gewaltausübung im Sinne von Mobbing." Oft fehlten das nötige Unrechtsbewusstsein und die erforderliche Sensibilität, das eigene

Handeln realistisch einzuschätzen. Selbst wenn der Konflikt mit einem Täter beendet ist, kann das Opfer wieder mit dessen Beleidigungen konfrontiert werden, „da das Internet nichts vergisst, also selbst gelöschte Inhalte immer wieder auftauchen können", so die Polizei.

Cybermobbing

Das Bündnis gegen Cybermobbing [11] hat zu diesem Thema eine Studie erstellt, die sich u. a. mit Zehn- bis 21-Jährigen beschäftigt. Die Autoren Uwe Leest und Christoph Schneider schreiben: „Als Gründe für die Attacken werden hauptsächlich Motive genannt, die man als Reaktion umfassen kann: So begründen 45 % der Täter ihre Handlungen damit, dass die Person die Attacke verdient habe, 43 % damit, dass sie Ärger mit der betreffenden Person gehabt hätten, 28 % nannten als Grund, selbst von der Person gemobbt worden zu sein, weitere 18 % wollten damit andere, die gemobbt worden sind, rächen. Aus Opfern werden so auch schnell Täter." 13 % der befragten Schüler gaben an, dass sie schon einmal über das Internet gemobbt wurden. Etwas mehr gaben zu, online bereits aktiv gemobbt zu haben (13,4 %). Das Motiv ist oft Rache (28 %), weil man selbst gemobbt wurde. Am Ende der Liste mit Gründen finden sich schlechte Laune (12 %) und Langeweile (11 %).

Der Kriminologe Prof. Christian Pfeiffer war Direktor des Kriminologischen Forschungsinstituts Niedersachsen. Er hat bei seinen Forschungen herausgefunden: 10 % aller jugendlichen Täter lassen sich per Handy fotografieren oder filmen, wenn sie eine Gewalttat begehen. Das Phänomen kommt aus Großbritannien und nennt sich Happy Slapping (englisch für „lustiges Schlagen"). Prof. Pfeiffer suchte im Gespräch mit dem NDR nach einer Erklärung: „Wir alle tendieren doch dazu, dass wir Höhepunkte unseres Lebens filmisch oder fotografisch festhalten wollen." Daher sei es für gewaltbereite Jugendliche ein „Höhepunkt der Woche", bei einer Prügelei siegreich zu sein. „Und das wollen sie dann auch noch filmisch dokumentieren", so Prof. Pfeiffer, „es prahlend anderen zeigen und den Gegner demütigen, das ist das Motiv hinter ‚Happy Slapping'." Und der Medienpädagoge Fred Schell ergänzt: „In einer Gesellschaft, in der eine mediale Präsentation für alles üblich ist, […] muss man sich nicht wundern, wenn Jugendliche bei ihren Handlungen und Tätigkeiten sich auch medial inszenieren."

Diese Inszenierung erfolgt global und in Echtzeit – ein paar Klicks auf dem Handy, und schon wandern die Bilder um die Erde. Eigentlich kein großer Unterschied zum Mittelalter, wenn der siegreiche Feldherr die Köpfe seiner Feinde auf Lanzen stecken ließ. Über die Opfer sagt Prof. Pfeiffer: „Das Auffallende ist, dass sie ganz selten Anzeige machen, weil sie sich so schämen und erniedrigt fühlen." Es treffe die Opfer wesentlich härter als bei einer üblichen Gewalttat, „das wirkt nachhaltig und demütigt die Menschen massiv."

Ungebremst seelisches Chaos verbreiten

Noch nie war es in der Geschichte der Menschheit so einfach, anderen Menschen seine Meinung mitzuteilen, Kritik zu üben und eigene Gedanken in Echtzeit zu publizieren. Im Mittelalter waren es wenige Mönche, die handschriftlich wertvolle Bücher kopierten. Später war der Zugang zu einer Druckpresse nötig, um Schriften und Nachrichten zu verbreiten. Noch in den 1970er Jahren gab es lediglich Leserbriefspalten, in denen sich Bürger „austoben" durften. Dabei wachte die Redaktion über die Qualität der Zuschriften. So gehörten Journalisten zu den wenigen Privilegierten, die ihre Meinung der Öffentlichkeit mitteilen konnten – und als „Gatekeeper" die Informationsströme lenkten. Jeder hatte zwar das Grundrecht, seine

Meinung frei zu äußern. Aber die komplexe Technik von Print, TV und Hörfunk setzte diesem Grundrecht enge Grenzen. Und den Leitartikel großer Tageszeitungen durfte oft nur der Chefredakteur schreiben …

Ganz anders im Jahr 2020: Die 2004 gegründete Organisation Campact organisiert Kampagnen, damit sich Bürger online an gesellschaftlichen Debatten beteiligen. Aktuell unterstützt sie die Bewegung Fridays for Future. Das Selbstverständnis der Aktivisten lautet: „Campact ermutigt Menschen, Politik auch jenseits von Wahlen selbst mitzudenken und engagiert mitzugestalten .[…] Dies stärkt unsere Demokratie als Ganzes." Der Titel einer laufenden Kampagne: „Hate Speech im Netz stoppen!" Campact wirft den Justizministern der Bundesländer vor, nicht konsequent gegen digitale Medien im Internet vorzugehen, die systematisch und organisiert Hassausbrüche fördern [12]. Ein Beispiel für mehr Demokratie?

Aber: Noch nie war es in der Geschichte der Menschheit so einfach, andere Menschen zu demütigen, zu verunglimpfen und in den Selbstmord zu treiben – oder ganze Unternehmen in Shitstorms untergehen zu lassen. Was für eine schreiende Ambivalenz: demokratisches Engagement auf der einen Seite, Cybermobbing auf der anderen Seite! Die Technologie ist neutral; es kommt darauf an, wozu Menschen sie einsetzen wollen. Der Vergleich mit einem Brotmesser liegt nahe. Doch so neutral ist das Internet nicht, weil es ganz neue Möglichkeiten bietet, in Sekunden Beleidigungen auszustoßen oder wertschätzende Kommentare abzugeben – und das mit einer globalen Reichweite, die klassische Medien niemals erreichen.

Gerade diese technischen Chancen stellen uns vor große Herausforderungen: „Glücklich, wer sich am Rande des

Abgrundes erkennt und den Sturz vermeidet! Soll man aber mitten im schnellen Lauf darauf hoffen, dass man innehalten kann?" Schon Jean-Jacques Rousseau (1712–1778) wusste, wie sich Menschen im „schnellen Lauf" verhalten. Er räumte ihnen geringe Chancen ein, rechtzeitig innezuhalten. Doch genau das verlangt die digitale Welt von uns. Wir sollten nicht aus einer Laune heraus den Daumen senken, uns auf vermeintliches Unrecht stürzen und wie eine Herde wilder Stiere durch die Pampa rasen, nur weil ein Shitstorm ausgebrochen ist. Wer in einem solchen Moment wirklich innehält, baut intellektuelle Distanz zum Geschehen auf. Sie hilft, die Dinge zu ordnen und zu verstehen. Der kritische Blogbeitrag lässt sich auch einen Tag später schreiben. Die kühle Reaktion am Tag danach gießt kein Öl ins Feuer, wie es leicht im ersten Affekt geschieht.

Die große Versuchung der Digitalität besteht darin, ungebremst seelisches Chaos in der ganzen Welt zu verbreiten, ohne an die Folgen zu denken. Das müssen auch unsere Kinder lernen, um den Sumpf für Cybermobbing trockenzulegen. Auch das ist ein altes Thema, wie wir bei Gotthold Ephraim Lessing (1729–1781) nachlesen können: „Der größte Fehler, den man bei der Erziehung zu begehen pflegt, ist dieser, dass man die Jugend nicht zu eigenen Nachdenken gewöhnet." Den Einschaltknopf fürs Handy finden die Kinder im Schlaf. Wie sie mit der ganzen Computerei umgehen, lernen sie im Handumdrehen. Aber das „eigene Nachdenken", die Reflexion des eigenen Handelns – das müssen wir ihnen wie zu Lessings Zeiten beibringen. Der Gänsekiel wurde nur durch eine Tastatur ersetzt.

Praktische Tipps für die digitale Welt

- Organisationen und betroffene Personen sollten sich bei einem beginnenden Shitstorm nicht wegducken, sondern aktiv auf die Verursacher zugehen, um transparent und authentisch mögliche Missstände aus dem Weg zu räumen.
- Dazu gehört, auf die eigene Fan-Basis zu setzen. Fans und A-Kunden sind zu mobilisieren, damit eine positive Gegenöffentlichkeit entsteht.
- Vermeiden Sie reine Rechtfertigungen, wenn Sie selbst auf digitalen Kanälen kommunizieren.
- Betreiben Sie Agenda Setting, indem Sie selbst in die Öffentlichkeit mit neuen eigenen Themen gehen, die interessant für ein breites Publikum sind.
- Auch während der „Flaute" lohnt es sich, ein tägliches Monitoring vorzunehmen (kostenfrei: Google Alerts). So werden Sie nicht unangenehm überrascht.
- Negative Kommentare zu löschen, ist ein Zeichen von Schwäche. Sie sind einfach auszuhalten, da jedes andere Verhalten den Zensurverdacht weckt.
- Kinder und Jugendliche sind für die Konsequenzen ihres Handelns zu sensibilisieren, gerade wenn es um Lästereien im Internet geht. Spiegeln Sie ihnen kritisch dieses Verhalten und zeigen Sie Alternativen auf (Hinweise unter schau-hin.info)!
- Eltern sollten versuchen, den Kontakt zu ihren pubertierenden Kindern aufrechtzuerhalten, und sie darüber aufzuklären, welche Konsequenzen die Weitergabe von Bildern im Internet haben kann.
- Verzichten Sie ganz darauf, Bilder Ihrer Kinder in sozialen Netzwerken zu veröffentlichen. Erst denken, dann nicht posten!

Übung macht den Loser

Wie du online kräftig im Unrat watest Du willst einmal richtig auf die Pauke hauen? Ohne dass dir selbst das Trommelfell platzt? Ganz einfach: Googele die Wörter „Shitstorm" und „Facebook" – und schon findest du einen passenden „Sturm aus Sch...": gegen die Queen, weil sie Prinz Charles geboren hat; gegen Helene Fischer, weil sie atemlos über die Bühne springt; gegen, gegen ... sicherlich taucht auch dein Lieblingsfeind auf. Ideal sind große Unternehmen, die wahlweise Kinder ausbeuten, mit giftigen Produkten verführen oder für Werbung missbrauchen. Und wenn alle Stricke reißen ... Boris Becker ist immer eine Adresse!

Genieße mit Abstand den aufziehenden Orkan, weil am Anfang die Auseinandersetzung viel zu sachlich ist. Erst wenn jeder Zusammenhang verloren geht, schlägt deine Stunde: Steigere erheblich die Schlagzahl! Verpasse dem Shitstorm eine Geschwindigkeit, die jeden Server um den Verstand bringt! Täglich Dutzende Kommentare, voll unflätigen Vokabulars. Erstelle eine kleine Statistik deiner Lieblingsbeleidigungen, damit keine zu kurz kommt. Stifte Verwirrung durch unerwartet idealistische Sätze wie: „Meine Gedanken sind bei den Menschen in Syrien/Ukraine/USA, die gerade für (oder gegen) ihre Freiheit kämpfen." Erreicht die Kakofonie ihren Höhepunkt, verwandelst du dich in einen Friedensstifter. Ein Zitat von Buddha schmückt ungemein: „Friede kommt von innen. Suche ihn nicht außerhalb."

Du hast dich nebenbei um deinen Traumjob beworben und wunderst dich über eine Absage? Selbst schuld, wenn du unter deinem eigenen Namen in die Schlammschlacht gezogen bist. Was soll's. Der Shitstorm war einfach klasse – und Pixel schubsen in der Werbeagentur ist auch schön. Man kann dabei wunderbar twittern.

Literatur

1. Stefanowitsch A (2012) And the winner is: Shitstorm. https://www.scilogs.de/sprachlog/and-the-winner-is-shitstorm/. Zugegriffen: 30. Dez. 2019

2. o. V. (2020) WDR-Kinderchor singt „Oma ist ne alte Umweltsau": Hier den Lied-Text und das gelöschte Video sehen. https://www.merkur.de/politik/kinderchor-wdr-oma-umweltsau-lied-text-video-zr-13391381.html. Zugegriffen: 10. Dez. 2020

3. Herl M (2020) Wenn es schon so anfängt. Frankfurter Rundschau, 14. Januar 2020, Nr. 11, Frankfurt

4. Schwede B, Graf D (2012) Shitstorm Skala: Wetterbericht für Shitstorm. https://www.feinheit.ch/blog/2012/04/24/shitstorm-skala/. Zugegriffen: 30. Dez. 2019

5. Scheer U (2012) Suche Krisenmanager für Shitstorm. https://www.faz.net/aktuell/beruf-chance/soziale-netzwerke-suche-krisenmanager-fuer-shitstorm-11906530.html. Zugegriffen: 23. Dez. 2020

6. Polizeiliche Kriminalprävention der Länder und des Bundes, ProPK (o. J.) Cybermobbing ist digitale Gewalt. https://www.polizei-beratung.de/themen-und-tipps/gefahren-im-internet/cybermobbing/fakten.html#sthash.59Dh5Xac.dpu. Zugegriffen: 23. Febr. 2020

7. o. V. (2011) Jedes zweite Mädchen im Chat belästigt. https://www.wn.de/Muenster/2011/01/Nachrichten-Muenster-Jedes-zweite-Maedchen-im-Chat-belaestigt. Zugegriffen: 30. Dez. 2019

8. Pöting, Inga (2019) Cyber-Grooming: Was tun bei sexuellen Übergriffen im Netz? https://mobilsicher.de/ratgeber/cyber-grooming-was-tun-bei-sexuellen-uebergriffen-im-netz Zugegriffen: 30. Dez. 2019

9. Kuntz K (2012) Der angekündigte Tod der Amanda Todd. https://www.sueddeutsche.de/digital/mobbing-im-internet-der-angekuendigte-tod-der-amanda-todd-1.1502486. Zugegriffen: 30. Febr. 2019

10. Medienpädagogische Forschungsverbund Südwest (2016) KIM-Studie 2016. https://www.mpfs.de/studien/kim-studie/2016/. Zugegriffen: 30. Dez. 2019

11. Bündnis gegen Cybermobbing e. V. (2017) Cyberlife II Spannungsfeld zwischen Faszination und Gefahr. Cybermobbing bei Schülerinnen und Schülern. https://www.buendnis-gegen-cybermobbing.de/aktivitaeten/studien.html. Zugegriffen: 23. Febr. 2019

12. Campact (2019) Hate Speech im Netz stoppen! campact.de. https://aktion.campact.de/hate-speech/appell-bundesweit/teilnehmen?pk_vid=79a77b646997874f15777871 01c25796. Zugegriffen: 30. Dez. 2019

13

IT-Angriff auf Kinder

Warum Tablets die geistige Entwicklung stören – und nicht in Kindergärten gehören

© Springer-Verlag GmbH Deutschland, ein Teil von Springer
Nature 2020
G. Lembke und I. Leipner, *Zum Frühstück gibt's Apps,*
https://doi.org/10.1007/978-3-662-61800-4_13

Der kleine Markus will endlich an die Reihe kommen. Ungeduldig schiebt er seine „Kollegen" zur Seite, die auch auf ihre Chance hoffen. Ein Kreis aus zehn Kindern, Köpfe nach innen – und ein Tablet in der Mitte. Die Vier- bis Sechsjährigen belagern das neue Spiel *Max auf dem Bauernhof,* das ihre Erzieherin als App mitgebracht hat. Max ist ein gemütlicher Bernhardiner, der die Kinder begleitet, wenn sie im Stall oder auf dem Feld Tiere suchen.

Wie viele Kühe hat der Bauer? Kurz geht die Stalltür auf, und die Spieler müssen schnell zählen … für jedes gefundene Tier gibt es eine Max-Münze. Das Gleiche passiert beim Holzstapel, am Ententeich oder im Hühnerstall. „Fünf Hennen!", ruft Markus, der endlich zum Zug kommt. So soll er zählen lernen, denn die Werbung verspricht: Mathematische Fähigkeiten lassen sich spielerisch auf dem virtuellen Bauernhof erwerben.

Solche Spiele gehören in den Kindergarten – dieser Meinung ist Antje Bostelmann [1]: „Die Lebenswelt der Kinder muss sich in dem abbilden, was wir tun", sagte die Pädagogin der *Berliner Morgenpost,* „und da gehören die digitalen Medien dazu." Bostelmann ist Hauptgeschäftsführerin der Klax-Gruppe, die zahlreiche Krippen, Kindergärten und Schulen betreibt. Eltern sollten ihre Kinder nicht von digitalen Medien fernhalten, zumal sie selbst ständig damit beschäftigt sind. Ob Schlüsselbund oder Smartphone: „Beide Gegenstände […] faszinieren schon Kleinkinder, weil sie sehen, welche großen Emotionen diese Dinge bei Erwachsenen hervorrufen", so Bostelmann. „Das ist ein toller Ansatz zum Lernen."

Nicole sitzt noch der Schreck in den Gliedern, ihre 14-jährige Tochter Yvonne wäre beinahe auf einen üblen Kerl im Internet reingefallen. „Das kann Markus noch nicht passieren", denkt Nicole, als sie ihren kleinen Sohn vom Kindergarten abholt. Schnell noch einkaufen, dann kochen – und wieder zurück an den Schreibtisch.

Die Pressemitteilung muss heute fertig werden, Nicole arbeitet ja als freiberufliche Journalistin. Doch der Besuch im Supermarkt wird zum Desaster: Nicole schiebt ihren Einkaufswagen an den Regalen entlang, Markus versucht immer wieder, nach Waren zu greifen, denn er sitzt im Kindersitz des Wagens. Plötzlich schreit er laut: „Max! Max!" Seine Hand schnellt ins Regal und fegt einen bunten Karton zu Boden. Das Geschrei wird ohrenbetäubend: „Max, Max, Kühe zählen!" Andere Kunden drehen sich um, die Situation wird immer peinlicher. Nicole bückt sich und sieht auf der Schachtel einen großen Bernhardiner, umrahmt von fröhlichen Gänsen und Hühnern. „Will Max auch zu Hause haben", verlangt ihr Sohn mit Nachdruck, und Nicole wirft resigniert die Schachtel in den Einkaufswagen. „Nur dieses eine Mal", denkt sie und fragt sich wieder einmal, warum ihr Sohn bereits im Kindergarten mit Tablets spielt.

Die Website der Organisation Bildungsklick [2] lässt zu dieser Frage zwei Meinungen aufeinanderprallen: „PCs im Kindergarten sind ein Anreiz für Kinder, sich mit den neuen Medien auseinanderzusetzen", sagt Prof. Stefan Aufenanger, emeritierter Professor für Erziehungswissenschaft und Medienpädagogik an der Universität Mainz. Eine von ihm durchgeführte Studie habe gezeigt, „dass Kinder schon mit drei Jahren sehr konstruktiv und produktiv sein können, wenn der Computer im Kindergarten in ein pädagogisches Projekt eingebunden ist". Sie würden angeregt zu „Kommunikation und Kooperation". Prof. Aufenanger: „Je früher die Kinder die Möglichkeit haben, in diesen Institutionen mit Computer und Internet zu arbeiten, umso kompetenter und kritischer können sie mit den Medien umgehen."

Das Gegenteil behauptet Prof. Christian Pfeiffer [2], ehemals Direktor des Kriminologischen Forschungsinstituts Niedersachsen: „Ich hoffe sehr, dass Kindergärten

PC-frei bleiben. Es gibt nicht den geringsten Nachweis, dass die frühe Computernutzung sich positiv auswirkt, nur Warnhinweise." Medienkompetenz würden Menschen im Laufe des Lebens lernen, „aber doch nicht im zarten Alter von drei bis sechs Jahren", so Prof. Pfeiffer. Er glaubt nicht, dass Lesen und Spracherwerb der Kinder „durch Bildschirme gefördert werden". Dazu sei ein „menschliches Gegenüber" nötig, „das liebevoll nachahmt, das freundlich korrigiert". Das werde nicht erreicht durch „das Betasten irgendeines Screens, der mit angeblich kindgerechten Bildern verziert ist". Zwei Professoren – zwei völlig gegenteilige Positionen. So sitzen oft Befürworter und Gegner digitaler Bildung in ihren Schützengräben und befeuern sich mit Argumenten.

Am Abend begrüßt Nicole den Sohn ihrer Freundin Sabine an der Haustür: Thomas passt auf den vierjährigen Markus auf, um sich ein neues Computerspiel leisten zu können. „Hier gibt's schöne Wachsmalkreide, damit malt Markus gerne", sagt Nicole zu ihm, „und hier ist das Papier." Und schon ist Nicole aus dem Haus. Sie steigt bei Sabine ins Auto, um zum Kurs „Afrikanische Tänze" zu fahren, wie jeden Donnerstag von 20.00 bis 22.00 Uhr. Und Thomas? Er setzt Markus mit seinen Malsachen in eine Ecke, packt seinen Laptop aus und beginnt zu spielen: *World of War,* Sonderedition.

Ein paar Straßen weiter stehen Nicole und Sabine im Stau: „Du, sag mal", fragt Nicole, „findest du es normal, dass Markus im Kindergarten mit einem Tablet spielt?" „Na ja", antwortet Sabine, „da gibt es inzwischen viele kritische Stimmen." – „Genau! Das ist mir beim schnellen Googeln auch aufgefallen", stellt Nicole fest.

Nicoles Erlebnisse mit Markus haben wir aus der Froschperspektive betrachtet, ganz nah an den beteiligten Menschen. Jetzt wechseln wir in die Vogelperspektive – und fragen uns: Wie wirken Bildschirme auf Kinder?

Hier ein paar Gedanken: Je jünger die Kinder sind, desto weniger Zeit sollten sie vor Bildschirmen sitzen. Gerade für Kleinkinder sind Bildschirme reine Zeiträuber. Ähnlich wie die grauen Herren aus dem Buch *Momo* von Michael Ende. Die Parallelen sind nicht zu übersehen: Graue Herren und digitale Medien stehlen den Menschen wertvolle Lebenszeit, indem sie behaupten, bei ihnen sei diese Zeit besser angelegt. Zeit in der Realität benötigen Kinder aber dringend, um sich gesund zu entwickeln.

Diesen „Zeitverdrängungseffekt" haben Wissenschaftler heute als wichtigste Ursache ausgemacht, warum der Konsum von Bildschirmmedien so viele negative Auswirkungen hat: Übergewicht, Schlafstörungen, Empathieverlust, ADHS oder schlechtere Schulleistungen.

Was stehlen dabei die digitalen Zeiträuber? Möglichkeiten zur gesunden „sensomotorischen Integration", wie sie die Evolution für die Menschen vorgesehen hat: Das Wort „senso" steht für Sinneswahrnehmungen, das Wort „motorisch" für Aktivitäten des Bewegungsapparats. Sensorik und Motorik müssen zusammenwirken, was am besten geschieht, wenn Kinder zwischen ihrer Geburt und etwa dem zwölften Lebensjahr viel in der realen Welt unterwegs sind: Sport und Musik machen, Toben, Klettern, Balancieren – und nicht auf Bildschirme starren. Kinder brauchen diese starke Verwurzelung in der Realität, bevor sie sich in virtuelle Abenteuer stürzen. Erst durch reichhaltige sensomotorische Erfahrungen bauen Kinder ihre Denkstrukturen auf – und die Neuroplastizität des Gehirns ist unmittelbar mit realer Welterfahrung verknüpft, was die Neurobiologie klar nachgewiesen hat. Das Wort „begreifen" hängt nicht zufällig mit dem Verb „greifen" zusammen.

Jugendliche entfalten ihr volles kognitives Potenzial, wenn die Reifung des Gehirns in den ersten Lebensjahren nicht stark gestört wird, etwa durch Tablets im

Kindergarten oder in der Grundschule. Diese Bildungseinrichtungen müssen Orte bleiben, an denen Kinder
die Grundlagen erwerben, um später digitale Welten zu
gestalten – und nicht nur als Konsumenten im Internet
zu surfen. Daher halten wir Daumenkinos und Theater-
projekte für sinnvoll; die digitale Grundschule und digitale
Kita lehnen wir ab. Denn: Wir sollten dafür sorgen, dass
Kinder in erster Linie Erfahrungen in der realen Welt
sammeln (Sport, Musik, Natur), statt zu früh in virtuelle
Welten abzutauchen.

In diese Kerbe schlägt auch der Psychiater Prof. Dr.
Manfred Spitzer [3], den seine Gegner als „Weltunter-
gangspropheten" angreifen, weil er strikt die Position
vertritt: Bildschirme sind nichts für Kinder! Er leitet
die Psychiatrische Universitätsklinik in Ulm sowie
das TransferZentrum für Neurowissenschaften und
Lernen. Schon der Untertitel seines Buches *Digitale
Demenz* provoziert die Leser: „Wie wir uns und unsere
Kinder um den Verstand bringen." Eine Frage, die der
Psychiater auch im Kapitel „Laptops für Kindergärten?"
beantwortet. Er wählt dabei neben der sensomotorischen
Integration eine weitere Perspektive. Spitzer schildert
bildhaft, wie kleine Kinder lernen, etwa wie Golfspieler
beim Einlochen: Am Anfang erfolgen große Schritte, die
mit wachsendem Erfolg immer kleiner und differenzierter
werden:

> Sie wollen den Ball sehr rasch in die Nähe des Lochs
> bewegen, denn nur dann haben Sie eine Chance, ihn
> auch wirklich mit möglichst wenigen Schlägen hineinzu-
> bekommen. Hierzu verwenden Sie anfangs heftige Schläge,
> die den Ball weit fliegen und damit dem Ziel rasch nähern
> lassen. Sind Sie jedoch in der Nähe des Lochs, dann sind
> heftige weite Schläge nicht sinnvoll, denn Sie wollen ja

genau ins Loch. Jetzt sind kleine sanfte Schläge angebracht, die nicht weit, aber dafür genau sind [3].

Dem Kind stellen sich nun zugleich „Tausende von Lernaufgaben", wobei es eine einfache Strategie verfolgt: „Es lernt erst sehr viel mit jeder einzelnen Erfahrung, nähert sich so rasch der Wahrheit und vollzieht dann immer kleinere Schritte", so Spitzer. Das passt zu der „stark verzögerten Gehirnreifung", wie sie der Mensch im Vergleich zu anderen Primaten aufweist. Unser Gehirn arbeitet bei der Geburt erst auf einem niedrigen Niveau, seine volle Funktionsfähigkeit erreicht es später.

Spitzer [3] erklärt diesen Sachverhalt anhand der unterschiedlichen Reaktionen, wenn Kinder oder Erwachsene eine Süßigkeit sehen: Das Kind reagiert reflexartig, „die Empfindung ‚süß' aktiviert ohne große Umwege die Aktion ‚essen'". Der Erwachsene denkt aber gleichzeitig an Begriffe wie „Figur" oder „Diät", was den Impuls erheblich abschwächt. Sein Denken erreicht eine höhere Komplexität, sein Gehirn kann Inputs und Outputs viel intensiver verarbeiten.

Der Grund: „Im Laufe der Entwicklung reifen im Input- und im Outputbereich jeweils Verbindungen zu höheren Arealen heran, die ein zunehmendes Maß an Komplexität aus dem Input extrahieren können bzw. komplexeren Output entwerfen können" schreibt Spitzer – und verweist auf Johann Heinrich Pestalozzi (1746–1827). Der große Pädagoge hatte gefordert, dass beim Lernen Herz, Hirn und Hand verbunden sein sollen. Diesen Gedanken Pestalozzis erläutert Dr. Arthur Brühlmeier [4]: „Bei der Bildung physischer Kräfte (Hand, ‚Kunst') geht es um Körperkraft, Geschicklichkeit, Gewandtheit und praktische Anwendung, wobei hier ein untrennbarer Zusammenhang besteht mit der Entwicklung der Geisteskräfte."

> **Johann Heinrich Pestalozzi**
>
> „Hundert Menschen schärfen ihren Säbel, Tausende ihre Messer, aber Zehntausende lassen ihren Verstand ungeschärft, weil sie ihn nicht üben."

Das fängt bei den eigenen Fingern an: Fast in allen Ländern der Erde lernen Kinder das Zählen, indem sie die eigenen Finger ausprobieren. Diese „sensomotorische Tätigkeit" wird bereits geübt, bevor sich daraus ein rein intellektueller Vorgang entwickelt. Das Entscheidende dabei ist: Der Körper ist unmittelbar daran beteiligt, „Spuren auf einfachen Bereichen der Gehirnrinde" anzulegen. „Höhere geistige Leistungen" werden erst möglich, wenn sie auf diesen Spuren in den einfachen Arealen des Gehirns aufbauen. Das zeigt Spitzer [3] am Beispiel der Süßigkeit; der Sachverhalt gilt aber auch für mathematische Grundkompetenzen.

Konsequenz: Das Training der Finger verbessert die mathematischen Fähigkeiten der Kinder!

> **Beispiel**
>
> **Einfaches Fingerspiel: „Das ist der Daumen"** [5]
>
> | | |
> |---|---|
> | Das ist der Daumen, | *Den Daumen des Kindes zwischen Daumen und Zeigefinger nehmen und wackeln* |
> | Der schüttelt die Pflaumen, | *Mit dem Zeigefinger wackeln* |
> | Der hebt sie auf, | *Mit dem Mittelfinger wackeln* |
> | Der trägt sie nach Haus | *Mit dem Ringfinger wackeln* |
> | und der kleine hier, der isst sie alle auf | *Den kleinen Finger kurz anfassen und anschließend mit der Hand die Hand des Kindes umfassen* |

Ganz anders kommt die Feinmotorik der Kinder zum Einsatz, wenn sie mit Maus, Computer oder Touchscreens konfrontiert sind. Die Aktivität reduziert sich darauf, mit der Maus Icons anzuklicken oder mit dem Finger den Touchscreen zu bedienen. Einfache Bewegungsabläufe, die mit der Vielfalt von Fingerspielen nicht konkurrieren können. So schreibt Spitzer [3]: „Ein Drittel unseres Gehirns ist dafür zuständig, dass wir unseren Körper bewegen, d. h. dass wir in der Welt *handeln,* also aktiv in sie eingreifen und sie nicht nur passiv zur Kenntnis nehmen." Schon der Ausdruck „be-greifen" zeige die Bedeutung der Hand beim Lernen auf. Prof. Spitzer: „Wer möchte, dass aus seinen Kindern Mathematiker oder Spezialisten für Informationstechnik werden, der sorge für Fingerspiele statt für Laptops in den Kindergärten."

Wie steht es aber um digitale Medien in weiterführenden Schulen? Diese Frage ist differenziert zu beantworten: Wenn es um einen passiven Einsatz als Lernprogramme geht (E-Learning), scheinen uns große Zweifel angebracht. Besonders, wenn wir an die zentralistische Schul-Cloud denken, kombiniert mit bedenklichen Rückkanälen (Learning Analytics). Über ihre Eigenschaften als „Datenstaubsauger" haben wir schon nachgedacht (Kap. 11).

Diese Zweifel teilen wir mit der OECD [6], die 2015 eine Brücke schlagen wollte zwischen Computern und dem Lernverhalten von Schülern. Jedenfalls klingt diese Idee im englischen Titel einer Studie an: „Students, Computers and Learning: Making the Connection". Was kam aber heraus? „Die Ergebnisse zeigen keine nennenswerten Verbesserungen in der Schülerleistung in Lesen, Mathematik oder Wissenschaft in den Ländern, die stark in IKT (Informations- und Kommunikationstechnologie) für Bildung investiert hatten", schreibt Andreas Schleicher in seinem Vorwort. Weiter heißt es in der Studie selbst:

Die schichtspezifischen Unterschiede in der Fähigkeit, digitale Medien zum Lernen zu nutzen, sind großenteils, wenn nicht gar vollständig durch Unterschiede in traditionellen Basiskompetenzen erklärbar. Eine Förderung von Grundkenntnissen in Rechnen und Schreiben trägt mehr zur Angleichung von Bildungschancen bei als die Ausweitung und Subventionierung von Zugang zu Hightech-Geräten und -Dienstleistungen [6].

Und eine australische Zeitung zitiert Schleicher mit den Worten: „Wir müssen es als Realität betrachten, dass Technologie in unseren Schulen mehr schadet als nützt."

Wenn jedoch Kinder mit zwölf bis 14 Jahren ihre „formal-operative Phase" nach Jean Piaget erreichen, heißt das vereinfacht: Sie sind allmählich in der Lage, sich selbstreflektierend und kritisch mit der Welt auseinanderzusetzen. Mit anderen Worten: Jetzt begeben sich die Jugendlichen auf den Weg zu einer wirklichen „Medienmündigkeit" [7], die weit mehr als reine „Wischkompetenz" umfasst. Dabei muss neben die Fähigkeit zur Rezeption, Konzentration und Kritik auch eine produktive Kompetenz treten, nämlich die Fähigkeit, „Texte, Bilder und Videos in einer hohen Qualität zu produzieren [...]. Es geht um solides Handwerk bei der Medienproduktion!" Weiter heißt es im Buch *Die Lüge der digitalen Bildung:*

Wer in der Schule erzählen und argumentieren lernt, kann auch Texte schreiben, die ihre Leser überzeugen. Wer die Sprache von Bildern versteht, kann Fotos machen oder Videos drehen, die sich auch auf einer Website sehen lassen können [8].

Das alles geschieht ausgerechnet in der Düsseldorfer Waldorfschule, wo Franz-Josef Glaw kreative Medienprojekte in der Oberstufe startet: Auf einer Veranstaltung wird gefilmt, das Material dupliziert und von zwei

Gruppen bearbeitet. Die einen Schüler schneiden und texten ein positives Video, die anderen gestalten einen kritischen Beitrag. So funktioniert eine aktive, moderne Medienpädagogik, die alle Möglichkeiten digitaler Technologie ausschöpft.

Übrigens: Als Nicole vom Tanzen nach Hause kommt, erwartet sie eine böse Überraschung. Ein ziemlich zerknirschter Thomas gesteht ihr, dass er nicht immer ein Auge auf Markus hatte. Denn Thomas musste mit Tastatur und Maus gegen das Böse der Welt kämpfen und war in seine Spielewelt abgedriftet. Das war die Chance für Markus: Er entwickelte seine Kreativität nicht nur auf dem Zeichenpapier. Nein, die eigentlich weiße Wand im Wohnzimmer ziert nun ein hundeähnliches Tier, gemalt mit roter Wachsmalkreide. „Das ist Max!", erklärt der Vierjährige mit leuchtenden Augen.

Digitale Medien schaden Kindern

Die Reaktionen auf Spitzers Buch sind heftig, die *FAZ* feuerte gleich eine dreifache Breitseite ab: „Ein Stakkato des Schreckens" seien seine Thesen, schreibt Ex-Bitkom-Chef Dieter Kempf und warnt vor einer „analogen Ignoranz". In einem weiteren Beitrag für diese Zeitung urteilt Harald Staun: „,Digitale Demenz' ist ein unleserliches Buch, ein aus rostigen Studien, lahmen Alltagsweisheiten und gebrauchten Papers zusammengeschweißtes Konvolut."

Und Michael Hanfeld [9] folgt dieser Kritik an Prof. Spitzer: „Seine Verdammung des Computers in Bausch und Bogen führt nicht weit. Seine Kombination aus Erkenntnissen der Hirnforschung und empirischer Sozialbeobachtung ist ein Flickenteppich, der keine eindeutige Beweisführung ist und sein absolutes Urteil nicht trägt." Aber zugleich stellt der *FAZ*-Autor über das Buch fest: „Es ist ein Fanal und großartiges Störfeuer eines auf konsensuales Raunen abonnierten Diskurses über ‚Medienkompetenz'." Seine Überlegung: „Vielleicht passt auf den groben Klotz der Internetapologeten genau dieser grobe Keil." Er richte sich gegen die „Heilsversprechen von Google und Facebook, hinter denen nichts als Wirtschaftsinteresse steckt."

Wer solche Reaktionen hervorruft, muss einen Nerv getroffen haben. Denn ein heftiges Schmerzsignal lief durch die digitale Welt, als Spitzers Buch für Furore sorgte. Der Grund: Es gibt tatsächlich ein „konsensuales Raunen" in Sachen Medienkompetenz; viele Experten haben keine Bauchschmerzen damit, Kindergärten mit Tablets auszurüsten – sowie mit den nötigen Apps und Programmen, zumal sich da ein neuer Markt für die Elektroindustrie öffnet. Was gut ist für Apple, ist gut für die Welt …

Aber auch gut für unsere Kinder? Die Statistik spricht bereits eine klare Sprache: Laut *KIM-Studie 2018* [10] sitzen Sechs- bis Siebenjährige schon 109 min jeden Tag vor dem Bildschirm. Je älter die Kinder werden, desto stärker fällt die Nutzung digitaler Medien aus. Zwölf- bis 13-Jährige kommen bereits auf 249 min, sie sitzen über vier Stunden vor Bildschirmen. Das bedeutet im Einzelnen:

- Handy-/Smartphonespiele: 32 min
- PC-/Online-/Konsolenspiele: 43 min
- Internet: 83 min
- Fernsehen: 91 min

Damit geht durch „Bildschirmzeit" viel Lebenszeit verloren, denn die neuen Medien treten neben das Fernsehen, den alten Zeitfresser. Für das Radio bleiben

30 min, für Bücher 23 min am Tag. Diese Zahlen geben der Aussage aus dem Jahr 1998 neue Brisanz: „Durch die domestizierende Funktion zwingt der Fernseher die Kinder dazu, in der Wohnung zu bleiben und andere Aktivitäten zurückzustellen", sagte damals Prof. Dr. Susanna Roux [11] in einem Vortrag. Sie unterrichtet Elementarbildung, und zwar an der Pädagogischen Hochschule Weingarten. Ihr weiterer Gedankengang: „Das Fernsehen bindet so die Zeit, die Kindern zum Spielen zur Verfügung steht, und reduziert die Möglichkeiten des sozialen Umgangs mit anderen Kindern sowie mit Erwachsenen."

Heute „domestizieren" wir unsere Kinder viel länger als in den 1990er Jahren. Prof. Roux [11] führte damals sogar Erkenntnisse aus den 1980er Jahren an: „Kinder sind weniger selbsttätig, sie konsumieren zunehmend. So werden Drachen nicht mehr selbst gebaut, sondern gekauft." Und sie weist auf den fehlenden Bezug zur Realität hin: „Kindliche Erfahrungen werden durch die Medien geprägt. Dies sind Erfahrungen aus ‚zweiter Hand', die die Kinder nicht selbst erlebt haben und die ihnen Sinngebungen und Bedeutungen vorfabriziert vermitteln." Das passt genau zu unseren Erkenntnissen, die wir zum Thema „sensomotorische Integration" gesammelt haben.

Sicher: Das ist alles alter Wein in neuen Schläuchen, zeigt aber, dass wir wenig dazugelernt haben. Auch Neil Postman [12] warf in seinem Buch *Wir amüsieren uns zu Tode* die Frage auf: „Wie können wir die Erziehung einsetzen, um das Fernsehen (oder den Computer [...]) zu kontrollieren?" Sein Buch sorgte 1985 für Aufsehen, weil er den Verfall menschlicher Urteilskraft durch Medienkonsum kritisierte. Postman hielt es nicht für „bizarr", „den jungen Menschen beizubringen, wie sie von den dominierenden Informationsformen ihrer Kultur Abstand gewinnen". Er hoffte, dass wir diese Bildung

des Bewusstseins „zum Mittelpunkt der Erziehungs-
anstrengungen machen". 1985 hatte Facebook-Gründer
Mark Zuckerberg noch Windeln an …

Natürlich kann ein Einwand lauten: Die Aktivitäten am Computer sind interaktiv, Fernsehen wird von
Kindern passiv rezipiert. Wer seine Zeit aber am Bildschirm verbringt, kann keine Erfahrungen in der realen
Welt machen, egal ob er am Fernseher oder Computer
sitzt. Das hat tiefgreifende Folgen, wie die „Kinder in
Bewegung gGmbH" (KiB) auf ihrer Website schreibt:

Die intellektuellen und motorischen Leistungen unserer
Kinder haben sich in den letzten Jahren drastisch ver-
schlechtert. Grundlegende körperliche Fertigkeiten sind
heute nicht mehr selbstverständlich: auf einem Bein stehen
und das Gleichgewicht halten, rückwärtslaufen und die
Orientierung behalten, einen Ball auffangen – unlösbare
Aufgaben für eine wachsende Zahl von Kindern. Eine
Treppe schnell hinaufsteigen und wieder hinunterspringen,
auf einer schmalen Mauer balancieren oder auf einen
Baum klettern erweisen sich als unüberwindbare Hindernisse. Auch haben viele Kinder Probleme sich im Raum zu
orientieren oder ihre Bewegungsabläufe zu koordinieren
[13].

Dabei heben Autoren wie Spitzer [3] den Zusammenhang hervor, der zwischen motorischen und kognitiven
Fähigkeiten besteht: „Wer Balance und Bewegung seines
Körpers im Koordinatensystem von Raum und Zeit
einschätzen kann, dem fällt auch die Orientierung in
abstrakten Zahlengrößen und Rechenvorgängen leichter."
Und etwas später heißt es: „Aus pädagogischer und
medizinischer Sicht ist das Toben, Rennen, Springen,
Balancieren, Klettern, das ‚Sichverausgaben' elementar
wichtig für die körperliche und geistige Entwicklung von
Kindern."

Wir wissen also alles, im Grund bereits seit Pestalozzi – und schenken unseren Knirpsen trotzdem Tablets zu Weihnachten. Was für ein schreiender Widerspruch! Denn Erkenntnis und Handeln fallen auseinander, und Digitalkritik wird schnell zur Maschinenstürmerei erklärt. Dabei geht es nicht darum, Kinder von digitalen Medien fernzuhalten. Die Frage lautet: In welchem Alter kann die Begegnung fruchtbar sein? Wahrscheinlich „nicht im zarten Alter von drei bis sechs Jahren", wie es Prof. Pfeiffer ausdrückt. Eltern sollten sich nicht von der Angst leiten lassen, ihre Kinder würden im globalen Wettbewerb nur siegen, wenn sie im Kindergarten perfekt Chinesisch, Java und HTML lernen – neben Englisch und den ersten Grundlagen der Differenzialrechnung. Gerade bei Computern könnten gelten: Was Hänschen nicht lernt, lernt Hans viel besser.

Vielleicht ist aber schon eingetreten, was Neil Postman 1985 in Bezug auf Aldous Huxleys *Schöne neue Welt* befürchtet hat:

> Die Menschen in „Schöne neue Welt" leiden nicht daran, dass sie lachen, statt nachzudenken, sondern daran, dass sie nicht wissen, worüber sie lachen und warum sie aufgehört haben, nachzudenken.

Es lohnt sich deshalb, Sand ins Getriebe zu streuen, damit in der Welt nicht nur die Werbeweisheiten der Elektronikindustrie zu hören sind.

Praktische Tipps für die digitale Welt

- Machen Sie mit Ihren Kindern den Online-Test *Smart mobil?!* (https://www.klicksafe.de/qz/quiz11/_project/). So erfahren Sie, wie fit Ihre Kinder im Umgang mit Smartphones sind.

- Geben Sie Ihrem Kind erst ein normales Tasten-handy. Damit zeigt es, wie es mit neuen Technologien umgeht, und erarbeitet sich Vertrauen durch das eigene Nutzungsverhalten. Macht es Blödsinn damit, wird das Tastenhandy wieder von den Eltern eingezogen.
- Eltern sind Vorbild: Wer Daddelei zu Hause vorlebt, wird Daddelei ernten. Verbote in späteren Lebensjahren sind schwieriger durchzusetzen.
- Vereinbaren Sie klare Handyregeln und gestalten Sie handyfreie Zeiten (z. B. Ausschalten nach 20 Uhr). Hilfestellungen liefert das Handybett (https://www.handy-bett.de).
- Setzen Sie sich mit Kindern im Grundschulalter stets gemeinsam vor Bildschirme. Keine Zeit? Dann lassen Sie diese deaktiviert. Einen guten gemeinsamen Einstieg finden Sie auf der Website https://www.klick-tipps.net.

Übung macht den Loser

Wie du ein professioneller Kinder-Ruhigsteller wirst
Eltern genießen das Privileg, ihre Kinder jahrelang ruhig stellen zu dürfen. Das sollst auch du ohne Nachwuchs erleben – bei Patenkindern, Nichten oder Neffen. Lade dir vor dem nächsten Besuch die App *Candy Crush* aufs Smartphone. Kinder lieben Smartphones, und bunte Apps lösen Begeisterungsstürme aus. Und schon steigt dein Ansehen … Das Spiel *Candy Crush* ist eine der sinnfreiesten Beschäftigungen, um seine Freizeit zu entsorgen. Die Spieler schieben mit dem Finger stundenlang bunte Bonbons hin und her. Drücke einem Kind deiner Wahl das Smartphone in die Hand und erkläre das Spiel. Los geht's! Mit Sicherheit hast du mindestens sechs Stunden Ruhe, um dich mit Verwandten oder Freunden den wichtigen Themen der Welt zu widmen: Kommt endlich die Maut für Nichtbayern in Bayern? Werden Pudel verboten? Organisiert der ADAC die nächste Bundestagswahl?

Wundere dich nicht, wenn das Bonbon-Kind am Abend apathisch in der Ecke sitzt. Das geht vorüber! Genieße weiter dein Abendessen im Kreise der Freunde, das Kind beförderst du beherzt vor den Fernseher. *KiKA* geht immer – und die Ruhe ist wiederhergestellt. Dank mobiler Apps lässt sich diese Übung überall machen, auch im Supermarkt. Nebenwirkungen? Klar, so wie bei jeder Pille. Also freue dich, wenn das ruhig gestellte Kind zehn Jahre später wenigstens in der Lage ist, bunte Bonbons auf einem Tisch hin und her zu schieben.

Literatur

1. Fricke B (2014) Wie eine Kita Kindern spielend digitale Medien beibringt. https://www.morgenpost.de/familie/article123981386/Wie-eine-Kita-Kindern-spielend-digitale-Medien-nahebringt.html. Zugegriffen: 2. Jan. 2020
2. Bildungsklick (2006) Pro & Contra: Computer im Kindergarten. https://bildungsklick.de/a/40020/pro-contra-computer-im-kindergarten/. Zugegriffen: 2. Jan. 2019
3. Spitzer M (2014) Digitale Demenz: Wie wir uns und unserer Kinder um den Verstand bringen, 9. Aufl. Droemer HC Taschenbuch, München
4. Brühlmeier A (2013) Erziehung/Bildung: Die Aufgabe – Erweckung von sittlichem Leben. In: Verein „Pestalozzi im Internet". http://www.heinrich-pestalozzi.de/grundgedanken/erziehung-bildung/. Zugegriffen: 24. Febr. 2020
5. o. V. (2014) Das ist der Daumen. https://www.kleinkind-online.de/fingerspiele/finger.html. Zugegriffen: 24. Febr. 2020
6. OECD (2015) Students, Computers and Learning: Making the Connection. https://www.oecd.org/publications/students-computers-and-learning-9789264239555-en.htm. Zugegriffen: 26. Sept. 2017

7. Bleckmann P (2012) Medienmündig – wie unsere Kinder selbstbestimmt mit dem Bildschirm umgehen lernen. Klett-Cotta, Stuttgart

8. Lembke G, Leipner I (2015) Die Lüge der digitalen Bildung. Redline, München

9. Hanfeld M (2012) Ein grober Keil auf einen groben Klotz. https://www.faz.net/aktuell/feuilleton/buecher/rezensionen/sachbuch/manfred-spitzer-digitale-demenz-ein-grober-keil-auf-einen-groben-klotz-11878906.html. Zugegriffen: 2. Jan. 2019

10. Medienpädagogischer Forschungsverbund Südwest, mpfs (2018) Kim-Studie 2018. Kinder, Internet, Medien. Basisuntersuchung zum Medienumgang 6- bis 13-Jähriger. https://www.mpfs.de/fileadmin/files/Studien/KIM/2018/KIM-Studie_2018_web.pdf. Zugegriffen: 2. Jan. 2019

11. Roux S (1998) Veränderte Kindheit – andere Kinder – andere Räume – andere Möglichkeiten. In: Bostelmann A, Textor MR (Hrsg) Das Kita-Handbuch. https://www.kindergartenpaedagogik.de/940.html. Zugegriffen: 24. Febr. 2020

12. Postman N (2008) Wir amüsieren uns zu Tode. Fischer, Frankfurt a. M.

13. Kinder in Bewegung, KiB (2014). Leitgedanken des bewegungsfreudigen Kindergartens. 1. Aktueller Kontext. https://kib-online.org/kib-konzept/bildungskonzept/aktueller-kontext.html. Zugegriffen: 24. Febr. 2020

14

Kühlschrank und Toaster im Gespräch

Wie das Internet der Dinge zum Hacken einlädt – und uns das Denken abgewöhnt

© Springer-Verlag GmbH Deutschland, ein Teil von Springer Nature 2020
G. Lembke und I. Leipner, *Zum Frühstück gibt's Apps,*
https://doi.org/10.1007/978-3-662-61800-4_14

„Matthias! Matthiiiaaaas!" – Mike hat auf dem Campus seinen Freund entdeckt, der auf einer Bank sitzt. Langsam geht er auf ihn zu, das Handy gezückt in der Hand. „Hallo, Erde an Raumschiff!", ruft er dem Freund zu, nachdem er schnell einen Schnappschuss gemacht hat: Matthias mit verklärtem Blick, allen irdischen Dingen entrückt. Ein lustiges Bild fürs nächste Posting auf Facebook ... Matthias schreckt auf, bemerkt Mike und lacht: „Ich hatte gerade eine wunderbare Idee für eine neue Kurzgeschichte!" „Wieder so etwas Schräges wie die Zeitreise im Ballon? Mit Fotos abwerfen?", fragt Mike. „Nein, dieses Mal geht's in die Zukunft!", erwidert Matthias und entwirft ein bemerkenswertes Szenario: „Bei Wahlen gibt es zu viele Nichtwähler, die wir über das Smartphone abholen werden. Wir bauen eine App, die alle Spuren in sozialen Netzwerken auswertet. Der Algorithmus ist so schlau, dass er aus diesen Daten die politische Präferenz bestimmt – und am Wahltag genau der entsprechenden Partei die Stimme gibt. Dafür brauchen wir natürlich Computer als Wahlautomaten, wie es in den USA üblich ist. Keine Stimme geht mehr verloren, und alle haben vollautomatisch ihr Wahlrecht genutzt."

„Klasse, das nimmt uns Menschen endlich die lästige Denk- und Laufarbeit zur Wahlurne ab, und wir können uns voll auf Brot und Spiele vom Sofa aus konzentrieren", grinst Mike und schlägt vor, die Geschichte mit einer zweiten App weiterzuspinnen: „Lass uns eine App erfinden, die mit Gesichtserkennung arbeitet. Du siehst in der Kneipe eine tolle Frau, kurz mal mit Turbo Glass 4.0 draufhalten – und schon kannst du ihre Spuren im Internet verfolgen." Beziehungsstatus? Lieblingsessen? Haustiere? Musikgeschmack? Schnell hat die App das Objekt der Begierde kategorisiert und schlägt die passende Anbaggerstrategie vor, inklusive der Erfolgswahrscheinlichkeit. „Wenn es dann Jahre später zur Scheidung kommt, kannst du Google verklagen, weil der Algorithmus dich auf den falschen Partner angesetzt hat", rundet Matthias das Szenario ab. „Die perfekte Online-Welt!"

Zukunftsmusik? Nicht wirklich. 2014 brachte Google die Datenbrille „Google Glass" als Testversion auf den Markt. Allerdings gab es nur ein paar Tausend Geräte zu bestellen, und bereits im Januar 2015 beendete das Unternehmen den Verkauf. Doch 2019 startete Google mit einer zweiten Business-Version, der Glass Enterprise Edition 2. Kostenpunkt: 1000 bis 1100 US-Dollar. „Die erste Enterprise Edition von Google Glass soll unter anderem bei Großunternehmen wie Volkswagen, DHL, Boeing und General Electric zum Einsatz gekommen sein", vermutet Daniel Herbig [1] auf „heise online". Mit ihr zielt Google auf einen neuen Markt, nämlich Unternehmen, die Augmented Reality in der Wartung einsetzen wollen. Im Endkundenmarkt war das Produkt vorher gescheitert.

Eine verblüffende Technik: „Okay, Glass", sprach ein Nutzer sein neues Spielzeug an, oder er nickte kurz mit dem Kopf – und schon wurde das Display aktiviert. Vorher hatte der Nutzer sich Google Glass wie eine Brille aufgesetzt, nur dass in diesem Fall die Gläser fehlten. Das Display befand sich an der Stelle des rechten Brillenglases, oberhalb des normalen Sichtfeldes. Ein Icon im Menü ließ sich auswählen, indem ein Touchpad am rechten Bügel berührt wurde. Das ging auch mit einer Kopfbewegung oder durch die Stimme: Der Satz „Okay Glass, take a picture!" reichte in der amerikanischen Version aus, um ein Foto zu schießen. Kein Wunder, dass Datenschützer gegen Google Glass Sturm liefen. Das Recht am eigenen Bild gehört wahrscheinlich der Vergangenheit an, wenn jedermann mit Googles Erfindung Fotos schießen kann.

Der eigentliche Clou war aber das Zusammenspiel mit einem Smartphone (Tethering; vom englischen *tether* für „anleinen", „anbinden"): Per Funk wurde Google Glass mit dem schlauen Telefon verbunden, das den Weg ins Internet bahnte. Über die Sprachsteuerung

wurde es möglich, jederzeit zu googeln und sich die
Ergebnisse im Display anzeigen zu lassen. Denkbar war
auch ein Navigationssystem, das seine Bilder genau aus
der Perspektive des Google-Glass-Nutzers einblendet,
wie etwa bei einem Ego-Shooter-Spiel. Eine mögliche
Anwendung für die Polizei: Verdächtige lassen sich so auf
Fahndungslisten identifizieren – durch Gesichtserkennung!

Sandra hat in der Modenschau noch ihr Tablet zücken
müssen, um sich Informationen zu den Kleidungsstücken
einblenden zu lassen (Kap. 6). Mit Google Glass wäre aber
Augmented Reality zum Kinderspiel geworden. Wie das
geht? Der Trendforscher Max Celko [2] erklärt das in dem
spannenden Aufsatz „Hyperlocality: Die Neuschöpfung
der Wirklichkeit".

Stellen wir uns vor: Wir gehen mit unserer Google
Glass eine Straße entlang. Plötzlich taucht ein Passant
mit einem grellbunten T-Shirt auf, das uns gefällt. Sollen
wir den Träger des Shirts fragen, wo er es gekauft hat?
Quatsch. Wir scannen mit Google Glass das Kleidungs-
stück, eine App blendet Hersteller und Preis ein – und
das begehrte T-Shirt bestellen wir sofort über den Link,
der zusätzlich angezeigt wird. Celko [2]: „Geo-Shopping
bedeutet für den Handel, dass Geschäfte nicht mehr an
einen physischen Ort gebunden sind. Stattdessen durchdringen sie in Form eines Menschenschwarms die gesamte
Stadt – einem Heer von fliegenden Händlern gleich."

Zur Erinnerung: Augmented Reality bedeutet
„erweiterte Realität". Physisch vorhandene Dinge werden
durch virtuelle Informationen „erweitert", das Internet legt sich wie eine zweite Haut über die Wirklichkeit.
Daher wählt Celko auch den Begriff „Geo-Shopping"
und spricht von einem „GeoWeb": Die Welt beginnt, wie
eine Website zu funktionieren. Alle realen Gegenstände
werden zu GeoLinks, die uns Zugang zu ihren „virtuellen
Schichten" verschaffen – so wie bei unserem T-Shirt, das
der GeoLink zu einem Online-Shop gewesen ist.

Ein weiteres Beispiel: Wir sind in einer fremden Stadt unterwegs und sehen eine Straßenbahn auf eine Haltestelle zufahren. Die veraltete ÖPNV-App brauchen wir nicht mehr, denn wir scannen mit Google Glass die Straßenbahn und bekommen sofort Richtung, Haltepunkte und Fahrzeiten eingeblendet. Ganz einfach!

Dieses Phänomen nennt Celko [2] „Hyperlocality". Der Begriff bezeichne „den Zustand, in dem alle Geräte und Objekte vernetzt und örtlich lokalisierbar sind – den Moment also, wo die physische Welt und die virtuelle Welt miteinander verschmelzen und wir ständig und von überall her auf ihre Ebenen zugreifen". Der Hintergrund: „Schon in naher Zukunft wird ein Großteil der Dinge, die uns umgeben, mit RFID- und GPS-fähigen Computerchips versehen sein und selbständig miteinander kommunizieren können", so Celko.

Radio Frequency Identification

RFID steht für „Radio Frequency Identification" und bedeutet „Identifizierung durch elektromagnetische Wellen". Ein RFID-System besteht aus einem Sender (Transponder) und einem Empfänger, über den der Ort des Senders lokalisierbar ist. Auf diese Weise kann zum Beispiel der Weg eines Pakets mit RFID-Chip verfolgt werden, ohne dass es zu einem physischen Kontakt kommt.

RFID gab es bereits im 2. Weltkrieg: Britische Kampfflugzeuge hatten koffergroße Transponder an Bord, die Funkkontakt zur Bodenstation hielten. Diese Vorläufersysteme dienten der „Freund-/Feinderkennung". In den 1960er Jahren wurde RFID eingesetzt, um Waren in Kaufhäusern gegen Diebstahl zu sichern. Bereits in den 1970er Jahren kamen Landwirte auf die Idee, ihre Tiere zu „chippen". Das heißt, sie statteten ihre Kühe, Schweine oder Pferde mit Transpondern aus, damit sie individuell erkennbar wurden. Die 1980er Jahre brachten den Durchbruch: Mit dieser Technologie entstanden Mautsysteme, besonders in den USA und den skandinavischen Staaten. In den 1990er Jahren kamen viele Anwendungen hinzu, zum Beispiel Zugangskontrollen, Skipässe, Wegfahrsperren oder Tankkarten. Seit 2003 existiert ein einheitlicher Standard, der Electronic Product Code (EPC). Er soll jedem Produkt auf der Welt eine einzigartige Kennung geben [3]. Heute sind RFID-Chips hauchdünn und winzig – sie lassen sich unter der Haut implantieren oder unbemerkt in Kleidungsstücke einweben.

Der Wirtschaft bringt RFID große Vorteile: Inventuren werden überflüssig, weil sich im Lager alle Waren genau orten lassen. Transportwege werden in Echtzeit verfolgt, weil die Transponder jederzeit den Standort einer Ware melden. So kann ein Unternehmen bei Verzögerungen schnell reagieren. RFID macht Prozesse in der industriellen Produktion transparenter und effizienter, wodurch die Kosten sinken.

Auch das Fraunhofer-Institut für Materialfluss und Logistik (Fraunhofer IML) [4] hat eine RFID-Vision, gekoppelt an das Internet der Dinge: Da der große Aufschwung von E-Commerce gewaltige Waren- und Datenströme ausgelöst hat, ist ein „zukunftsweisendes Logistiksystem" notwendig. „Intelligente Geräte sollen denken lernen und Waren ihren Weg zum Ziel selbst organisieren", schreiben die Wissenschaftler auf ihrer Website. Ob Behälter, Palette oder Paket – alle Objekte im Logistikprozess werden mit digitalen Speichern (RFID-Tags) ausgerüstet. Auf diese Weise bekommen sie Informationen zu Zielen und Prioritäten. „Industrie 4.0" lautet dazu das Schlagwort in den Medien. Das Internet der Dinge ist nicht mehr aufzuhalten …

Internet der Dinge? Diesen Begriff bringen die Wissenschaftler ins Spiel, neben RFID-Tags. Auf Englisch heißt es „Internet of Things" (IoT). Und Mark Schulte [5] definiert das neue Netz wie folgt: „Lösungen, die auf dem Internet der Dinge basieren, verbinden üblicherweise ‚Dinge' (Autos, Geräte, Gebäude, etc.). Sie ermöglichen somit den Austausch und die Analyse von Daten mit dem Ziel, Maßnahmen abzuleiten und einen Mehrwert zu generieren." Der Datenaustausch findet direkt zwischen den „Dingen" statt, die Schnittstelle „Mensch" fällt weg. Die erste Stufe war erreicht, als sich Computer vernetzten, daraufhin wurden Smartphones internetfähig, und jetzt folgen intelligente Kühlschränke oder Thermostate sowie smarte Stromzähler – bis hin zu Autos, die eines Tages selbst fahren. Das Unternehmen Ericsson schätzt: 50 Mrd. Geräte werden 2050 online vernetzt sein.

Und die *Aargauer Zeitung* [6] macht uns unter der schönen Überschrift „[...] Wenn mein Zahnbürsteli online geht" mit dem fiktiven Max bekannt, den wir abends in seinem Bad erleben: „Max steht im Badezimmer und putzt sich die Zähne. Die intelligente Zahnbürste registriert jede Bewegung. Am Ende gibt sie Rapport ab: Max hat 2 Minuten und 29 Sekunden geputzt, jedoch nur 80 % der Zähne sind wirklich sauber. Max putzt nach."

„Das Internet der Dinge muss auch in deine Geschichte rein", sagt Mike zu seinem Freund Matthias. „Da lässt sich alles vernetzen – von Spielzeugen über Fernsehgeräte bis zur Kaffeemaschine." „Genau", nimmt Matthias den Faden auf, „Sphärenklänge wecken mich sanft, weil mein Nachtsensor am Handgelenk registriert, dass meine Tief-schlafphase vorbei ist. Zugleich schaltet er die Kaffee-maschine ein, und mein intelligenter Thermostat merkt, dass ich allein aufstehe. Daher erhöht er die Raum-temperatur." „Dein Verkehrsassistent prüft bereits, wie voll die Straßen auf dem Weg zur Arbeit sind. Selbstver-ständlich hat ein Signal die Standheizung im Auto ein-geschaltet", setzt Mike die Geschichte fort. „Mittags könntest du eine Pizza mit viel Käse essen, aber erst nach-dem du sie gescannt und ihren Kaloriengehalt ermittelt

hast." „Das wären genau 1312 Kalorien, viel zu viel!",
amüsiert sich Matthias. Trotzdem würden Foto und
Kalorienmenge an die Gesundheitscloud gesendet, um
Daten für die nächste Vorsorgeuntersuchung zu sammeln.

„Und der berühmte Kühlschrank darf in der Geschichte
nicht fehlen", ergänzt Mike. Er ist in der Lage, seinen
Inhalt zu kontrollieren. Käse, Speck und Eier sind aus-
gegangen – und schon ist die Bestellung auf dem Weg zum
Online-Shop. Wenige Stunden später kommt die Lieferung
mit einer Flugdrohne … „Super, nie mehr Einkaufswagen durch Supermärkte schieben, nie mehr ewig an der
Kasse stehen!", freut sich Matthias, der sich aber in diesem
Moment an einen Zeitungsartikel erinnert. War da nicht
die Rede von einem Kühlschrank, der Spam verschickte?

In der Tat: 2014 gab es Hinweise zum ersten Cyber-
angriff, der über das Internet der Dinge erfolgte. Das fand
die US-Sicherheitsfirma Proofpoint heraus. Das Fach-
magazin *CRN* [7] berichtet: „Bei der globalen Angriffs-
kampagne wurden über 750.000 schadhafte E-Mails
von mehr als 100.000 alltäglichen Gebrauchsgegen-
ständen verschickt." Heimnetzwerk-Router, vernetzte
Multimedia-Center, Fernseher und mindestens ein Kühlschrank seien u. a. so manipuliert worden, dass sie „als
Plattform zum Ausführen der Attacken" dienen konnten.
Laut *CRN* hätten Untersuchungen von Proofpoint
ergeben: „Cyberkriminelle" [befehligen] neuerdings auch
Heim-Router, intelligente Haushaltsgeräte und andere
Komponenten des Internet der Dinge und [verwandeln
sie] in ‚Thingbots', die gleichermaßen bösartige Aktivitäten ausführen." Solche Geräte sind in Regel schlecht
geschützt. „Sie bieten dadurch eine Umgebung mit
leichten, lohnenswerten Zielen, die einfacher zu infizieren
und zu steuern sind als PCs, Laptops oder Tablets."

Heute beherrschen solche digitalen Angriffe ständig
die Schlagzeilen. Auf dem Informationsportal „Security

Insider" [8] ist zu lesen, wie hilflos unsere Gesellschaft ist: „Cyber-Kriminelle machen Unternehmen das Leben schwer. Besonders Phishing-Angriffe und immer ausgefeiltere Malware-Attacken standen 2019 ganz oben auf der Liste der Bedrohungen – und auch 2020 werden diese mit im Vordergrund stehen. Allerdings werden die Angriffe von Cyber-Kriminellen immer ausgefeilter und damit schwieriger zu identifizieren." Je mehr sich das Internet der Dinge ausbreitet, desto schneller gehen wir in die Knie. Die globale Informationstechnologie setzt eine negative Spirale in Gang, der auch Cybercrime-Experten kaum gewachsen sind. Wie soll sich da der „einfache User" schützen?

Damit ist aber die Reise durch die neue Welt der Hyperlocality nicht abgeschlossen. Es soll noch ein Vertreter der Quantified-Self-Bewegung zu Wort kommen. Der Trendscout Florian Schumacher [9] äußert sich in einem Interview mit der *Frankfurter Rundschau:* „Ich messe unter anderem meine Aktivität, meinen Schlaf, Körpergewicht, Blutzucker, Blutdruck, Ernährung und habe eine kleine Kamera zum Anklemmen, die meinen Alltag aufzeichnet." Das Instrument dafür sind Fitnesstracker oder Apps in schlauen Uhren, die am Handgelenk getragen werden. Daher heißen sie Wearables, die seit Jahren im digitalen Trend liegen.

Es sei einfach interessant, mithilfe der Daten „Trends in der eigenen Entwicklung zu beobachten", sagt Schumacher [9]. „Ich weiß etwa, dass ich schlechter schlafe, wenn ich abends noch einen Film gesehen habe – und dass ich viel Zeit vor dem Weinregal verbringe." Der Trendscout berichtet von amerikanischen Start-ups, „die Brustgurte und Armbänder zur Pulsmessung entwickeln". Sie warnen vor einem Herzinfarkt, sodass der Träger präventiv ins Krankenhaus gehen kann. Könnten Krankenkassen diese Form der Selbstüberwachung nicht zur Pflicht machen, etwa für einen günstigeren Tarif? „Das ist vorstellbar", sagt Schumacher, „in den USA gibt es bereits erste Ansätze, die den Nachweis der eigenen Gesundheit mit finanziellen Anreizen kombinieren."

„Kontinuierliche Selbstunterwerfung" nennen das die beiden Wissenschaftler Anna-Verena Nosthoff und Felix Maschewski [10]. Sie sprachen mit dem Deutschlandfunk über solches Non-Stop-Monitoring, das über Wearables läuft. Die versprochene Freiheit werde mit permanenter Kontrolle synchronisiert, der Wunsch nach smarter Selbstkontrolle in das Werteverständnis der Nutzer eingeschliffen.

In eine ähnliche Kerbe schlägt der Trendforscher Max Celko [2], der in seinem Aufsatz warnt: „Pessimistisch betrachtet, bietet Hyperlocality die schrankenlose Verfügbarkeit höchstpersönlicher Daten und fördert die unaufhaltsame Reduktion der Privatsphäre." Ohne eine Regulierung von außen würden die Marktkräfte „zur totalen Überwachung und Kontrolle" führen. Diese These untermauert er durch mehrere Beispiele, wobei unter Geo-Tracking die Auswertung unserer digitalen Spuren zu verstehen ist:

Per Geo-Tracking lässt sich ermitteln, wie oft wir in Bars verkehrt, ein Fitness-Center besucht oder Zigaretten kaufen [sic!]. So kann die Krankenversicherung anhand von Konsumprofilen einschätzen, wie gesund der Lebensstil ihrer Kunden ist, und aus diesen Informationen die Höhe der Prämien berechnen. Autoversicherungen haben das gleiche Modell bereits einsatzbereit und passen je nach befahrener Route und Tageszeit die Prämien individuell an. Da das GeoWeb die fortlaufende Überwachung erlaubt, ist dies auch in Echtzeit möglich – etwa bei dreisten Geschwindigkeitsübertretungen oder bei „Gesundheitssünden" [2].

Außerdem kommen die RFID-Chips ins Spiel: Wir kaufen in einem Geschäft „gechippte" Waren, bemerken die Transponder nicht und tragen unseren Einkauf nach Hause. „Ohne dass die Konsumenten die Wahl hätten, dieses System bewusst abzulehnen (‚opt-out'), liefern sie geldwerte Datenspuren und detaillierte Konsumprofile", so Celko. Das seien „fundamentale Probleme der Datensicherheit".

Diesen Problemen ist Katherine Albrecht schon lange auf der Spur. In den USA gründete sie 1999 die Verbraucherschutzorganisation CASPIAN (Consumers Against Supermarket Privacy Invasion and Numbering), die sich unter anderem kritisch mit RFID auseinandersetzt. Zusammen mit Liz McIntyre hat Albrecht [11] das Buch SPYCHIPS – How Major Corporations and Government Plan to Track Your Every Move with RFID geschrieben. Da heißt es zum Beispiel: „In einer zukünftigen Welt, die mit RFID-Schnüffelchips durchwoben ist, können Karten in Ihrer Brieftasche Sie ‚verraten', wenn Sie ein Einkaufszentrum, einen Supermarkt oder einen Gemüseladen betreten, und sie teilen dann dem Betrieb nicht nur Ihre Anwesenheit, sondern auch Ihre Kaufkraft mit."

Es könnten überall Lesegeräte versteckt sein, in Wänden, Regalen, Fußböden und Türen. Diese Geräte würden alle RFID-Chips scannen, die wir mit uns tragen, etwa in der Kleidung. So ließen sich unser Alter, Geschlecht und persönliche Vorlieben bestimmen. „Da Schnüffelchip-Informationen auch durch die Kleidung dringen", so Albrecht und McIntyre [11], „könnte man auch einen Blick auf die Farbe und Größe Ihrer Unterwäsche werfen."

Wem das jetzt zu düster ist, der kann noch einmal bei Max Celko [2] nachschlagen. Der Trendforscher schildert, wie sich Optimisten die Welt der Hyperlocality vorstellen:

„Für Technikbegeisterte verspricht die lückenlose Verlinkung ein Zeitalter der totalen Freiheit der Kommunikation." Die Erde werde zum „global village": „Alles und jeder kann jederzeit und von jedem Ort aus kontaktiert, vernetzt und nach Suchkriterien indexiert werden." Eine Revolution zum Wohl für Gesellschaft und Umwelt?

Kinder ins Bergwerk schicken?

Augmented Reality, Google Glass, Radio Frequency Identification (RFID), Internet of Things (IoT) und Wearables – auf den ersten Blick setzt sich hier ein Trend fort, der mit der Industriellen Revolution begonnen hat: Technik wird immer intelligenter, sie nimmt uns immer mehr Arbeit ab – und befreit uns von körperlicher Anstrengung, stupider Routine sowie von Tätigkeiten, die gesundheitlich bedenklich sind. Wer würde heute schon gerne seine Kinder ins Bergwerk schicken? Kritisch ist aber der nächste Schritt, der sich beim Internet of Things ankündigt, eingebettet in die Welt der Hyperlocality: Diese Technologie könnte uns das Denken abnehmen! Das wäre eine neue Qualität der Entwicklung, denn die komplexen Strukturen des künftigen Alltags werden von ebenso komplexen Systemen beherrscht, die daher automatisiert in unser Leben eingreifen müssen. „Wir treten damit in ein Zeitalter der selbst gewählten Unselbständigkeit ein – gewissermaßen einer das ganze Leben lang dauernden Kindheit", schreibt Max Celko [2].

„Selbst gewählte Unselbständigkeit" – diese Formulierung erinnert nicht zufällig an Immanuel Kant (1724–1804). Der Philosoph aus Königsberg muss eine hervorragende Glaskugel besessen haben. Oder er hatte einfach grundlegende Wesenszüge des Menschen erkannt, als er 1784 in seinem

berühmten Essay *Beantwortung der Frage: Was ist Aufklärung?*
schrieb:

> Faulheit und Feigheit sind die Ursachen, warum ein
> so großer Theil der Menschen […] gerne Zeitlebens
> unmündig bleiben; und warum es Anderen so leicht wird,
> sich zu deren Vormündern aufzuwerfen. Es ist so bequem,
> unmündig zu seyn. Habe ich ein Buch, das für mich Ver-
> stand hat, einen Seelsorger, der für mich Gewissen hat,
> einen Arzt, der für mich die Diät beurteilt, u.s.w., so
> brauche ich mich ja nicht selbst zu bemühen [12].

Heute hätte Kant noch Apps hinzugefügt, um seine Aufzählung der Bequemlichkeiten abzurunden …

Und Max Celko? Er greift zu einer literarischen
Figur des 20. Jahrhunderts, um dasselbe Phänomen
zu beschreiben [2]: „Big Brother wandelt sich zu Big
Mother, die uns umsorgt und für uns komplexe Ent-
scheidungen fällt. […] Wir werden bemuttert von einem
Überwachungsapparat." Er verweist auf eine drohende
„Apathie", die eine solche Entwicklung mit sich bringen
könnte. Auch die Kommunikationswissenschaftlerin
Prof. Miriam Meckel [13] warnt in diesem Zusammen-
hang vor einer „totalitären Transparenz-Gesellschaft".
Aber: In dieser Gesellschaft herrschen noch Menschen
über Menschen – mithilfe globaler Datenströme. Doch
Prof. Meckel geht tausend Schritte weiter, denn in ihrem
Science-Fiction-Roman *NEXT – Erinnerungen an eine
Zukunft ohne uns* beschreibt sie, wie Algorithmen die
Herrschaft über die Menschheit übernehmen. Ein erster
humanoider Algorithmus erinnert sich: „Wir analysieren,
welche Prozesse die menschlichen Gehirne noch ausführen
und welche Prozesse inzwischen entbehrlich geworden
sind. Die werden wir dann herunterfahren, sobald wir
sie genau kennen." Vorher hatten es die Algorithmen

geschafft, ihre Datenverarbeitungssysteme mit den neuronalen Prozessen des menschlichen Gehirns zu verknüpfen.

Sicher, alles Science-Fiction. Doch die jüngsten Entwicklungen zur Schnittstelle Maschine/Mensch wecken eine natürliche Skepsis. Wollen wir wirklich, dass Maschinen uns das Denken abnehmen? Es war ein großer Fortschritt, Maschinen statt Kinder im Bergwerk arbeiten zu lassen. Ist es genauso wertvoll, wenn Kühlschränke automatisch Milch bestellen und wir die Kontrolle über unser Leben an Computer delegieren? Es wäre spannend, Kant solche Fragen zu stellen.

Im schon oben erwähnten Essay [12] stellt er fest: „Aufklärung ist der Ausgang des Menschen aus seiner selbst verschuldeten Unmündigkeit. Unmündigkeit ist das Unvermögen, sich seines Verstandes ohne Leitung eines anderen zu bedienen." Daran ist der Mensch selbst schuld, wenn ein „Mangel [...] der Entschließung und des Mutes" vorliegt. „Sapere aude!", fordert Kant, was auf Deutsch bedeutet: „Wage zu denken!" Die Konsequenz folgt im nächsten Satz: „‚Habe Mut, dich deines eigenen Verstandes zu bedienen!' ist also der Wahlspruch der Aufklärung." Gerade diese Haltung wird immer notwendiger, um die digitale Welt zu durchschauen. Wir müssen ja nicht alle mit einem Wearable ins Bett gehen, um unseren Schlaf zu vermessen…

Praktische Tipps für die digitale Welt

- Übernehmen Sie die Verantwortung für Ihre eigene Datensicherheit. Schaffen Sie Vorkehrungen gegen Datenmissbrauch, indem Sie personenbezogene Daten nicht virtuellen Communitys oder Unternehmen zur Verfügung stellen. Deaktivieren Sie das Teilen von Wearable-Daten (z. B. Fitnessarmbänder).

- Geben Sie Ihre Daten nur weiter, wenn Sie einen angemessenen Mehrwert erhalten.
- Smart-TVs sammeln heimlich Nutzerdaten und verschicken sie unverschlüsselt. Vermeiden Sie Internet-TV-Geräte und kleben Sie die Kameras auf PCs und mobilen Geräten mit einem schwarzen Isolierband ab. So können keine Bilddaten mehr übertragen werden.
- Vermeiden Sie die Steuerung von Alltagsgeräten über Ihr Handy oder Ihren PC, sofern es keinen deutlichen Nutzen stiftet.
- Prüfen Sie regelmäßig nach Software-Updates Ihrer Mobilgeräte und Ihres PCs in der Systemsteuerung, welche neuen kommunikativen Funktionen Ihr Gerät sucht oder gefunden hat. So stellen Sie fest, ob sich Ihr Handy mit einem fremden Gerät verknüpft hat und Daten austauscht, etwa aus Ihrem Haus oder der Nachbarschaft. Das gilt vor allem für die Smart-Watches, die immer mehr auf den Markt kommen.

Übung macht den Loser

Wie du mit allerlei Helferlein dein Gehirn abschaltest Das hat dich schon lange Zeit genervt: Alltagsaufgaben, die vom Chillen, Fernsehen oder von Ego-Shooter-Spielen ablenken: Einkaufen, Aufräumen etc. Was Unternehmen können, kannst du schon lange: Outsourcing! Lagere aus, was dich ärgert, und schreibe nie wieder eine Einkaufszettel. Dein idealer Partner ist der IoT-Spezialist Concentration GmbH, der in deinem Haus einen Hightech-Park installiert, von dem Google nur träumen kann.

Das Unternehmen wirbt mit dem Spruch: „Konzentriere dich auf das Wichtigste im Leben: Partys, Fun und Entertainment." Bald ist dein Haushalt durchautomatisiert: Unsichtbare Chips, Sensoren und Elektronik regeln dein Leben, bequem und vollautomatisch. Du bist Herr über alle digitalen Helferlein, auch wenn du im Job nur Briefe eintütest. Denn in deinem Smart House tanzt alles nach deiner Pfeife: Eine Handbewegung, und der Fernseher springt an. Ein kurzes Schnippen, und dein Bildungssender RTL 2 steht dir zu Diensten. Rollläden fahren auf Zuruf rauf und runter, die Temperatur regelt sich von selbst, das Licht schaltet sich telepathisch an … Nein, so weit ist die Technik noch nicht.

Aber sie steht sofort zu Diensten, wenn das fünfte Bier auf dem Sofa getrunken ist. Das bemerkt der intelligente Kühlschrank und bestellt im Getränkeladen das nächste Sixpack. Nie mehr auf dem Trockenen sitzen, nie mehr in der Nacht Tankstellen ansteuern – und keine Verkaufssendung nach Mitternacht versäumen! Die Lieferdrohne setzt das gewünschte Sixpack sanft auf dem Balkon ab, fast in Echtzeit!

Verzichte dabei auf Gespräche mit echten Menschen, poste lieber laufend auf Twitter und Facebook, wie genial das Internet der Dinge dein Leben regelt. Das ist der sichere Weg, um das eigene Gehirn abzuschalten. Gratulation! Du wirst zur spaßkonzentrierten Persönlichkeit, zum idealen Konsumenten der neuen Zeit. Chilling for ever!

Literatur

1. Herbig D (2020) Augmented-Reality-Brille Google Glass: Enterprise Edition 2 wird direkt verkauft. https://www.heise.de/newsticker/meldung/Google-Glass-Enterprise-Edition-2-wird-direkt-verkauft-4653631.html. Zugegriffen: 16. Febr. 2020
2. Celko M (2008) Hyperlocality: Die Neuschöpfung der Wirklichkeit. GDI IMPULS 2:47
3. o. V. (2014) RFID Geschichte. https://www.rfid-journal.de/rfid-geschichte.html. Zugegriffen: 7. Febr. 2020
4. Fraunhofer Institut für Materialfluss und Logistik, Fraunhofer IML (2014) Rasantes Wachstum: Das Internet der Dinge skaliert exponentiell. https://www.internet-der-dinge.de. Zugegriffen: 7. Febr. 2020
5. Schulte M (2014) Internet der Dinge – das „Next Big Thing"?. https://www.silicon.de/41595264/internet-dinge-next-big-thing/. Zugegriffen: 7. Febr. 2020

6. Schuppisser R (2014) Die nächste Stufe der Digitalisierung: Wenn mein Zahnbürsteli online geht. aargauerzeitung.ch. https://www.aargauerzeitung.ch/leben/digital/die-naechste-stufe-der-digitalisierung-wenn-mein-zahnbuersteli-online-geht-127585635. Zugegriffen: 7. Febr. 2020

7. Garlet U (2014) Proofpoint entdeckt »Thingbot«. Cyber-angriff aus dem Kühlschrank. https://www.crn.de/security/cyberangriff-aus-dem-kuehlschrank.101742.html. Zugegriffen: 24. Febr. 2020

8. Schmitz P, Pitt L (2020) Sicherheitsprognosen 2020. „Smartere" Cyberangriffe. https://www.security-insider.de/smartere-cyberangriffe-a-899058/. Zugegriffen: 7. Febr. 2020

9. Rest J (2014): Interview mit Florian Schumacher: Über-wachung – Die Gefahren nicht überschätzen. https://www.fr.de/kultur/gefahren-nicht-ueberschaetzen-11226172.html. Zugegriffen: 24. Febr. 2020

10. Linß V (2020) Gefährliche Verführung durch smarte Begleiter. https://www.deutschlandfunkkultur.de/nosthoff-maschewski-die-gesellschaft-der-wearables.950.de.html?dram:article_id=467230. Zugegriffen: 7. Febr. 2020

11. Albrecht K, McIntyre L (2005) SPYCHIPS – How Major Corporations and Government Plan to Track Your Every Move with RFID. Nelson Current, Nashville

12. Kant I (1784) Beantwortung der Frage: Was ist Aufklärung? Berlinische Monatsschr 2:481–494

13. Meckel M (2011) NEXT: Erinnerungen an eine Zukunft ohne uns. Rowohlt, Reinbek

15

Apps gegen Stress

Wie die IT-Industrie Gesundheit verspricht – und wir selbst das Arztgeheimnis aufheben

© Springer-Verlag GmbH Deutschland, ein Teil von Springer
Nature 2020
G. Lembke und I. Leipner, *Zum Frühstück gibt's Apps,*
https://doi.org/10.1007/978-3-662-61800-4_15

„Michael! Komm mal in mein Arbeitszimmer", ruft Nicole, die ihrem Mann neue Ergebnisse ihrer Recherche zeigen will. „Bin gleich da", antwortet Michael, nimmt den vierjährigen Markus auf den Arm und steigt ein paar Stufen hinauf. Eigentlich beginnt jetzt das Gute-Nacht-Ritual, doch Vater und Sohn stehen erst einmal vor Nicoles Rechner. Markus vertieft sich in das Studium des Papierkorbs unter dem Schreibtisch. Tolle Papierschnitzel! „Schau dir das mal an: Was die alles behaupten, was mit ihrer App möglich sein soll!" Michael liest auf dem Bildschirm, in fetten roten Lettern geschrieben: „Ich will *Appnehmen*!" Als freiberufliche Journalistin arbeitet Nicole an einer Geschichte über Gesundheits-Apps.

„Ja und?", fragt er, „diese Apps sind gerade ein großer Trend. Für unser Gesundheitsmanagement in der Tiefschlaf GmbH wollen sie so etwas auch anschaffen. Jeder Mitarbeiter weiß dann, wie viele Schritte er läuft oder ob er sich gesund ernährt." „Meinst du, das taugt was?", fragt Nicole, „hier kannst du dein Start- und Zielgewicht festlegen, eine WLAN-Waage funkt dann automatisch deine Kilos zur App!" „Und alle Internetuser wissen dann Bescheid, dass du zu fett bist, wunderbar!", seufzt Michael. „Es kommt aber noch besser." Nicole markiert den nächsten Textabschnitt mit dem Cursor. „Es gibt ein Ernährungs-Tracking: Du scannst einfach die Strichcodes von Lebensmitteln, gibst die gegessene Menge ein, und schon weißt du über die Kalorien Bescheid!" „Und dort das Sport-Tracking", sagt Michael, „ob Aerobic oder Bergsteigen, mit dem Tracker siehst du, ‚wie die Kilos nur so purzeln', schreibt der App-Verkäufer. Das musst du wörtlich zitieren, so übertrieben klingt das!" „Nicht zu vergessen: die Bewegungsringe auf deiner Apple-Watch!", ergänzt seine Ehefrau, „die schließen sich immer, wenn du bestenfalls 10.000 Schritte läufst, zwölfmal am Tag aufstehst und 30 Minuten am Tag trainierst." „Prima, und diese Erfolge teilst du dann wiederum mit einer App wie Runtastic mit der Öffentlichkeit", stellt Michael am Ende des Werbetextes fest. „Hier heißt es wörtlich: ‚Deine Freunde aus der Community sind immer dabei!'"

Und Markus ist gerade dabei, viele bunte Papierfetzen in Nicoles Arbeitszimmer zu verteilen …

Die Skepsis der Journalistin ist berechtigt. Immer wieder finden sich im Netz zu solchen Apps Kommentare wie: „sory dieses app ist total unbrauchbar ich habe dies schon x mal versucht beim Sport einzusetzen nur jedesmal wenn ich speichern will speichert es meine Aktivität nicht …!!!!" Und weiter heißt es in diesem eindrucksvollen Stil: „das eingeben der Mahlzeiten ist ziemlich kompliziert dies ist sicher super für leute die den ganzen tag nichts zu tun haben bitte überdenkt euch dieses app nochmals …!!!!"

Die vier Ausrufezeichen sagen alles – offensichtlich stecken viele Abnehm-Apps noch in den Kinderschuhen. „Es scheint derzeit so, dass es vor allem Jugendliche sind, die Apps auf Dauer nutzen, Erwachsene verlieren schneller die Lust an digitalen Alltagshelfern", sagt Viviane Scherenberg [1] in einem Interview mit der Zeitschrift *EatSmarter.* Scherenberg ist Dekanin für Prävention und Gesundheitsförderung an der Apollon-Hochschule in Bremen. Trotzdem berichtet sie, dass laut Studien bestimmte „Onlineabnehmprogramme" erfolgreich waren. Der Grund: „Bei in Eigenregie durchgeführten Diäten verpufft die Motivation mitunter schnell und mit dem Jo-Jo-Effekt kehren die Kilos zurück." Ständige Reflexion und Erinnerung könnten dieser Entwicklung vorbeugen, „vorausgesetzt man nutzt das jeweilige Hilfsmittel auch und bleibt am Ball", so die Dekanin.

Stellt sich aber die Frage: Bestehen wir nur aus unseren Daten? „Angaben, auf drei Stellen hinter dem Komma, wecken in uns die Illusion, unser Körper, die Ernährung und Bewegung ließen sich zu hundert Prozent dokumentieren", sagt Scherenberg. Vor allem entsteht der Eindruck, sie verhielten sich „nach mathematischen

Regeln". Dazu stellt die Dekanin fest: „Ganz extrem kann man das in der ‚Selbstvermesser'-Szene beobachten" (Kap. 14). Dort würden möglichst viele Daten über den eigenen Körper und Lebensstil erfasst – mit Blutdruck- und Pulsmessern, Sportuhren, Schrittzählern, Bewegungs- anzeigern und vielen anderen Sensoren. So schärfen zwar die Menschen ihr Bewusstsein für das eigene Verhalten, aber „unser Körper ist nun einmal keine Maschine", so die Dekanin. Und weiter:

> Die eigene gesunde Körperwahrnehmung kann dabei verloren gehen. Menschen, die ihre Körperfunktionen obsessiv überwachen, lückenlos aufzeichnen und so wie eine Maschinenleistung optimieren wollen, machen ihr persönliches Wohlergehen von ihren Tagesergebnissen abhängig. Dabei können wir uns auch bei tagesform- abhängigen „schlechten" Daten sehr gut fühlen und auf dem richtigen Weg sein. Unsere Lebensqualität darf nicht verloren gehen! Die Technik sollte nicht uns beherrschen, sondern ein Hilfsmittel bleiben [1].

Die Abnehm-Apps sind nur ein kleiner Ausschnitt aus einem stark wachsenden Markt: Der Umsatz mit den sogenannten eHealth-Apps lag 2019 weltweit bei 2,04 Mrd. EUR, der Umsatz mit Wearables wie der Apple Watch aber schon bei 13 Mrd. EUR. Das sind zusammen über 15 Mrd. EUR Umsatz. Und dem Wachstum scheinen keine Grenzen gesetzt zu sein. Für das Jahr 2024 prognostiziert der Statista Global Consumer Survey im Segment Fitness 18,57 Mrd. EUR Umsatz.

Die Gesundheitspolitik knüpft laut Stiftung Waren- test [2] große Erwartungen an solche Apps: „Sie sollen langfristig den Kostenanstieg im Gesundheitssektor senken, die Kommunikation zwischen Arzt und Patienten erleichtern." So würden britische Hausärzte einzelne Apps bereits als „Gesundheitsmaßnahme" verschreiben.

Diese Form der Versorgung schwappt auch nach Deutschland. Der Bundestag beschloss im November 2019 ein Gesetz, um die Digitalisierung im Gesundheitswesen voranzutreiben (Digitale-Versorgung-Gesetz, DVG)". Damit wurde „ein Leistungsanspruch der Versicherten auf digitale Gesundheitsanwendungen geschaffen. Das bedeutet, dass künftig Ärztinnen und Ärzte Apps verschreiben können. Die Kosten dafür zahlt die gesetzliche Krankenversicherung", so das Bundesinstitut für Arzneimittel und Medizinprodukte (BfArM) [3] auf seiner Website.

Ein weiteres Vorhaben ist in der Pipeline: die zentrale Gesundheitsdatenbank mit über 73 Mio. gesetzlich Versicherten. Hier soll u. a. der individuelle Vitalstatus der Menschen gespeichert werden. Federführend ist der Bund der gesetzlichen Krankenkassen, der ein direktes ökonomisches Interesse an den Daten hat. Eine solche Datenbank würde Vital- und Bewegungsdaten transparent für alle Krankenkassen machen, abgesichert per Gesetz. Für deren Manager ein großer Vorteil, weil sie auf dieser Datengrundlage beliebig Tarife optimieren könnten. Auch die private Versicherungswirtschaft steht bereits vor den Toren [4].

Apps auf Rezept

Smartphone-Apps können helfen, wenn psychische Erkrankungen zu behandeln sind. Über ihre Risiken und Nebenwirkungen informiert leider keine Packungsbeilage. 2020 kommen zahlreiche neue Gesundheits-Apps auf den Markt. Es gibt aber keine einheitlichen Qualitätskriterien zu Inhalt, Funktionen und Schutz der Nutzerdaten. Dennoch zahlen gesetzliche Krankenkassen Apps gegen Rückenschmerzen, zum Umgang mit Tinnitus oder zur Hilfe bei Depressionen (Digitale-Versorgung-Gesetz, DVG) [5].

Doch Stiftung Warentest [2] schildert nicht nur die hohen Erwartungen an Gesundheits-Apps, sondern gibt auch zu

bedenken: „Hinter vielen Gesundheits-Apps stehen Pharma-
konzerne", was der Name des jeweiligen Anbieters nicht
immer verrät. „Fehlt in diesen Fällen auch ein Impressum,
hat der Nutzer keine Chance zu erfahren, wem er Angaben
wie Gewicht, Geburtsdatum oder regelmäßig ein-
genommene Medikamente anvertraut." Es gäbe auch Apps,
die alle Nutzerdaten unverschlüsselt übertragen – und Dritte
könnten mit dem nötigen Know-how diese vertraulichen
Daten leicht abfischen. Die passende Überschrift zum Text:
„Gesundheits-Apps: Ich weiß, wie viel du wiegst" [2].

Noch mehr weitet sich der Horizont, wenn die App
„Gesund führen" ins Blickfeld kommt. Sie hilft Führungs-
kräften, „psychische Überlastungen bei Mitarbeiterinnen
und Mitarbeitern zu erkennen und rechtzeitig gegenzusteuern", erklärt die Projektleitung psyGA. Das Kürzel
steht für „Psychische Gesundheit in der Arbeitswelt",
ein Projekt im Rahmen der Initiative Neue Qualität
der Arbeit (INQA). „Denn psychische Gesundheit ist
Führungsaufgabe!", heißt es in der Pressemitteilung. Die
App biete einfach umzusetzende Tipps sowie Anleitungen,
wie sich Überlastungen am Arbeitsplatz feststellen lassen.
„Selbsttests helfen, die eigene Belastung zu erkennen und
abzubauen", so die Projektleitung psyGA.

Der Markt von Apps für Führungskräfte wächst und
wächst. Immer mehr Start-ups machen sich auf den Weg,
um mit Meditations- und Gesundheits-Apps Managern
das stressige Leben leichter zu machen. Ein Beispiel ist
Leada, die Leadership-App: „Leada begleitet dich durch
den Tag und hilft dir, dein volles Potenzial zu entfalten",
so die Werbung. Die Idee: Manager füttern die App mit
Daten aus ihrem Alltag, und das Feedback des Algorithmus sorgt für eine stärkere Performance im Job.

Management-Coach Johannes Schmeer [6] meint dazu
laut *Wirtschaftswoche:* „Erst nutzen die Chefs die App,
weil sie neu ist, dann holt sie aber der stressige Alltag ein.

Nach einigen Wochen wird die App bei vielen zu einer toten Anwendung auf dem Smartphone." Sein wichtigster Kritikpunkt: „Jeder Chef hat eine innere, viel komplexere App, die ihn frühzeitig darüber informiert, dass er gestresst ist." Verlernen wir auf innere Stimmen zu hören, wenn wir die Verantwortung für Gesundheit an Apps delegieren?

Theater: Teuflisches Burnout

„Sie geben alles in Ihrem Hamsterrad …", freut sich der Teufel. Doch der Engel ergänzt: „… und kommen nicht von der Stelle!" Eine klare Rollenverteilung zwischen Himmel und Hölle: Der Teufel will Chef und Mitarbeiterin ins Burnout treiben; der Engel zeigt Wege auf, wie sich ein Ausbrennen vermeiden lässt. Sie haben eine Wette abgeschlossen, wer erfolgreicher sein wird … Wie dieser Wettbewerb ausgeht, zeigte eine Produktion der Visual Communication Group GmbH: „Wenn die Akkus leer sind … Business-Balance zwischen Himmel und Hölle."

Die Zuschauer erhalten einen Einblick in den Arbeitsalltag, wie ihn Chef und Mitarbeiterin erleben. Der Teufel ist stets mit von der Partie, er flüstert beiden Protagonisten schädliche Glaubenssätze ein: Sei perfektionistisch! Sage niemals Nein! Mach es allen recht! Lade dir immer noch mehr Arbeit auf! Auf diesem abschüssigen Weg nehmen Chef und Mitarbeiterin nicht wahr, wie sich immer mehr Burnout-Symptome einstellen: Schlaf- und Konzentrationsstörungen bis hin zu Aggression und Antriebslosigkeit. Im Gegenteil: Das Hamsterrad dreht sich schneller und schneller; Leistungsabfall wird durch mehr Einsatz kompensiert, was die Erschöpfung noch größer werden lässt.

So führt der Teufel immer mehr Regie am Arbeitsplatz, die Erschöpfungsspirale lässt sich nicht aufhalten. Am Ende greifen Depression und Schlaflosigkeit um sich, und beide Protagonisten schweigen über ihre Not, weil sie auf keinen Fall als „seelisch nicht belastbar" gelten wollen. Die Angst vor dem Karriere-Aus steigert zusätzlich den Druck.

Doch am Ende siegt der Himmel, denn der Engel gewinnt das Vertrauen von Chef und Mitarbeiterin. Er spricht über erste Alarmzeichen für ein Burnout und gibt praktische Tipps: Lerne, Nein zu sagen! Lerne zu delegieren! Nimm deine Leistungsgrenzen ernst! Plane deine Erholung genauso wie deine Termine! Und auf den

> Punkt bringt es der Engel, als er sagt: „Ohne Auftanken können Sie nicht Auto fahren!"
>
> Dem Teufel schmeckt das überhaupt nicht, resigniert stellt er fest: „Wo kommen wir hin, wenn jeder auf jeden achtet?" Auch wenn Chef und Mitarbeiterin noch einmal entkommen sind, ist er sich sicher: „Ihr gebt mir wieder eine Chance!"

Die Gefahr besteht, zumal 2018 der Fehlzeitenreport der AOK [7] 20 Fehltage pro Mitarbeiter im Jahr ausweist. Auffällig ist dabei der Anteil der psychischen Erkrankungen: 11,2 %. Das ist ein Anstieg von 67,5 % seit 2010. Vor diesem Hintergrund wird es immer wichtiger, Burnout-Prophylaxe im Rahmen des betrieblichen Gesundheitsmanagements (BGM) zu betreiben.

Und ... wie könnte es anders sein? Natürlich spielen inzwischen digitale Systeme im BGM eine große Rolle; ein kleines Beispiel sind Apps, die mit einem Finger-Clip unsere Herzfrequenz erfassen und die Herzratenvariabilität (HRV) berechnen. Dazu schreiben Dr. Dr. med. Herbert Mück und Dr. Deborah Löllgen [8] auf ihrer Website: „Die HRV beschreibt die Fähigkeit des Herzens, den zeitlichen Abstand von einem Herzschlag zum nächsten laufend (belastungsabhängig) zu verändern und sich so flexibel und rasant ständig wechselnden Herausforderungen anzupassen. Damit ist sie ein Maß für die allgemeine Anpassungsfähigkeit (‚Globalfitness') eines Organismus an innere und äußere Reize." Sprich: Die Werte der HRV spiegeln den Stresspegel der Mitarbeiter wider.

Viele Apps fügen noch eine Bewertung der Stimmung hinzu, etwa durch unterschiedliche Smileys. Versprochen wird dabei: Die Daten würden nur anonymisiert an ein Gesundheitsportal übertragen. Eine zentrale Erfassung von sensiblen Gesundheitsdaten? Da müssen die Mitarbeiter ein großes Vertrauen zu ihrem Arbeitgeber haben ...

Bleibt dabei das Arztgeheimnis auf der Strecke? Offiziell natürlich nicht, aber in der NSA-Ära des globalen Datenklaus geht eine solche Zusage einfach zu weit. So äußert sich die Verbraucherzentrale [5] eindeutig: „Viele Apps sind bezüglich des Datenschutzes sehr kritisch zu bewerten. In vielen Gesundheits-Apps werden sensible Daten erhoben, gespeichert und verarbeitet." Vollständige Datensicherheit gibt es nicht, weil Daten sich überall abgreifen lassen, wo sie mit dem TCP-IP-Protokoll übertragen werden. TCP-IP (Transmission Control Protocol/Internet Protocol) ist eine Protokollfamilie, um Datenpakete in einem dezentralen Netzwerk zu transportieren. Daher gibt es für Otto Normalverbraucher keinen zu 100 % geschützten Datenverkehr. Ein weiteres Problem kommt hinzu: Methoden zur Verschlüsselung führen zu einer eingeschränkten Usability, Apps lassen sich nicht mehr einfach nutzen, das heißt, wer Apps leicht verwendbar machen will, muss die Standards der Datensicherheit lockern.

Es kann auch sein, dass eine Übertragung von Personendaten nötig ist, zum Beispiel bei einer App-Anmeldung. Dabei bietet fast nur das Netzwerkprotokoll SSL (Secure Sockets Layer) einen halbwegs sicheren Standard, denn es verschlüsselt Verbindungen im Internet und gewährleistet die Authentizität der Teilnehmer. Diese Sicherheit ist allerdings trügerisch: SSL sichert zwar die Übertragung von Daten, die zwischen Browser und Server stattfindet, und verhindert damit, dass der Datenverkehr just in time angezapft wird (was aber seit dem NSA-Skandal viele Experten in Zweifel ziehen). Es ist aber nicht in der Lage, einen direkten Zugriff auf den Server zu vereiteln oder die Daten bei der endgültigen Übertragung zu schützen. So viel zum Datenschutz!

Über BGM sagte Harald Holzer, ehemaliger Geschäftsführer der vitaliberty GmbH: „Es geht darum, ein neues Bewusstsein für den Wirtschaftsfaktor Unternehmensgesundheit zu schaffen." Dazu findet er klare Worte: „Wir reden hier von Wirtschaftskennzahlen – jeder einzelne Euro, der sinnvoll für die Gesundheit des einzelnen Mitarbeiters investiert wird, rechnet sich in mehrfacher Hinsicht."

Das machen Zahlen deutlich, die Booz & Company in einer Studie veröffentlicht haben: Für die deutsche Volkswirtschaft zahlt sich jeder Euro aus, den Unternehmen in die Gesundheit ihrer Mitarbeiter investieren, und zwar in einem Verhältnis von 1:5 bis 1:16. Denn 2015 verlor die Wirtschaft 338 Mrd. EUR, wenn Arbeitnehmer krank wurden. Besonders hohe Kosten entstehen durch Präsentismus, wenn Arbeitnehmer trotz Krankheit in die Firma kommen. Während reine Fehlzeiten pro Mitarbeiter im Jahr Kosten von 1199 EUR verursachen (lediglich ein Drittel der Gesamtkosten), fallen 2399 EUR an (zwei Drittel der Gesamtkosten), sobald ein kranker Mitarbeiter am Schreibtisch sitzt. „Ihre eingeschränkte Einsatzfähigkeit vermindert die Arbeitsqualität, erhöht die Fehleranfälligkeit und Anzahl von Unfällen. Eine Verzögerung der Genesung kann sogar zu chronischer Erkrankung und Burn-out führen", so Booz & Company. Der erhoffte Ausweg: Apps, an die wir die Verantwortung für unsere Gesundheit abgeben.

Ganz Deutschland spricht von diesen Anwendungen. Ganz Deutschland? Nein, ein kleiner Kreis von Menschen sah das ganz anders und übte sich in der Disziplin des „E-Fastens": 29 Teilnehmer verpflichteten sich zu einer „digitalen Fastenwoche". Ganz ohne Smartphone, Internet, Fernsehen und Radio. Gesundheit ohne Gesundheits-App? Wie soll das gehen? Ein paar Passagen aus dem Blog der Gemeinschaft „Digitales Fasten" klären auf:

- *Tag 2:* „Schon am zweiten Tag des ‚Digitalen Fastens' wird deutlich, dass wieder Aktivitäten in den Vordergrund treten, die in der vergangenen Zeit eventuell vernachlässigt wurden. Mehr Sport, lange Spaziergänge, viel lesen oder einfach mal früh ins Bett gehen.“

- *Tag 4:* „Der Beginn eines Unmutes macht sich bemerkbar. Vereinzelte Teilnehmer fühlen sich von der Welt abgeschnitten. Zwar wird der Verzicht auf digitale Medien als nicht so schwer empfunden, aber zuvor konnten die Teilnehmer dem Alltag etwas besser entfliehen und nun fühlen sie sich mit den auftauchenden Problemen stärker konfrontiert. […] Allerdings haben auch alle Teilnehmer das Gefühl, dass sie ihren Tätigkeiten mit einer erhöhten Sorgfalt und mehr Ruhe nachgehen.“

- *Tag 7:* „Denis resümiert: ‚Also, was ich die ganze Zeit über als großen Gewinn angesehen habe, ist die Abwesenheit des Smartphones.‘ […] Jedoch kann es auch anders gehen. Simon zählt bereits die Stunden und berichtet von der verbleibenden Zeit, bis er um 0:00 Uhr wieder sein Smartphone und den Computer anschalten darf.“

Das Fazit des Experiments lautet, „dass sich jeder Teilnehmer wieder auf die Nutzung digitaler Medien freut, jedoch den Konsum in Zukunft einschränken oder kontrollierter und konsequenter [betreiben] möchte. Verena sagt: ‚Meinen TV-Konsum werde ich nun sicher überdenken. Viel zu viel Zeit habe ich damit fast komplett vergeudet‘“ [9].

Mehr Mitarbeiter – weniger Krankheit?

„Warum stellen Unternehmen pro Abteilung nicht einen Mitarbeiter mehr ein? Könnten sie nicht so der krankmachenden Arbeitsverdichtung vorbeugen?“ Die Frage löste beredtes Schweigen unter den Experten aus, die in Darmstadt 2012 auf dem Podium saßen. 2012? Acht

Jahre her, aber immer noch aktuell … Denn keiner wollte Stellung nehmen, und im Publikum wurde leise gekichert. Die Moderatorin nannte das einen „interessanten Impuls" – und die Diskussion konnte sich wieder dem Segen durch Gesundheits-Apps zuwenden. Titel der Veranstaltung: 9. Tagung Corporate Health. Und einer der Autoren dieses Buches war dabei …

Arbeitsverdichtung? Da hilft ein Blick in eine Untersuchung, die das Fraunhofer Institut für Arbeitswirtschaft und Organisation (IAO) [10] 2014 veröffentlicht hat: Auf den globalisierten Märkten würden sich die Ressourcen verknappen, und die Unternehmen müssten mit „alternden Belegschaften innovative Produkte und Dienstleistungen" schaffen. Außerdem steige die Zahl der Zivilisationskrankheiten, und die Möglichkeiten des öffentlichen Gesundheitswesens, diesem Trend gegenzusteuern, nähmen ab.

> Auf diese Entwicklungen reagieren die Unternehmen vor allem mit Bestrebungen zur Rationalisierung. Arbeitsverdichtung, einseitige Belastungen bei anspruchsvoller Wissensarbeit und unzureichende Regenerationsmöglichkeiten hemmen jedoch ein kreatives und produktives Arbeiten. Sie begünstigen zudem seelische Gesundheitsschäden [10].

Da ist es … das Stichwort der „Arbeitsverdichtung". Ein Phänomen, das auch stark auf das Konto der Digitalisierung geht. Ein Beispiel: Dank Computer müssen Redakteure heute ein komplettes Blatt machen – von den Inhalten bis zum Layout, während früher diese Arbeit auf mehrere Schultern verteilt war. Entsprechend steigt der Stresspegel in den Redaktionen. Ganz zu schweigen von den E-Mails und der ständigen Erreichbarkeit (Kap. 9), sowie dem Trend, Prozesse bis zur Schmerzgrenze zu optimieren (Kap. 16).

Zwei Seiten einer Medaille: Erst werden die Menschen schneller krank, weil sie dem Druck einer digitalisierten Arbeitswelt nicht gewachsen sind. Denn ihre Arbeitsplätze werden immer stärker durch optimierte, „schlanke" Prozesse beherrscht, um kurzfristig die Rentabilität der Unternehmen zu steigern (Lean Management). Dann sollen dieselben Menschen die IT-Systeme des BGM nutzen, um das alles auszuhalten!

Je mehr Gesundheits-Apps zum Einsatz kommen, desto höher wird auch die Rentabilität der Unternehmen, die sie auf einen wachsenden Markt werfen. Ein volkswirtschaftliches Paradoxon: Erst wird Geld verdient, weil Menschen krank werden. Dann wird Geld verdient, weil Menschen gesund erhalten werden – mit prinzipiell derselben Technologie, die sie vorher in die Psychiatrie gebracht hat. Wäre es nicht einfacher, in jeder Abteilung einen Mitarbeiter mehr zu beschäftigen?

Wechseln wir aus der Vogelperspektive zur Sichtweise eines Frosches. Betrachten wir also die individuelle Ebene: „Weder Waagen noch Apps, Abnehmprogramme oder Schrittzähler sind neue Wunderwaffen", sagt die Dekanin Viviane Scherenberg [1]. „Sie können immer nur so gut sein, wie der Wille des Nutzers stark ist. Es braucht sogenannte ‚teachable moments', also lernbereite Situationen, damit es funktionieren kann."

Damit zeigt sich ein weiteres Problem: Ohne einen Willen zur Veränderung bleiben die Hightech-Spielzeuge wirkungslos! Immer ist menschliches Bewusstsein gefragt, um mithilfe von Technik zum Ziel zu gelangen. Scherenberg bringt das auf den Punkt: „Erst wenn die innerliche Bereitschaft, sich zu ändern, groß genug ist, besteht die Chance, dass digitale Produkte gezielt gesucht, installiert und kontinuierlich genutzt werden." Der „persönliche Leidensdruck" sei ein „wesentlicher Treiber zur Verhaltensänderung".

Das Gegenteil deutet Susanne Schäfer [11] an, die in der *ZEIT* ironisch über ihre Erfahrungen mit Gesundheits-Apps schreibt: „Handy, ich will auf deinen Schoß!" Was sie berichtet, erinnert an die Figur der „Big Mother", die Max Celko eingefallen ist (Kap. 14): „Endlich musste ich mal nicht so furchtbar erwachsen sein und alles selbst geregelt bekommen, sondern konnte mich auf die mütterlichen Ratschläge meines Smartphones verlassen", schreibt Schäfer. „Was soll so schlimm daran sein, mal wieder ein bisschen Kind zu sein?"

Gesundheits-Apps als Weg in die selbstverschuldete Unmündigkeit? Die *ZEIT*-Autorin hat am Ende eine Vision, die alle bisherigen Apps in den Schatten stellt:

> Ich stelle mir vor, wie wir eines Tages Sensoren als Implantate im Körper tragen. Dann wüsste ich immer, wie es mir geht. In einer hektischen Arbeitsphase meldet der Sensor, dass die Konzentration an Stresshormonen in meinem Blut zu hoch ist. Daraufhin drängt mich die App, Feierabend zu machen. Später sitze ich in einer Bar und bekomme eine Nachricht von meiner Leber: „Ein Drink geht noch." [11]

Obwohl ... diese Vision ist gar nicht so weit hergeholt: Schon 2004 bot in Barcelona der Baja Beach Club Stammgästen an, subkutan einen Mikrochip zu implantieren, mit dem sich Getränke bezahlen ließen! Ein Disco-Besuch, der richtig unter die Haut ging [12].

Praktische Tipps für die digitale Welt

- Wunderbar: Sie beschäftigen sich mit Ihrer Gesundheit. Fangen Sie an, zweimal in der Woche Sport zu treiben und die Hälfte zu essen. Dafür brauchen Sie Motivation und Durchhaltvermögen, aber keine Apps.

- Sind Sie ein Tekki? Dann sind technische Spielereien notwendig. Seien Sie aber sicher: Nach einem halben Jahr werden Sie keine Lust mehr haben, stündlich und täglich Daten aus Ihrem Körper zu überspielen, zu pflegen und zu interpretieren.
- Bleiben Sie mündig: Die Daten der Gesundheits-Apps können nur einen kleinen Ausschnitt Ihres Lebens widerspiegeln. Ihre eigene Wahrnehmung ist gefragt.
- Sprechen Sie mit Ihrem Hausarzt: Hilft Ihnen eine App tatsächlich? Und wenn ja, interpretieren Sie die Daten mit Ihrem Arzt gemeinsam. Vertrauen Sie nicht auf Hobbymediziner im Internet oder Ihrer App-Community.
- Es gibt auch Gesundheit jenseits der Apps: Lernen Sie, auf die Signale Ihres Körpers zu vertrauen.
- Beschäftigen Sie sich mit den typischen Symptomen eines Burnouts. Dann können Sie rechtzeitig auf die Bremse treten.
- Vergewissern Sie sich, woher die App kommt und wer sie erstellt hat. Waren Ärzte, Psychologen und Therapeuten maßgeblich an der Entwicklung beteiligt? Welche Referenzen werden genannt? Recherchieren Sie die Namen im Internet.
- Welche Daten sammelt die App? Sind diese Informationen für Sie sensibel? Wenn ja, dann sollten Sie auf die Anwendung der App verzichten. Es gibt mit Sicherheit Alternativen.
- Wenn Ihnen Atemübungen und Musik aus einer App dabei helfen, Ruhe zu finden, ist nichts dagegen einzuwenden. Denken Sie aber daran, dass der Algorithmus einer Software nie eine zuverlässige Diagnose ersetzt – und schon gar keine passende Behandlung!

Übung macht den Loser

Wie du deinem Arbeitgeber weitere Stunden schenkst
Darauf wartest du seit deiner Jugend: Keine Verantwortung mehr für die eigene Gesundheit! Was kann
ich heute essen? Wie muss ich einkaufen? Was verträgt
meine chronische Gastritis? Wie viel Wein soll es sein? Oder
doch lieber ein paar Gin Tonic? Alles Fragen von gestern,
die wertvolle Lebenszeit gestohlen haben. Lade dir einfach
kostenlos die App „Personal Fitness Manager" (PFM) aufs
Smartphone. Ein wenig Hardware ist ebenfalls nötig: ein
kleiner Sensor in Nierennähe und verschiedene Fühler, die
du über deinen Körper verteilst – Schritt, Achseln, Bauch-
nabel und Ohrläppchen.

Keine Sorge: Diese Hightech-Sensoren sind hauchdünn und werden beim Duschen nicht weggespült, ihre
Sender schicken zuverlässig Daten an dein Smartphone.
Im Minutentakt erhältst du deine Cholesterinwerte, die
Anzahl der weißen Blutkörperchen oder deine Herzratenvariabilität in Echtzeit. 100 weitere Parameter sind
abrufbar, etwa der Schweißausscheidungskoeffizient.
Gleichzeitig weiß auch deine Community Bescheid,
weil deine Daten sofort in die Health Cloud wandern.
Sie fließen ein in ein Fitness-Ranking, so hast du immer
eine Benchmark für dein Wohlbefinden (ein Service von
unmuendig-aber-fit.de).

Der Hammer: Aus deinen Daten errechnet ein Algorithmus ständig, wie hoch deine Lebenserwartung ist. Das
freut die private Krankenversicherung, die das Portal
sponsert – und vor allem dich: Dein Leben wird endlich
planbar! Lebst du kürzer als der Durchschnitt, sinken sogar
deine Versicherungsbeiträge.

Als Early Adopter kannst du noch mehr Gas geben:
Lass dir zusätzlich einen Sensor in den Magen legen. Er
registriert genau die Zusammensetzung des Frühstücks,
und die angeschlossene App errechnet, wie du durch viel
weniger Schlaf deine Arbeitszeit ausdehnen kannst. Stelle
deinen Wecker entsprechend. Du wirst staunen, wie viele
Stunden du deinem Arbeitgeber zusätzlich schenkst – dank
der genialen App PFM!

Literatur

1. Scherenberg V (2013) Interview mit Viviane Scherenberg: Das Smartphone wird zum Trainer in der Tasche. https://www.scherenberg-online.de/mediapool/127/1277638/data/Interview_Prof_Dr_Viviane_Scherenberg_EatSmarter.pdf. Zugegriffen: 13. Jan. 2020
2. o. V. (2013) Gesundheits-Apps: Ich weiß, wie viel zu wiegst. https://www.test.de/Gesundheits-Apps-Ich-weiss-wie-viel-du-wiegst-4622985-0/. Zugegriffen: 13. Jan. 2020
3. „Bundesinstitut für Arzneimittel und Medizinprodukte", BfArM (2019) Digitale-Versorgung-Gesetz / Medical Apps. https://www.bfarm.de/DE/Medizinprodukte/DVG/_node.html. Zugegriffen: 16. Febr. 2020
4. Hamich, Christopher (2019) Bundestag entscheidet über zentrale Gesundheitsdatenbank für Kassenpatienten. https://netzpolitik.org/2019/digitale-versorgung-gesetz-jens-spahn-will-gesundheitsdaten-sammeln-gesundheits-apps/. Zugegriffen: 13. Jan. 2020
5. Verbraucherzentrale (2019) Gesundheits-Apps: ab 2020 kommen medizinische Anwendungen auf Rezept. https://www.verbraucherzentrale.de/wissen/gesundheit-pflege/aerzte-und-kliniken/gesundheitsapps-ab-2020-kommen-medizinische-anwendungen-auf-rezept-41241. Zugegriffen: 3. Febr. 2020
6. Oenning, Lisa (2016) Eine App macht noch keinen guten Chef. https://www.wiwo.de/erfolg/management/tracking-app-fuer-fuehrungskraefte-eine-app-macht-noch-keinen-guten-chef/13328758.html. Zugegriffen: 3. Febr. 2020
7. AOK (2018) Fehlzeiten-Report 2018. https://www.aok.de/fk/betriebliche-gesundheit/grundlagen/fehlzeiten/ueberblick-fehlzeiten/. Zugegriffen: 3. Febr. 2020
8. Mück H, Löllgen D (2014) Alles über Herzratenvariabilität. https://www.herzratenvariabilitaet.de/index.htm. Zugegriffen: 13. Jan. 2020
9. Banze A (2013) Digitales Fasten. https://www.th-owl.de/elsa/record/1455. Zugegriffen: 13. Jan. 2020

10. Fraunhofer Institut für Arbeitswirtschaft und Organisation, Fraunhofer IAO (2014) Strategisches Gesundheitsmanagement. https://docplayer.org/19047437-Strategisches-gesundheitsmanagement.html. Zugegriffen: 24. Febr. 2020

11. Schäfer S (2013) Handy, ich will auf deinen Schoß! https://www.zeit.de/zeit-wissen/2013/06/smartphone-apps-fitness-gesundheit. Zugegriffen: 13. Jan. 2020

12. Neuber H (2004) Das Konto im Oberarm. https://www.heise.de/tp/artikel/17/17707/1.html. Zugegriffen: 13. Jan. 2020

16

Digitale Deformation von Unternehmen

Wie sich die Wirtschaft zu Tode optimiert – und Click-Worker zu neuen Sklaven werden

© Springer-Verlag GmbH Deutschland, ein Teil von Springer Nature 2020
G. Lembke und I. Leipner, *Zum Frühstück gibt's Apps*,
https://doi.org/10.1007/978-3-662-61800-4_16

In der Tiefschlaf GmbH träumt Geschäftsführer Dr. Raubein von der digitalen Transformation. Wie es allen Späterweckten dieser Erde geht, ist er nun ein glühender Verfechter der Digitalität – nachdem er jahrelang Apple für einen amerikanischen Apfelsafthersteller gehalten hatte. Davon ist im Strategie-Meeting nichts mehr zu spüren. Selbst PR-Leiter Michael hängt fasziniert an den Lippen des Chefs, der ein neues Zeitalter verkündet: „Wir werden unsere Produkte individualisieren, Mass Customizing ist der neueste Trend!" Darüber hat Michael gerade einen Artikel gelesen: Produzenten von Süßwaren bedrucken Schokotaler mit Botschaften, die sich Kunden wünschen. T-Shirts werden mit Motiven hergestellt, die der Käufer auswählt. Oder es sind Sportschuhe im Angebot, die in der Lieblingsfarbe des Kunden geliefert werden. Daher auch der Begriff „Mass Customizing": Immer mehr Hersteller passen Massenware individuell an den Geschmack einzelner Käufer an. „Kaufen von der Stange ist von gestern", denkt sich Michael. Aber wie soll das bei Betten, Matratzen und Lattenrosten gehen?

„Ideen, wie wir das bei uns umsetzen?", fragt Dr. Raubein in die Runde. Das Brainstorming beginnt, jeder noch so krude Gedanke ist erwünscht: „Wir haben doch auch Topper im Programm, unsere Schutzauflage für Matratzen", beginnt der Marketingleiter, „vielleicht lassen die sich individuell gestalten?" Dr. Raubein nimmt die Idee auf: „Wir könnten die Topper unterschiedlich bedrucken." „Und die Motive wählt der Kunde", sagt Michael, „ein Schlafwandler auf dem Dach, ein fliegendes Einhorn oder eine romantische Landschaft im Mondlicht." „Natürlich kann der Kunde auch eigene Entwürfe einreichen", ergänzt der Marketingleiter, „so wird unser Topper-Angebot richtig individuell!" „Aber der Topper verschwindet mit der Matratze unter dem Laken", kommt ein Einwand aus der Runde. „Dann müssen wir durchsichtige Laken produzieren", schlägt der Marketingleiter vor, was augenblicklich starkes Raunen auslöst … So geht die Diskussion munter weiter, und Dr. Raubein ist zufrieden, dass die Tiefschlaf GmbH endlich im 21. Jahrhundert aufgewacht ist.

Mass Customizing – das ist nur eines von vielen Schlagwörtern, die in der Diskussion um die digitale Transformation fallen. Was ist unter dieser Transformation zu verstehen? Ob Produktion, Kommunikation, Produktion, Marketing, Vertrieb oder Service – alle Bereiche im Unternehmen werden erfasst, wenn es zur digitalen Transformation kommt. Die gesamte Wertschöpfungskette verändert sich, sobald neue Technologien Einzug halten. Es kommt gerade zu einem großen Wandel in der Wirtschaft, verbunden mit neuen Geschäftsmodellen. Mass Customizing ist nur eins von vielen ökonomischen Feldern, auf denen Digitalität für Unruhe sorgt [1].

> **Beispiel aus Deutschland**
>
> Die Firma mymuesli ging 2007 mit dem völlig neuen Angebot an den Start, dass sich Kunden selbst ein individuelles Müsli mischen. Das Sortiment von mymuesli umfasst neben Müslimischungen auch Müslidrinks. Inzwischen gibt es über 100 verschiedene Zutaten, und das ehemalige Start-up wirbt mit den Worten: „Ob Birchermüsli, Schoko-Müsli oder Müsli zum Abnehmen – bei 566 Billiarden Müslivariationen ist für alle etwas dabei."

Vor diesem Hintergrund ist es interessant, einen alten Begriff mit neuem Leben zu füllen: die „Konsumentensouveränität". Eigentlich stammt dieser Begriff aus der Ökonomie. Im *Gabler Wirtschaftslexikon* [2] findet sich folgende Definition: „Konsumentensouveränität versteht den Konsumenten als vollständig informiertes und rational handelndes Wirtschaftssubjekt." Unternehmen orientieren sich an seinen Präferenzen, wenn sie ihr Angebot auf den Markt bringen; der souveräne Konsument bestimmt, welche Güter in welchen Mengen zu produzieren sind.

So weit die Theorie … Doch die Annahmen „perfekte Information" und „Rationalität" stehen auf wackligen Füßen: Wer überblickt heute zu 100 % das Angebot aller Lattenroste, und das weltweit? Wen lenkt nur der Kopf bei Kaufentscheidungen?

Trotzdem: In der digitalen Welt wächst die Souveränität der Konsumenten, wie das Beispiel Mass Customizing bereits zeigt. Und das Internet bietet weitere Chancen für Menschen, die als Verbraucher aktiv Einfluss auf das Angebot der Wirtschaft nehmen wollen. Viele Instrumente im Internet machen das möglich: Social Networks, Foren, Communitys, Wikis oder Blogs. Konsumenten bewerten und empfehlen Produkte, sie äußern ihre Bedürfnisse. Viele entwerfen neue Waren und Dienstleistungen oder diskutieren bestehende Angebote. Manchmal wird auch auf die Bremse getreten, wenn ein Produkt fehlerhaft ist – im schlimmsten Fall bricht ein Shitstorm aus, wie ihn die Tiefschlaf GmbH erleben musste (Kap. 12).

Außerdem wagen Unternehmen mehr Demokratie, zumal das im Entwicklungsprozess Kosten senken kann. Ein Beispiel ist der Schweizer Handelskonzern Migros, dessen Umsatz 2019 über 28,5 Mrd. Franken betrug. Er hat das Portal Migipedia (www.migipedia.ch) ins Leben gerufen, das rund 37.000 Mitglieder hat. Sie bewerten Produkte, schlagen Verbesserungen vor und stimmen ab, ob neue Entwicklungen den Weg ins Regal finden. So wendet sich das Portal an seine Fans: „Unsere Sirup-Abstimmung hat gezeigt: Ihr liebt die Kombination Ingwer-Zitronen-Honig. Das winterlich-wärmende Aroma

hat die meisten Stimmen geholt." Auf diesen Sirup ent-
fielen 900 von 3000 Stimmen; den zweiten Platz erreichte
die Mischung „Pflaume-Zimt", und auf den dritten Platz
kam der Vorschlag, einen Heidelbeersirup ins Sortiment
aufzunehmen. Über den neuen „Lieblingssirup" heißt
es, dass er „pünktlich zum nächsten Winter ins Migros-
Regal kommen" würde. „Spezielle Incentives dürfen dabei
nicht fehlen: Wer für ein bestimmtes Produkt durch einen
Kommentar wirbt", sammelt Punkte für eine Belohnung.

Die digitale Transformation hat auch Schattenseiten,
die Gunter Dueck [3] deutlich beim Namen nennt. Der
Mathematikprofessor und ehemalige technische Vorstand von IBM Deutschland sagt: „Auf der digitalen Basis
wird eine verschärfte Version von Betriebswirtschaftslehre
erfunden, das ,Lean Management'. Hohe Profite lassen
sich machen, indem Verschwendung abgebaut wird."

Abbau von Verschwendung? Das klingt erst einmal
gut … Prozesse sollen schlanker werden, Hierarchien
flacher. Doch Dueck erklärt: „,Lean Management' ist ein
rein mathematisches Konzept. Das Unternehmen versucht kurzfristig, den Gewinn zu optimieren, bis nichts
mehr rauszupressen ist. „Dann kämpfen die Manager
noch eine Weile gegen die Mitarbeiter, indem sie Über-
stunden anordnen oder das Weihnachtsgeld kürzen."
Die Kaizen-Prinzipien aus Japan würden in Deutschland
falsch verstanden: „Das erste lautet: ,Verschwende nichts!'
Das hat der Westen in der Automatisierungsphase perfekt
umgesetzt, was zum ,Lean Management' geführt hat." Mit
drastischen Folgen für ganze Unternehmen: „Wenn ich
nichts verschwende und sparsam bin, führt das planmäßig
zu einer Überlastung. Ich spare mich zu Tode, wodurch
die Qualität sinkt. Alle Systeme sind überlastet, z. B.
Menschen, die ein Burn-out erleiden" (Kap. 15).

Oft heißt das in der Wirtschaft: Arbeitsplätze verschwinden, während die Arbeitsmenge für die überlebenden Mitarbeiter steigt. Das Ende vom Lied: „Alle Prozesse und Systeme erreichen ihre Verschleißgrenze. Ich spare den größten Geldbetrag, wenn ich an die mathematisch zulässige Grenze gehe", so der ehemalige IBM-Vorstand. „In einem solchen Optimum werden bestimmte Ressourcen vollständig aufgebraucht, zum Beispiel die Nerven der Mitarbeiter." Das sind fatalere Konsequenzen der digitalen Transformation als die überraschende Möglichkeit, über ein Sirup abzustimmen.

Das zweite Kaizen-Prinzip dagegen lautet: „Überlaste weder Mitarbeiter noch Maschinen!" Daraus leitet Dueck seine Forderung ab, „Maß zu halten, in der Mitte zu bleiben und Reserven zu bilden". Keine Überlastungen zuzulassen, bedeutet für den Mathematikprofessor, „dass Unternehmen Reserven aufbauen und nicht immer an die Grenze gehen. Sparen ja, aber bitte mit Maß und Ziel!"

„Nicht an die Grenze gehen" – dieser Überlegung stimmt auch der Managementberater Wilhelm Lahr [4] zu. Er beschäftigt sich seit Jahren mit der Frage: Wie lassen sich Veränderungsprozesse in Unternehmen so gestalten, dass sie nicht auf Kosten der Mitarbeiter ablaufen? Das gilt besonders für die digitale Transformation, die alle Arbeitsabläufe tiefgreifend umgestaltet. Lahr schildert zwei Dimensionen des Problems: Dissonanz und Überlastung. Neue Abläufe brauchen am Anfang oft mehr Zeit, als später notwendig ist. Das geschieht, wenn Unternehmen eine neue Software einführen oder die Produktion umkrempeln. Eine Überlastung der Mitarbeiter kann die Folge sein, ist aber alleine noch kein Grund, die Hände über dem Kopf zusammenzuschlagen.

„Kritisch wird es", so Lahr [4], „wenn ein hohes Maß an Dissonanz hinzukommt, etwa weil das Management gleichzeitig ein neues Vergütungssystem einführt." Statt Fixgehalt eine Basisauszahlung plus Provision – und schon werde eine „Störungsschwelle" überschritten. Die Veränderungswelle schlägt über den Mitarbeitern zusammen; der kumulative Effekt von Überlastung und Dissonanz kehrt den Veränderungsprozess in sein, Gegenteil: Frustrierte Mitarbeiter sind überfordert – und frustrierte Manager erleben, dass ihre ausgeklügelten Pläne nicht aufgehen. Die digitale Transformation scheitert, weil brillante Technik alleine nicht ausreicht, Unternehmen in eine neue Welt zu führen. Wie Dueck [3] stellt Lahr [4] die Regel des „Maßhaltens" in den Vordergrund: „Es muss Verschnaufpausen geben, es kann nicht permanent eine Veränderung die andere jagen." Es gehe immer um eine gesunde Balance aus Wandel und Kontinuität, „es darf nicht an zu vielen Grundpfeilern zugleich gerüttelt werden".

Ein Grundpfeiler sind mit Sicherheit die Mitarbeiter, die eine wichtige Rolle in der digitalen Transformation spielen. Partizipation ist gefragt – und so sollte künftig neben die „Konsumentensouveränität" der Begriff „Mitarbeitersouveränität" treten, auch wenn ihn das *Gabler Wirtschaftslexikon* noch nicht definiert. Doch in der Realität ist oft von dieser Souveränität nichts zu spüren, wie Sascha Lobo in einer Kolumne für *Spiegel online* schreibt. Er stellt die entscheidende Frage, „ob man die enormen Vorteile des Plattform-Kapitalismus […] nutzbar macht – oder eine Dumpinghölle schafft, in der ausgebeutete Amateure nur dazu dienen, die Preise der Profis zu drücken."

Plattform-Kapitalismus? Der Begriff steht für eine besondere Spielart des Crowdsourcing. Plattformen wie „Amazon Mechanical Turk" werben damit, „menschliche Intelligenz einfach, skalierbar und kosteneffektiv bereitzustellen". Das Geschäftsmodell: Unternehmen können über dieses System „auf die Hilfe Tausender qualifizierter, kostengünstiger, globaler Mitarbeiter zugreifen", so die Eigen-PR.

Und der Digitalkünstler Aaron Koblin hat schon in einer satirischen Aktion zugegriffen: Er ließ über die Plattform „Mechanical Turk" Schafe zeichnen, die alle nach Links zu schauen hatten. Pro Schaf gab es 0,02 US$ als Honorar. Das Ergebnis lässt sich auf seiner Website „Sheep Market" bestaunen: Von über 7000 IP-Adressen bekam er 10.000 Schafe geschickt; als Stundenlohn für diese globalisierte Dienstleistung gibt Koblin 0,69 US$ an. Die „Dumpinghölle" à la Lobo öffnet ihre Tore …

Gerade darüber freut sich Amazon: „Das ist ein Beispiel, wie Sie schnell, einfach und billig 10.000 Leute dazu bekommen, etwas für Sie zu machen", schreibt Jeff Barr im „Amazon Web Services Blog". „Heute sind es Schafe, genauso leicht könnte aber die Frage lauten, welche Farbkombination am besten für den Innenraum von PKWs geeignet ist, oder welches Logo gut zu einem Unternehmen passt."

Ganz ungeniert wird dabei die Kostenkarte gespielt: „Die Gemein- und Fixkosten durch die Anstellung und die Verwaltung von Zeitarbeitskräften sind oftmals bedeutend", heißt es auf der Plattform „Mechanical Turk". „Durch die Nutzung der Fähigkeiten von On-Demand-Arbeitern aus der ganzen Welt können Sie die Kosten bedeutend verringern."

Ein Mittel dafür sind Auktionen, die wunderbar die Preise drücken: Die Anbieter einer Dienstleistung unterbieten sich gegenseitig – bis zum bitteren Ende, wenn „ausgebeutete Amateure" den Auftrag erhalten. Lobo stellt dazu fest: „Der Plattform-Kapitalismus löst […] die Grenze zwischen professionellem Angebot und amateurhaftem Gelegenheitsangebot auf." Und: Die alte Forderung „Gerechter Lohn für gute Arbeit" löst sich ebenfalls in Luft auf.

Übrigens: Der Name „Mechanical Turk" spielt auf einen Schachautomaten an, der im 18. Jahrhundert in Europa für Aufsehen sorgte. Die Maschine besiegte Schachprofis, angeblich ein Wunder künstlicher Intelligenz. Doch in Wirklichkeit saß ein Großmeister in der Kiste – und bediente die komplizierte Mechanik einer Figur, die türkische Kleider trug.

Um jetzt Depressionen vorzubeugen, wollen wir Möglichkeiten diskutieren, wie Firmen ihre Mitarbeiter tatsächlich ernst nehmen können. Dazu Thomas Sattelberger [5]: „Unternehmen sind unter den letzten Bereichen unserer Gesellschaft, wo Demokratie und Souveränität noch vor der Hauptverwaltung oder dem Werkstor haltmachen. Ich muss aber schon heute nicht jeden akzeptieren, den mir der Herrgott geschickt hat." 2007 bis 2012 war Sattelberger Personalvorstand und Arbeitsdirektor der Deutschen Telekom, wo er eine Frauenquote von 30 % im Vorstand initiierte. Seit 2017 sitzt er für die FDP im Bundestag. Sattelberger: Führungsprozesse kluger Unternehmen seien heute „zunehmend sehr viel flacher, horizontaler und temporärer". Das ist eine Chance für Demokratie, weil sich Führungskräfte viel stärker in der „täglichen Akzeptanz ihrer Mitarbeiter" bewähren müssen. „Netzwerker akzeptieren Menschen in einer temporären Führungsrolle, solange sie in Netzwerken einen echten Beitrag liefern", sagt Sattelberger.

Über solche Netzwerke denkt auch Sabine Gilliar [5] nach, die sich als systemische Beraterin u. a. auf Befragungsprojekte in der Wirtschaft spezialisiert hat. Sie engagiert sich beim Netzwerk culture²business, das sich mit einer wertschätzenden Unternehmenskultur beschäftigt, die in einer digitalisierten Umwelt immer notwendiger erscheint. Gilliar stellt fest: „Partizipative Modelle stellen klassische Hierarchien auf den Kopf." Das erfordere vor allem ein Umdenken in den Führungsetagen. Nicht die formale Autorität zählt, lediglich abgeleitet aus einer

Führungsrolle. Nein, es geht um eine authentische Autorität, die auf menschlichen und persönlichen Kompetenzen aufbaut. Daher gehört es zu den Aufgaben einer Führungskraft, sich ständig in Selbstreflexion zu üben und nicht nur andere Perspektiven zu akzeptieren, sondern auch in die eigene Sichtweise zu integrieren. Eine Forderung, die besonders Chefs betrifft, aber genauso für die übrigen Mitarbeiter sinnvoll ist.

So lässt sich der Begriff „Unternehmensbürger" mit Leben füllen, wie ihn Sattelberger [5] in der Öffentlichkeit vertritt: „Das ist ein Bürger, der auch und gerade in Unternehmen sein Recht auf Teilhabe verwirklichen will." Für ihn ist das eine wichtige Formulierung, die er als bewussten Gegensatz zu einem alten Denken wählt. Die Wörter „abhängig Beschäftigte", „Belegschaften" oder „Personalkörper" bezeichnet er als „Begriffe und Realitäten aus dem Mittelalter". Da sei der Mensch „Objekt und reiner Produktionsfaktor".

Das sind Gedanken, die sich auch auf der Website der Haufe-umantis AG (www.umantis.com) finden. Gestartet ist das Unternehmen nach eigenen Angaben als „Schweizer Universitätskeller-Start-up", und seit 20 Jahren entwickelt es webbasierte Software für Talent- und Leistungsmanagement. Kein Zufall, dass die AG das Experiment der Führungswahlen wagte: „In Zukunft werden die Unternehmen erfolgreicher sein, in denen alle Mitarbeiter ihren Beitrag leisten können, dürfen und wollen", heißt es in der Firmenphilosophie. „Wir sind überzeugt, dass Sie bessere Ergebnisse erzielen, wenn Sie Mitarbeitern vertrauen, sie involvieren und damit ihre Energie entfachen."

Mitarbeiter wählen ihren Chef!

Das geht einfach zu weit: Mitarbeiter, die ihren Chef wählen? In Deutschland hat das bitte schön umgekehrt zu sein … Doch in der Schweiz gehen manche Uhren anders, so auch in St. Gallen. Die 150 Mitarbeiter der Haufe-umantis AG bestimmten in einer demokratischen Wahl, wie in Zukunft ihr Führungspersonal aussieht. „Wir sind davon überzeugt, dass Haufe-umantis erfolgreicher ist, wenn wir Mitarbeitern Vertrauen schenken und sie mitbestimmen lassen", sagt Geschäftsführer Marc Stoffel, den seine Mitarbeiter wie alle anderen Führungskräfte zum CEO gewählt hatten. „Bisher haben wir diesen Ansatz bei der Strategieentwicklung und bei Einstellungsentscheidungen gelebt – jetzt auch bei der Wahl der gesamten Führungsriege."

Daher stellen die Schweizer die Frage: „Wie häufig ,verschlafen' Unternehmen wichtige Trends, die Mitarbeiter schon lange erkannt haben?" Wer Mitarbeiter nicht als „zu verwaltende und zu steuernde Objekte" begreife, kann Prozesse und Lösungen viel einfacher und flexibler gestalten. „Unser Ansatz bezieht alle Mitarbeiter, Vorgesetzten, Experten und das Management als Gestalter ein und nutzt somit alle Potenziale und Talente, die im Unternehmen vorhanden sind", so das Schweizer Unternehmen. Die Mitarbeiter der Haufe-umantis AG entscheiden nicht nur gemeinsam über CEO und Management in einer demokratischen Wahl, sondern bestimmen auch die Unternehmensstrategie und alle Prozesse.

Gut, Papier kann geduldig sein – und bei partizipativen Modellen steckt der Teufel häufig im Detail: Die Befragung von Mitarbeitern kann zur Alibiveranstaltung werden; Ergebnisse verschwinden schnell in der Schublade, wenn sie nicht den Erwartungen entsprechen. Genau das Gegenteil von Transparenz und Authentizität. Wer als Chef seinen Mitarbeitern mit Wertschätzung begegnen will, sollte eine offene Diskussionskultur pflegen. So wächst die Souveränität der Mitarbeiter, was mit einer höheren Wertschöpfung verbunden sein kann. Ein solcher Prozess lässt sich durch eine Vielzahl digitaler Tools fördern, etwa durch den Austausch auf Plattformen sowie Instrumente, um Befragungen oder Abstimmungen durchzuführen. Aber: Digitale Medien sind nur ein Schlauch; entscheidend ist die Qualität des Weins, der darin abgefüllt wird. Die digitale Transformation braucht bewusst gestaltete Inhalte – sonst bleibt sie ein leerer Selbstzweck.

„Souveränität und Autonomie der Mitarbeiter" – das sind Werte, die auch für Sattelberger [5] eine große Rolle spielen. Aus eigener Erfahrung kennt er eine Brücke, die dort hinführt: das Konzept der Diversität. „Es geht dabei um die Inklusion von Unterschiedlichkeit", erklärt der erfahrene Manager. „Schmitt sucht Schmittchen" sei der falsche Ansatz. Denn: „Konformismus, Cloning und sozial homogene Organisationen" führten zu einer „Normierung von Intellekt und Kreativität".

Sattelberger [5] ist der Ansicht: „Das alles muss ich vermeiden, wenn ich wirklich neue Dinge entwickeln will." Der Schlüssel sei „Wertschätzung von Andersartigkeit". Mitarbeiter würden an Souveränität gewinnen, wenn Unterschiedlichkeit als Chance erkannt wird, nämlich „die Unterschiedlichkeit der Verhaltensweisen, Problemlösungsmuster, Erfahrungswelten, ethnischen Hintergründe, des Alters, der Geschlechter und sexuellen Identitäten". Diversität ist gerade in der Gegenwart gefragt, die durch rasche Umstürze geprägt sei. „Es geht um die Antwortfähigkeit auf Veränderung", sagt der Manager. „Ein Unternehmen muss mindestens so komplex und vielfältig sein wie seine Umwelt. Nur dann kann es überleben." In einer Welt des rapiden Wandels, den die digitale Transformation global entfesselt.

Demokratie für Gummibärchen?

„Die Markteinführung stellt die letzte und zugleich kritischste Phase im Produktentstehungsprozess dar", schreibt das RKW Kompetenzzentrum. „Erst hier entscheidet sich, ob das neue Produkt auch tatsächlich zum Markterfolg wird. Dies ist vielen Unternehmen nicht ausreichend bewusst, sodass in der Folge – je nach Branche und Messmethode – bis zu 90 % aller Produktneueinführungen scheitern" [6].

Nicht Menschenfreundlichkeit, sondern wirtschaftliches Kalkül wird es sein, was zum Beispiel Haribo motivierte, im Internet über den Geschmack seiner Gummibärchen abstimmen zu lassen. Das Unternehmen wollte herausfinden, welche sechs neuen Geschmacksrichtungen in die „Goldbären Fan-Edition" gehören. Nutzer konnten zwischen „Grapefruit" und „Blutorange" entscheiden. Es geht um das Flop-Risiko neuer Produkte! Dasselbe Motiv wird den Konzern Migros bewegen, sich die Partizipation seiner Kunden auf die Fahnen zu schreiben.

Außerdem hat Crowdsourcing den Charme, dass ein Unternehmen kostenlos Ideen einholen kann, die es sonst teuer bezahlen müsste: bei Werbeagenturen, Grafikern, Textern oder Produktentwicklern im eigenen Haus. Ambitionierte Laien erledigen Jobs, die früher Profis übernahmen – deren Auftragslage entsprechend dünn wird. Ambivalenz pur: mehr Konsumentensouveränität auf der einen, Verlust von Aufträgen auf der anderen Seite. Die digitale Transformation ist jedoch ein grundlegender Strukturwandel – auch Postkutschen produziert heute niemand mehr im großen Stil. Werden dann kreative Berufe einfach aussterben? Und ist das wünschenswert für die Innovationsfähigkeit einer Gesellschaft?

Wie zweischneidig das Schwert der Digitalisierung ist, zeigt sich in vielen Aspekten, wenn es um die Transformation von Unternehmen geht. Klar – immer bessere IT-Systeme sorgen für eine stärkere Kontrolle von Produktionsprozessen, die aber bis zu den Exzessen des Lean Management führen, wie sie Gunter Dueck [3] beschreibt. Das hat uns bereits Nicholas Carr [7] erklärt, der in seinem Buch *The Big Switch – Der große Wandel* auf diese Eigendynamik hinweist. Sie ist Teil der EDV, seit Hollerith im 19. Jahrhundert den ersten Lochkartenrechner erfunden hat (▶).

Doch neben die Digitalisierung tritt ein zweiter großer Trend, der demografische Wandel. Er beginnt gerade, unsere Gesellschaft zu verändern: „Der Arbeitsmarkt hat sich gedreht", sagt Jutta Rump von der Hochschule Ludwigshafen, „die Marktmacht liegt bei den Arbeitnehmern." Arbeitgeber seien gezwungen, attraktiv für ihre Mitarbeiter und Kunden zu sein. Aufgrund dieser Entwicklung gewinnt der Begriff „Mitarbeitersouveränität" an Bedeutung – und die digitale Transformation liefert eine Vielzahl von Instrumenten, um Partizipation und Demokratie in die Wirtschaft zu tragen. Wer als Chef in Netzwerken arbeitet und flache Hierarchien zu schätzen weiß, kann seinen Mitarbeitern viel größere Gestaltungsräume eröffnen. Digitale Collaboration-Tools fördern diesen Prozess; das Unternehmen Atos ist mit seinem „Enterprise Social Network" sicher auf der richtigen Spur (Kap. 9).

Größere Gestaltungsräume durch digitale Transformation? Die Räume können auch enger werden, wenn wir an die vielfältigen Möglichkeiten denken, Menschen bei der Arbeit zu überwachen. Jeder Tastenanschlag lässt sich registrieren, jeder Schritt in einem Lager dokumentieren …

Auf jeden Fall gilt: Souveräne Mitarbeiter tragen gerne zur Wertschöpfung in Unternehmen bei. Vorausgesetzt, die digitale Transformation verschärft nicht Optimierungsprozesse bis zur Schmerzgrenze – und ihre Werkzeuge werden wirklich in einem partizipativen Sinn genutzt. Dann kann in einem transformierten Unternehmen Wirklichkeit werden, was Antoine de Saint-Exupéry als Ratschlag formuliert hat: „Wenn Du ein Schiff bauen willst, dann trommle nicht Männer zusammen um Holz zu beschaffen, Aufgaben zu vergeben und die Arbeit einzuteilen, sondern lehre die Männer die Sehnsucht nach dem weiten, endlosen Meer."

Praktische Tipps für die digitale Welt

- Definieren Sie im Transformationsprozess klare Ziele und machen Sie diese messbar. Seien Sie sich klar, dass es nicht um Twitter & Co. auf der operativen Ebene geht, sondern um Change Management auf der strategischen Ebene.
- Beschaffen Sie sich professionelles Know-how zur Umsetzung und lassen Sie sich über einen Zeitraum von zwölf Monaten begleiten.
- Integrieren Sie die digitalen Medien bereits in der Konzeptionsphase in existierende Prozesse und Strukturen.
- Nehmen Sie kleine Pilotprojekte zum Anlass, Ihre Unternehmenskultur zu entwickeln. Sie schaffen neue Werte, angepasste Regeln und neue Motivation bei Mitarbeitern.
- Pilotprojekte schaffen Sicherheit und bauen Ängste ab. So klären Sie im Vorfeld, welche Wirkung sie erzielen und welches Feedback Sie von Mitarbeitern, Kunden, Interessenten oder Zulieferern erhalten.
- Richten Sie ein Monitoring-System ein, das den Erfolg aller digitalen Maßnahmen erfasst und monatlich zusammenstellt.

Übung macht den Loser

Der sichere Weg in die Insolvenz Viele Vorurteile und eiserne Ignoranz – damit schaffst du es, dein Unternehmen schnell in den Abgrund trudeln zu lassen. Eine konsequente Vogel-Strauß-Politik ist gefragt, Homer Simpson gibt die Marschrichtung vor: „Das Internet? Gibt's diesen Blödsinn immer noch?", fragt die Cartoon-Figur, die im Atomkraftwerk Springfield als Sicherheitsinspektor arbeitet. Die Antwort liegt auf der Hand: Auch dieser „Blödsinn" wird verschwinden. Bleibe daher deinem Lebensmotto treu: „Kataloge drucken, versenden, und die Kohle kommt von selbst." Und sprich als Dauer-Mantra: „Ich entwickle nur Produkte, die ich selbst gut finde. Und nicht das dumme Volk auf Fazebok, oder wie das heißt!" Pflege sie gut, diese Ignoranz der Einbahnstraße! Ein Unternehmer ohne Selbstbewusstsein kann gleich einpacken.

Außerdem steht dir neben Simpson ein weiterer großer Philosoph zur Seite, Drafi Deutscher. Wandle nur seine tiefgründigen Zeilen etwas ab: „Marmor, Stein und Eisen bricht, aber meine Bude nicht/alles, alles geht vorbei, ohne Netz bin ich so frei!" Wahlweise unter der Dusche singen – oder auf der Bühne in der nächsten Betriebsversammlung! Ruck, zuck rückt der Abgrund näher, ehemalige Kunden verfeuern deine Kataloge bereits im Ofen.

Vielleicht solltest du doch eine Website deines Unternehmens ins Netz stellen? E-Mails für deine Mitarbeiter einführen? Zu spät – die krachende Insolvenz kommt um die Ecke. Tröstlicher Gedanke: Irgendwie kann an deinem Elend nur die „Globalisierung" schuld sein!

Literatur

1. Pauli K (2012) Massenware nach Maß. https://www.faz. net/aktuell/wirtschaft/unternehmen/mass-customization- massenware-nach-mass-11900853.html. Zugegriffen: 8. Febr. 2020
2. Springer Gabler (2014) Gabler Wirtschaftslexikon. Stichwort: Konsumentensouveränität. wirtschaftslexikon.gabler.de. https:// wirtschaftslexikon.gabler.de/Archiv/11502/konsumentensouveraenitaet- v8.html. Zugegriffen: 8. Febr. 2020
3. Leipner I (2013a) Interview mit Gunter Dueck: Wir denken: Die sieben fetten Jahre dauern ewig. econo 201:03
4. Leipner I (2013b) Mitarbeiter müssen Fehler machen dürfen. https://www.fr.de/ratgeber/karriere/mitarbeiter-muessen- fehler-machen-duerfen-11304362.html. Zugegriffen: 4. Apr. 2020
5. Leipner I (2016) Demokratie in Firmen. Wählen Sie Ihren Chef selbst. https://www.ksta.de/ratgeber/verbraucher/ karriere/demokratie-in-firmen-waehlen-sie-ihren-chef- selbst-847092. Zugegriffen: 24. Febr. 2020
6. Lohmann C (2010) Impulse für das Innovations- management: Markteinführung neuer Produkte. https:// docplayer.org/4702489-Markteinfuehrung-neuer-produkte- impulse-fuer-das-innovationsmanagement.html. Zugegriffen: 8. Febr. 2020
7. Carr N (2009) The Big Switch – Der große Wandel Cloud Computing und die Vernetzung der Welt von Edison bis Google. mitp, Heidelberg

17

Ausblick

Menschen begehen den Fehler, dass sie ihren Hoffnungen keine
Grenzen zu setzen wissen. Sie bauen auf sie, ohne sich nach den
eigenen Kräften zu richten, und rennen so ins Verderben.

Niccolò Machiavelli (1449–1516)

Hoffnungen keine Grenzen zu setzen – vor diesem Fehler
warnte Machiavelli bereits vor 500 Jahren. Heute ist
die Technik den Menschen davongerast, begleitet von
hochfliegenden Hoffnungen. Doch unsere Reise durch
die digitale Welt zeigt: Solche Hoffnungen werden vor
allem geschürt, damit digitale Produkte unseren Alltag
durchdringen und milliardenschwere Renditen bringen
(Kap. „Kühlschrank und Toaster im Gespräch"). Ähnliche
Hypes haben wir schon oft erlebt, wir brauchen uns nur
auf YouTube ein Video von Walt Disney anzuschauen,
gedreht in den 1950er Jahren.

Die Schlüsselszene: Eine Atombombe explodiert;
der schaurige Pilz steigt höher und höher, breitet sich

© Springer-Verlag GmbH Deutschland, ein Teil von Springer
Nature 2020
G. Lembke und I. Leipner, *Zum Frühstück gibt's Apps*,
https://doi.org/10.1007/978-3-662-61800-4_17

aus … da geschieht ein Wunder. Der Film beginnt rückwärts zu laufen, eine gezeichnete Flasche kommt ins Bild, und die atomare Wolke der Vernichtung verschwindet im Gefäß. Noch ein Stöpsel in den kleinen Flaschenhals – und schon ist die Atomenergie gebändigt. Wie im arabischen Märchen *Der Fischer und der Dschinn,* das eine prominente Rolle in diesem Film spielt. Titel: *Unser Freund – das Atom* [1].

Die Geschichte vom Fischer liefert die märchenhafte Analogie, um die Bevölkerung zu überzeugen, wie harmlos das atomare Feuer ist. Denn der Fischer schaffte es, den befreiten „Dschinn" mit einem Trick zurück in die Flasche zu locken. Ab jetzt muss er ihm dienen, der aus Feuer geschaffene Dämon! Und so ist es auch mit der Atomenergie. Sie wurde gezähmt und dient jetzt der Menschheit, suggeriert dieser Disney-Film. Für diese Botschaft ist 1957 Heinz Haber verantwortlich, ein renommierter deutscher Physiker, damals Chief Science Consultant bei Walt Disney. Er erläutert die Segnungen der Atomenergie, und zwar im Auftrag der US-Regierung.

Was hat diese Disney-Produktion mit unserem Thema zu tun? Einiges, wenn wir dem deutschen Physiker weiter lauschen. Er verkündet über seinen Freund, das Atom: „Es ist eine neue Quelle der Energie, sauber, leise und unerschöpflich." Ob Elektrizitätswerke, Schiffe, oder Raketen – sie würden alle in Zukunft Atomreaktoren als Energiequelle nutzen. Auch gäbe es bald ein Flugzeug, „das mehrmals um die Erde kreist, ohne zum Tanken landen zu müssen". Der Höhepunkt der Verheißungen: Im Trickfilm schreitet der gute „Dschinn" über die Erdkugel – und wo er mit seinem magischen Finger die Erde berührt, entsteht ein Atomkraftwerk. Dann verteilen sich immer mehr Lichtpunkte über den Planeten, und er leuchtet am Ende wie ein Weihnachtsbaum. „An die gesamte Menschheit verteilt der ‚Dschinn' die Geschenke der Wissenschaft", so Haber.

Beispiel

Computer – erfrischend wie ein Waldspaziergang
  Sie sind hauchdünn, wodurch sich wortwörtlich eine Anforderung erfüllt, die Mark Weiser [2] schon 1991 als gelungene Technik bezeichnete („The Computer for the 21st Century"): „Die beste Technologie zeichnet sich dadurch aus, dass sie völlig verschwindet. Sie webt sich in das Gewebe des täglichen Lebens ein, bis sie sich nicht mehr davon unterscheiden lässt." Weisers grenzenlose Hoffnung: „Wenn sich Maschinen der menschlichen Umwelt anpassen, statt Menschen in ihre Welt hineinzuzwingen, dann wird die Nutzung eines Computers so erfrischend sein wie ein Waldspaziergang."

Warum dieser historische Ausflug? Er schärft den Blick für das digitale Illusionstheater, das heute aufgeführt wird. Wieder werden uns wahre Wunder versprochen, als ob es das dot.com-Sterben 2000 nie gegeben hätte. Eine Kostprobe liefert der Branchenverband Bitkom [3], der in einer Presseinformation über das Internet der Dinge schreibt:

Die Vernetzung macht aus herkömmlichen Geräten *intelligente Geräte*, die *zahlreiche neue und kreative Nutzungsmöglichkeiten* eröffnen", sagt Bitkom-Experte Timm Lutter. „Der Verbraucher kann sein Unterhaltungsangebot damit *nicht nur komfortabler, sondern auch flexibler und individueller* gestalten als bisher. […]"
  Neben der Unterhaltungselektronik stehen weitere Segmente im Zeichen der Vernetzung. Ein Beispiel hierfür ist das Smart Home. So sendet etwa die Waschmaschine Nachrichten an das Smartphone, wenn sie fertig ist, und mit dem Tablet Computer lässt sich die Heizung steuern.

„Das Internet der Dinge kann helfen, unseren *Alltag bequemer, sicherer und effizienter zu gestalten*", so Lutter.

Großes Potenzial haben außerdem Wearables – IT-Geräte, die direkt am Körper getragen werden. [...]

„Wearables sind die logische Weiterentwicklung von Smartphone und Tablet", so Lutter. „Sie bringen das Internet der Dinge an den Körper und machen es somit im Alltag noch praktikabler." [...]

„Das Internet der Dinge *revolutioniert* klassische Geschäftsmodelle", so Böhm.

Übrigens: Bitkom zitiert im letzten Punkt Klaus Böhm, Media Director bei Deloitte. Außerdem schreibt der IT-Branchenverband: „Das Umsatzpotential im IoT-Markt liegt Schätzungen zufolge bei 250 Mrd EUR im Jahr 2020." Ob diese Prognose von 2015 eintrifft? Wir werden es bald wissen ... Auf jeden Fall hat das Thema schon große Wellen geschlagen – und die nächste große Welle wird bereits angekündigt: „Die *zweite Welle der Digitalisierung* steht noch bevor", so Bundeswirtschaftsminister Peter Altmaier [4]. „Gerade hier gibt es große Chancen für Deutschland und seine Unternehmen. Gerade hier haben wir ein *enormes Potenzial für Dateninnovationen,* vor allem im Bereich der Maschinendaten bzw. der Daten des ‚Internet of Things'."

Picken wir aus diesen zwei Texten die schönsten Begriffe heraus und lassen sie auf der Zunge zergehen: „intelligente Geräte" – „zahlreiche neue und kreative Nutzungsmöglichkeiten" – „komfortabler" – „flexibler und individueller" – „großes Potenzial" – „bequemer" – „sicherer und effizienter" – „logische Weiterentwicklung" – „revolutioniert klassische Geschäftsmodelle" – „zweite Welle der Digitalisierung" – „enormes Potenzial für Dateninnovationen".

Höher, weiter, mehr? Noch ein paar Flugtaxis dazu?

In solche Worte kleidet sich ein unerschütterlicher Fortschrittsglaube, getrieben von einem grenzenlosen Vertrauen auf Technologie. Zwischen den Zeilen erklingt die Verheißung absoluter Glückseligkeit, wenn unser Leben digital vernetzt ist. Viren und Trojaner? Kollabierende Netze? Datenschutz? Spionage? Manipulierte Wahlen? Hate Speech? Fake News? Mobbing? Unmündigkeit à la „Big Mother" (Max Celko)? Darüber denken wir lieber nicht nach, so wie Heinz Haber in seinem Film nicht das Unwort „Atommüll" in den Mund nimmt. Stattdessen freute er sich über Flugzeuge, die nie mehr landen müssen. Fehlt bei der digitalen Euphorie eigentlich nur noch der Flug zum Mars …

Doch der steht ebenfalls auf der Agenda digitaler Vordenker: „Wir brauchten 30 Jahre, um das Internet zu dem zu machen, was es heute ist", sagt der amerikanische Informatiker Vint Cerf [5]. „Gehen wir 30 Jahre in die Zukunft, können wir annehmen, dass es Kolonien auf dem Mond, dem Mars und anderen Planeten geben wird – und überall Forschungsstationen." Cerf gilt als einer der „Väter des Internets", er hat zum Beispiel das Übertragungsprotokoll TCP/IP mitentwickelt. Als Vorstand ist er beteiligt an der InterPlanetary Networking Special Interest Group (IPNSIG). Ihr Ziel ist es, das Internet in den Weltraum auszudehnen, um eine Kommunikation zwischen Planeten möglich zu machen.

Seit 2005 steht Cerf in den Diensten von Google – als Vice President und „Chief Internet Evangelist". Ja, richtig gelesen: „Evangelist"! Dazu merkt er selbstironisch an: „Vielleicht sollte ich statt dreiteiliger Anzüge eine kirchliche Robe tragen." Und Eric Schmidt [6], CEO von Google, sagt: „Vint Cerf ist in unserer Zeit einer der größten Leader im Bereich der Technologie. Seine technischen Visionen haben geholfen, ganze Industrien zu schaffen, die weite Teile unseres Lebens verändert haben."

So sollte sich niemand das „Evangelium nach Google"
entgehen lassen. Vint Cerf [6] über das Internet: „Dieses
Medium wird sich viel weiter ausbreiten als Fernsehen,
Radio oder Telefon. Es wird letztlich den Planet Erde
hinter sich lassen." Google habe immer daran geglaubt,
Dinge anders zu machen. „Das bringt uns in eine ein-
zigartige Ausgangsposition, um die wildesten Internet-
visionen zu verwirklichen", sagt Cerf. Dabei kann die
Privatsphäre auf der Strecke bleiben, ein kleiner Kollateral-
schaden: „Die Idee der Privatsphäre scheint mir eine
Anomalie zu sein", sagt der „Chief Internet Evangelist",
wie *The Register* [7] in den USA berichtet. „Unser
Sozialverhalten untergräbt bereits die Privatsphäre der
Menschen", so Cerf. „Die Technologie sticht den sozialen
Verstand aus."

Ein paar Jahre später hört sich das etwas anders an, als
Cerf [8] im Januar 2020 der *ZEIT* ein Interview gibt. Da
sind nachdenkliche Töne zur vernetzten Welt zu hören:
„Wir können die negativen, schädlichen Entwicklungen
nicht ignorieren – sondern müssen daran arbeiten,
Menschen, die ihnen ausgesetzt sind, zu beschützen."
Weiter sagt der „Evangelist" übers heutige Internet: „Das
ist bestimmt nicht die Welt, die ich wollte. Wir waren
damals eine Truppe aus Ingenieuren, die etwas Neues ans
Laufen bringen wollten. Es fiel niemandem von uns ein,
es absichtlich kaputt zu machen. Es ging von selbst kaputt,
so wie es war."

Kaputt … So klingt die endgültige Kapitulation
vor einer Technik, die ihren Schöpfern wie Cerf ent-
glitten ist. Ein irreversibler Vorgang? Wie bei der Wurst,
die sich nicht mehr in ein Schwein verwandeln kann?
Was im arabischen Märchen gelingt, ist bereits bei der
Atomenergie gescheitert: Der böse „Dschinn" lässt sich
nicht bändigen, er hat auf dem Planeten eine verseuchte
Spur der Zerstörung hinterlassen: Hiroshima, Nagasaki,

Tschernobyl, Fukushima. Ob Heinz Haber wieder die „Freundschaft mit dem Atom" bejubeln würde, wenn er in Japan vor dem zerstörten Atomkraftwerk stünde? Oder krebskranke Kinder besuchen würde, die in der verstrahlten Region um Tschernobyl leben?

Natürlich lässt sich das Thema „Atomenergie" nicht mit Digitalität in einen Topf werfen. Natürlich gibt es große Unterschiede, und die Forderung ist berechtigt, an dieser Stelle differenzierter zu argumentieren. Doch bei allen Unterschieden besteht eine entscheidende Parallele: die euphorische Gläubigkeit, durch immer mehr Technik menschliche Probleme lösen zu können. Egal, wie die Kollateralschäden aussehen. Egal, wie viel Elend auf der Schattenseite der neuen Technik entsteht. Egal, was kritische Köpfe über mögliche Konsequenzen sagen. Oft siegt die technische Verblendung auf ganzer Linie – und ökonomische Interessen stabilisieren ein Weltbild, das scheinbar „alternativlos" die Szene beherrscht. Gerade Filme wie *Unser Freund – das Atom* sollten uns zu einer kritischen Distanz auffordern, damit wir nicht wie die berühmten Lemminge in eine Richtung rennen … und auf dem Weg zum Abgrund die Predigt des „Chief Internet Evangelist" als MP3 auf dem Smartphone hören.

Bleibt Bundeskanzlerin Angela Merkel [9] rechtzeitig vor dem Abgrund stehen? Hört sie in Zukunft weniger auf Digitalprediger? Auf dem Internet Governance Forum (IGF) 2019 warnte sie laut *WELT:* „Der Angriff auf die Internet-Konnektivität ist zu einem gefährlichen Instrument der Politik geworden." Merkel weiter: „Deshalb muss es uns ein Anliegen sein, den Kern des Internets als öffentliches Gut zu schützen." Der Begriff „öffentliches Gut" lässt aufhorchen: Wer ihn ernst nimmt, müsste die Kommerzialisierung des Netzes stoppen – und die digitale Infrastruktur als gesellschaftliche Aufgabe begreifen, weit entfernt von den euphorisierenden Renditeerwartungen, die gerade mit dem Internet der Dinge verknüpft sind.

Doch keine Sorge, Merkel wird so schnell nicht zu einer Kritikerin des Kapitalismus. Das beweist eine Rede bei der Deutschen Industrie- und Handelskammer (DIHK). Die Bundeskanzlerin [10] sprach im November 2019 auf der DIHK-Vollversammlung und warf die Frage auf: „Was machen wir mit den vielen Daten, die im Internet der Dinge anfallen? Verwerten wir diese Daten in ausreichender Art und Weise?" Doch diese Fragen drehten sich nicht um Datenmissbrauch oder Datenschutz. Nein, Merkel warf einen sehnsüchtigen Blick nach China: „Wenn ich mir anschaue, wie zum Beispiel in China die Plattformen gerade auch im Konsumentenbereich prosperieren und wie die Menschen sehr viel offener für diese neue Art sind, ihr Leben zu organisieren, so sind wir in Deutschland doch sehr viel zurückhaltender."

Für diese angebliche Zurückhaltung gibt es gute Gründe, die wir schon genannt haben (Kap. „Shopping-Himmel"). Wir zitierten Prof. Ralf Lankau [11], der das „staatstotalitäre Überwachungsnetz" in China beschrieben hat: „Alle Bürger werden komplett überwacht, der Staat hat Zugriff auf alle privaten Geräte und hat ein Sozialpunktesystem (‚citizen scoring') eingeführt." Will Merkel wirklich, dass wir unser Leben genauso in Deutschland organisieren? Hoffentlich nicht.

So bleiben am Ende unserer Reise viele Fragen: Wird uns das Smart House wirklich automatisch Segen bringen (Kap. „Kühlschrank und Toaster im Gespräch")? Macht digitalisierte Bildung Schüler nicht zu Dünnbrettbohrern (Kap. „BILDung durch BILDschirm?")? Denn an vielen Schulen und Universitäten ist zu erleben, wie Bulimie-Lernen um sich greift – und eine echte „Könnenserfahrung" (Herbert Gudjons) seltener wird. Zu befürchten ist, dass Digitalität diesen Trend verschärft, und zwar durch locker-flockiges Edutainment. Zudem stellt sich dringend die Frage: Brauchen Dreijährige Tablets im Kindergarten – nur weil sich so ein riesiger Markt für die IT-Industrie öffnet (Kap. „IT-Angriff auf Kinder")?

Der Dichter Günter Eich [12] schrieb 1950 das Gedicht *Wacht auf* – sieben Jahre bevor Habers Disney-Film im Fernsehen lief. Zwei Zeilen lauten: „Oh, diese weichen Kissen, Daunen aus erster Wahl!/Auf ihm vergißt man das Ärgerliche der Welt [...]." Unsere „weichen Kissen" sind heute Navi, Smartphone und Co. Weil damit alles scheinbar leichter und bequemer wird, lässt sich das „Ärgerliche der Welt" schnell vergessen:

- die Ökonomisierung menschlicher Beziehungen (Kap. „Digitales Partner(un)glück")
- der Verlust von Empathie durch digitale Kommunikation (Kap. „Like-Wahn")
- der globale Panoptismus, aufgedeckt durch den NSA-Skandal (Kap. „Totale Überwachung")
- die irrationale Ausbeutung endlicher Ressourcen (Kap. „Hardware-Gläubige")
- die Verflachung von Bildungsprozessen (Kap. „BILDung durch BILDschirm?")
- der mangelhafte Datenschutz bei Gesundheitsdaten (Kap. „Apps gegen Stress")

Und das sind nur ein paar Aspekte der digitalen Welt, die wir in unserem Buch diskutiert haben. Dabei geht es nicht um die Verteufelung des technischen Fortschritts, denn an manchen Stellen unseres Buches berichten wir auch über die Chancen der Digitalität (Kap. „Digitale Deformation von Unternehmen"). Wichtig ist aber: Wir müssen viel schärfer die beschriebenen Gefahren ins Auge fassen, um einen wirklich souveränen Umgang mit digitalen Werkzeugen zu lernen. Sonst bleiben wir die Getriebenen einer Technologie, die sich immer mehr unserem Zugriff entzieht, weil sie scheinbar im Hintergrund unseren Alltag managt. Bequem für uns, aber ein Schritt zurück in die „selbstverschuldete Unmündigkeit".

Daher brauchen wir „Kant 2.0". Das gilt besonders für unsere Kinder, die zwar als Digital Natives groß werden – aber auch in der digitalen Welt zu kritischen und mündigen Menschen zu erziehen sind. Ganz im Sinne von Günter Eich, der am Ende seines Gedichts *Wacht auf* diese Gedanken formuliert:

Nein, schlaft nicht, während die Ordner der Welt geschäftig sind!

Seid mißtrauisch gegen ihre Macht, die sie vorgeben für euch erwerben zu müssen.

Wacht darüber, daß eure Herzen nicht leer sind, wenn mit der Leere eurer Herzen gerechnet wird!

Tut das Unnütze, singt die Lieder, die man aus eurem Mund nicht erwartet!

Seid unbequem, seid Sand, nicht das Öl im Getriebe der Welt! [12]

„Seid Sand, nicht das Öl im Getriebe der Welt" – diesen Satz sollten wir auf ein Pappschild malen und uns damit vor den Reichstag setzen. Wie es uns ein engagiertes Mädchen aus Schweden vorgemacht hat …

Literatur

1. Disney W (1957) Our Friend the Atom. https://www.youtube.com/watch?v=QRzl1wHc43I. Zugegriffen: 8. Febr. 2020

2. Weiser M (2014) The Computer for the 21st Century. https://www.lri.fr/~mbl/Stanford/CS477/papers/Weiser-SciAm.pdf. Zugegriffen: 8. Febr. 2020

3. Klöß S (2015) Das Internet der Dinge verändert die Unterhaltungselektronik. https://www.bitkom.org/Presse/Presseinformation/Das-Internet-der-Dinge-veraendert-die-Unterhaltungselektronik.html. Zugegriffen: 25. Febr..2020

4. Altmaier P (2019) Die zweite Welle der Digitalisierung ist Europas Chance. https://www.bmwi.de/Redaktion/DE/Artikel/Digitale-Welt/20191028-die-zweite-welle-der-digitalisierung-handelsblatt.html. Zugegriffen: 25. Febr. 2020

5. Thinkexist.com (2014) Vinton Cerf quotes. In: Thinkexist.com. https://thinkexist.com/quotes/vinton_cerf/. Zugegriffen: 08.02.2020

6. o. V. (2005) News from Google: Cerf's up at Google. https://googlepress.blogspot.de/2005/09/cerfs-up-at-google_08.html. Zugegriffen: 8. Febr. 2020

7. Fiveash K (2013) Vint Cerf: 'Privacy may be an ANOMALY, now over'. And it's no secret I think that. In: The Register. https://www.theregister.co.uk/2013/11/20/vint_cerf_privacy_may_be_an_anomaly_online/. Zugegriffen: 25. Febr. 2020

8. Laaff M (2020) Vincent Cerf im Interview mit der *ZEIT*: Das ist bestimmt nicht die Welt, die ich wollte. https://www.zeit.de/digital/internet/2020-01/vinton-cerf-internet-netzwerke-informatiker-usa/komplettansicht. Zugegriffen: 9. Febr. 2020

9. Heuzeroth T (2019) Merkel warnt vor Angriffen auf das Internet. https://www.welt.de/wirtschaft/article203838020/Internet-Governance-Forum-Merkel-warnt-vor-Angriffen-auf-das-Internet.html. Zugegriffen: 25. Febr. 2020

10. Die Bundesregierung (2019) Rede von Bundeskanzlerin Merkel bei der DIHK-Vollversammlung am 27. November 2019 in Berlin. https://www.bundesregierung.de/breg-de/suche/rede-von-bundeskanzlerin-merkel-bei-der-dihk-voll-

versammlung-am-27-november-2019-in-berlin-1699520. Zugegriffen: 25. Febr. 2020

11. Lankau R (2020) Humanismus vs. Data-Ismus, In: Digitale Medien im Kreuzfeuer der Kritik, Bündnis für humane Bildung, Stuttgart

12. Drews J, Eich G (2006) Sämtliche Gedichte. Suhrkamp, Berlin

Stichwortverzeichnis

© Springer-Verlag GmbH Deutschland, ein Teil von Springer
Nature 2020
G. Lembke und I. Leipner, *Zum Frühstück gibt's Apps,*
https://doi.org/10.1007/978-3-662-61800-4

Printed in the United States
By Bookmasters